一顆頭顱的歷史

SEVERED

A HISTORY OF HEADS LOST AND HEADS FOUND

FRANCES LARSON
法蘭西絲・拉爾森
徐麗松——譯

推薦序

關公人頭的幾重意義

作家　張國立

中國歷史上最珍貴的人頭是關羽，關聖帝君的。他的人頭述說出不僅三國時代慘烈的攻伐，也包括險詐的人心、溫暖的友情、政治的現實。

建安二十四年，公元二一九年的年底，寒風雪雨中，蜀漢五虎上將之首、漢獻帝冊封的漢壽亭侯，在距離今天湖北襄陽不遠的臨沮，被東吳大將潘璋斬殺，隨後割下人頭，孫權派專人送給曹操。

首級並未如以往那般傳閱眾軍，也未掛在城門示眾，曹操將關羽的人頭「以諸侯禮葬其屍骸」。

當然，孫權送去的是頭顱，曹操葬的「屍骸」指的便只是人頭了。

先說繫在人頭上的友情。

建安五年曹操打敗劉備，劉軍四散逃逸，劉備投靠河北袁紹，關羽則被活捉，曹操愛惜人才，封他為偏將軍，關羽也不負所望，一戰刺袁紹大將顏良於萬軍之中，《三國志》裡這麼寫：

「斬其首還」。

殺死顏良後，割下顏良的腦袋，關羽才帶人頭回曹操營，證明他的能力。

不過曹操始終覺得關羽心不在曹營，派大將張遼去探口風。張遼原是呂布的部將，劉備一度和呂布結盟，關羽便在那個時候認識張遼，結為好友。當張遼奉命拜會關羽時，老關明白講，他不忘與劉備間的感情，只要知道劉備在哪裡，必然趕去追隨。

這話讓張遼一時不知該怎麼向曹操回報，萬一曹操不高興，宰了關羽，張遼豈不是對不起好友？《三國志》引述《傅子》一書裡的張遼說法：

「公（曹操），君父也；羽（關羽），兄弟耳。」

說明張遼內心的掙扎，最後仍不得不將關羽的話如實向曹操報告。按理說曹操該當即殺了關羽或至少判個二十年涉嫌謀叛的有期徒刑，但反而重金賞賜關羽，希望能打動關二爺的鐵石心腸。黃金攻勢無效，等關羽知道劉備的下落，逃出曹營時，曹操也沒派兵去追殺，他說：

「彼各為其主，勿追也。」

關羽果然各為其主，建安二十四年率兵攻打樊城，斬曹操大將龐德，活捉于禁，曹操被嚇得要從許昌遷都，司馬懿和蔣濟勸阻，說孫權對關羽的勝利一定不高興，不如派人勸孫權攻擊關羽的後方。果然孫權怕關羽勢大，派兵抄了關羽的大本營，潘璋斬殺關羽。

司馬懿與蔣濟利用人心的險惡，假孫權之手殺關羽。

孫權割下關羽人頭送去許昌，表示歸順。曹操沒有報復性的示眾或剁屍，以厚禮埋葬關羽的人頭，似乎說明儘管關羽對劉備義薄雲天，曹操對關羽，也夠義氣。與孫權兩相比較，孫權實在有點……下品。

一一四一年，另一名被後世尊為武聖的岳飛，在宋高宗以「坐觀勝負，逗留不進」的叛逆罪判死刑。一般的說法，岳飛被毒死，或者死後再砍下腦袋，不過既然皇帝已明令下詔賜死，以宋高宗痛恨岳飛的情緒來看，非得割了頭示眾，表明決心不可。

回頭看公元前二〇二年，西楚霸王項羽被追殺到烏江邊，前無退路，後有追兵，他見漢軍中有一個將領是他以前的部下，乃灑脫地說，我的人頭送你去請功領賞吧。

人頭是有價值的，那個時代沒ＤＮＡ，非得用人頭證明某人的確死了。

公元十七年，綠林軍攻入新王朝的首都長安，王莽於混亂中被商人刺死，割下的人頭，據說塗了漆防止腐敗，送各地傳閱。而六一八年隋煬帝面對天下的亂局已無能為力，對著鏡子說：

「好頭頸，誰來砍之。」

人頭更是種儀式，王朝更替、英雄氣盡、天日照你不照我，盡在數不盡的人頭裡。

十七世紀初，巴洛克派大畫家卡拉瓦喬畫的《莎樂美與施洗者約翰的頭顱》最令人印象深刻。《聖經》故事裡，莎樂美的母親先後嫁給一對堂兄弟，施洗者約翰公開指責這麼亂嫁，不合乎倫理。某次莎樂美在繼父面前表演，經母親的慫恿，要繼父拿約翰頭顱做為給她的獎賞，就這麼約翰不明不白地被殺。

畫裡四個人物，劊子舉著約翰的人頭，莎樂美撇開臉但雙手拿盤子接過人頭，背後則是側臉的指使者莎樂美母親。

畫裡的人頭閉眼呈睡眠狀態，算得上安詳，不像少年大衛割下巨人歌利亞的人頭那麼血腥。

人頭還是擇善固執，進而堅持理想的象徵。

《一顆頭顱的歷史》講述各種各樣的人頭，與它們背後的文化演變，以認真的考證揭開人類不敢碰觸的陰暗，讀起來驚訝勝過驚悚，知識多過恐懼。接下來，看看更多的人頭……

推薦序

從一顆頭顱看世界

作家　阿潑

儘管近年來台灣本土出版內容趨向多元，但有一種題材的耕耘卻是遠遠不及西方，即是「微物史」，英文為Tangible Things。這類被歸類為「微物史觀」的書寫，是以一具體的物事或人物為主軸，上天下地東拉西扯，雕塑出觀看歷史或世界的獨特面向，例如乳房、情婦、紙張、巧克力，或台灣人比較容易讀到的「茶」，這些人類事物雖小，但其在文化、科學、社會與歷史上卻往往扮演重要角色——或者該說整個世界賦與它極關鍵的地位——卻往往遭到忽略。

《一顆頭顱的歷史》便是最好的例子。作者法蘭西絲・拉爾森在皮特・里佛斯博物館研究博物館的歷史時，被引領到館內三百多顆人類頭骨的探索，她從這些文物類型的分類中受到啟發：「這種條理世界的方式彷彿是將世界視為一組需要解決的技術問題，並迫使我們思考，在看似無窮盡的變化表象下，到底是什麼東西讓人類之所以為人？」像是需要火的時候，人類會以各種方式取得火，每個人類的群體都可以找到從事各種活動的理由，「我隱約覺得，每個文化都曾經找到展示人頭的理由。」

然而，這本書談的不只是「展示」。全書一開始是克倫威爾的故事，他是英國歷史中的英雄，然病逝後兩年，卻遭保皇黨掘墳，頭顱慘遭示眾。他的頭顱被高掛在西敏寺之上，而後被風吹落，流落民間，輪番在一個又一個收藏家手上展示，成為一個最有有名的頭顱。「一個人如果有辦法使別人感到驚愕，他就擁有某種權力。」作者說。

我想起，研究足球的歷史時，看過一個故事：盎格魯撒克遜首次舉行的「足球賽」，就是在戰勝丹麥的慶祝活動中，將敵人的頭顱作球踢，是戰爭的儀式。頭顱，在若干文化中，確實是某種權力的展現，也是儀式。如我們熟知的，台灣原住民族的獵首文化，十七世紀初，明朝文獻〈東番記〉中便描述原住民「所斬首，剔肉存骨，懸之門；其門懸骷髏多者，稱壯士」。這類的頭骨展示的文化不需多言，直到日本殖民時期，以「野蠻」禁止，然而，仔細研究原住民獵首文化，甚至丈量台灣原住民頭骨的，卻也是日本人類學家伊能嘉矩。

法蘭西絲·拉爾森沒在書中提到台灣原住民，但也不需特別提，許多地區的原住民族都有類似的文化，像是他工作的皮特·里佛斯博物館裡存放的南美洲舒阿爾人的頭骨，這個族群會製作「乾縮人頭」，而這據說能擷取死者的靈魂。她還提到毛利人與婆羅洲的原住民族，後者我曾經親歷聽聞耆老訴說自己如何獵取敵人首級，於是換得占滿身體的紋身——他砍下的是日本人的頭顱，日本發動大東亞戰爭時，日軍即是婆羅洲的敵人。

戰爭，也成了此書的主軸。不論歐美國家如何宣稱自己的「文明」，戰爭卻暴露人類「野蠻」的一面，太平洋戰爭時期，美軍即將日軍首級視為戰利品。這讓我想到，一九九七年金融風暴，印尼發生的諸多暴動中，也將獵取人頭當做勝利的展示。

「我們不能只把切斷的人頭揚棄於野蠻的過往，或歸諸於那些原始的『他者』。相反地，獵頭的歷史就存在於那裡，就在我的眼前。」作者在文中強調。

但此書並不只是限縮在這類的詮釋中，從如何製作頭顱開始，到犯罪宗教和斷頭台、乃至醫學科學生理與頭顱的關係，方方面面都有頗析，這正是我開頭所言，「微物史觀」可以盡其所能的深入，盡其所行的廣泛。雖然作者謙稱「撰寫一本關於斷頭的書，儼然是一種針對它所描述的各種策略所做的練習」，但經過許多外在框架，隔著它檢視內容，保護自己，並且製造安全距離的這種「斷離」意識，其實會阻斷我們真正的理解與認識。頭顱雖然很恐怖，但正視它，面對它在我們心理激起的情緒，或許才是檢視人性疆界的所在。

讀這本書，讓我想起研究所一年級時，和室友伴隨著一個考試用的頭骨睡覺的感覺。為了認識而擁抱，會讓自己更具知識的力量，更無懼。

「我是人，人之所以為人於我毫不陌生。」

——泰倫提烏斯（Terence），《自我折磨的人》（*Heauton Timorumenos*）

獻給葛雷格（Greger）

CONTENTS｜目次

序幕

克倫威爾的頭

OLIVER CROMWELL's HEAD

喬西亞・魏爾金森（Josiah Wilkinson）喜歡把奧利佛・克倫威爾（Oliver Cromwell）[1]的頭顱帶出場，聯袂參加早餐聚會。一百六十年前在泰伯恩（Tyburn）[2]用來插進克倫威爾頭顱的那根金屬長釘雖然早就斷了，但卻成為方便的握把，賓客可以用它輕鬆提起頭顱，在香料羊腰子（devilled kidneys）[3]上方檢視這個具有皮革質感的遺物。一八二二年，他的一名賓客寫道：「那是顆嚇人的頭顱，跟其他木乃伊一樣，上面覆蓋著乾透的黃色皮膚，栗色的頭髮、眉毛、鬍子都保存得極其良好。」這是魏爾金森的珍貴財產，他把它存放在特別為此製作的橡木箱中。每當友人對這顆頭顱的真實性提出質疑，他就會用手指出克倫威爾左眼上方那個非他莫屬的特徵——肉疣。

一個人如果有辦法使別人感到驚愕，他就擁有某種權力。在聚光燈下，魏爾金森興致勃勃地講述克倫威爾的故事，以及他的頭顱從一六六一年被切斷以後陸續經歷的旅程，藉此娛樂嘉賓。那確實是克倫威爾的頭，長期以來，接連有許多喜歡炫耀的人藉著它的魔力譁眾取寵，而魏爾金森是其中最後一個。他非常清楚眾人總是想近看這顆頭顱，他們之所以受到吸引，是因為被切下的克倫威爾頭顱是個已成定局、恐怖而新奇的物件，名滿天下卻也惡名昭彰，並帶著某種私密性質。

克倫威爾的頭本來就是用來展示的。他本人死於一六五八年九月三日，死因是高燒復發。兩年半之後，在復辟政府針對「弒王者」的激烈報復活動中，這位護國公（Lord

1 譯註：奧利佛・克倫威爾（一五九九至一六五八年）是英格蘭軍政領袖，英國內戰期間，他征服蘇格蘭與愛爾蘭，出任英格蘭、威爾斯、蘇格蘭暨愛爾蘭聯邦護國公，領導第一個英倫共和政府。一六五八年病死後安葬在西敏寺，但一六六〇年保皇黨復辟成功，他的屍體被人挖出來凌辱。

2 譯註：泰伯恩是從前倫敦郊外的一個小村莊，設有著名的泰伯恩行刑場。該地點位於現今倫敦海德公園東北角。

Protector）經過防腐保存的遺體從西敏寺的墓穴中被挖出來，插在長矛上遊街示眾，吊上泰伯恩的行刑架讓喧鬧的群眾看個高興，然後屍體被斬首。幾天以後，他的頭顱被插在一根長二十英尺的桿子上，安裝在西敏堂（Westminster Hall）的屋頂，供倫敦全城民眾欣賞。尖銳的金屬桿釘進那顆頭顱時因為力道過大，結果從頭蓋骨頂端刺了出來。自此尖桿與頭骨難分難捨——克倫威爾在死後兩年化身為國王的傀儡，回歸公眾舞台。

當時最傑出的兩位日記作者艾夫林（Evelyn）和沛皮斯（Pepys）對局勢轉折感到錯愕。「一名英勇過人的仕紳竟遭受此等侮辱，」沛皮斯寫道：「這確實令我憂煩，儘管他或許有可議之處。」艾夫林則在成千上萬民眾目睹護國公從「君王環伺」的墓中被拉出來、眼看他的遺體被丟進泰伯恩那個「聲名狼藉的致命建造物」底下的坑洞之際，不禁對「上帝莫測高深、令人錯愕的判決」感嘆不已。雖然這兩位作家都沒有親臨事件發生的現場，但他們看到了克倫威爾的頭，因為那顆頭顱在接下來四十年間一直裝點著西敏堂。一直要到一六八一年進行例行的屋頂整修時，它才暫時被取了下來。

西敏堂是祭出此等奇觀的最佳舞台。過去西敏宮（Palace of Westminster）[4]的三個主要司法庭都在這棟建築物內開庭，而且在數世紀間，這裡一直是舉行加冕慶典、國葬及莊嚴演說的場所。西敏堂象徵合法的權力交接，王室和國會的權威，以及英國內戰後這兩者之間脆弱而致命的連盟關係。一六四九年，查理一世被帶到西敏堂受審。四年後，克倫威

3　譯註：香料羊腰子是將羔羊腎臟煎香置於香料醬汁中燉煮而成，為英國維多利亞時期早餐典型菜色，但現在主要在午晚餐食用。

4　譯註：最初的西敏宮是王宮，始建於十一世紀，十四世紀起也成為英國國會所在地。一五一二年發生火災，大部毀壞，改建後除原有的國會，也在此設置皇家司法庭。一八三四年再度發生大火，西敏堂是少數倖存的中古建築物之一。此後重建的西敏宮是英國國會（包括上議院和下議院）所在地。

爾則到這裡就座，在市長大人（Lord Mayor）身前接受護國公的頭銜，然後在一六五七年，他重新走進西敏堂參加他的授職儀式，於加冕典禮時享有與國王相同的排場。現在，他那遭到蹂躪毀壞的頭顱安靜無聲，空然凝視著各路嘉賓於一六六一年前來參加國王查理二世的加冕盛宴，此後續於數十年間俯視國王的治理活動。終極叛徒克倫威爾是在**死後**遭到廢黜。他被切下的頭顱跟他的共和理想一樣，早已空洞、死亡，而只要它待在西敏堂屋頂上扮演國王的傀儡一天，就沒有誰可以忘記這件事。

據說在十七世紀末期的某天夜裡，一場暴風雨把克倫威爾的頭從西敏堂屋頂吹了下來，不久後，它便出現在博物館展示櫃中。十八世紀期間，這顆頭顱轉入私人手中，變成一個古玩、一個珍貴文物，並且可以創造賺錢的機會。

不同的人陸續把克倫威爾的頭拿出來展示。首先是一名來自瑞士的印花布商克勞迪烏斯．杜普伊（Claudius du Puy），他把它陳設在他在倫敦經營的博物館中，與異國花草和稀有硬幣一同展示。一七一〇年，一個前去參觀的德國人非常好奇何以「這顆醜陋的頭顱還能讓英國人覺得珍惜而且有價值」。然後是薩謬爾．羅素（Samuel Russel），這個經常喝得醉醺醺的演員在克雷爾市場（Clare Market）的肉品區設置了一個簡陋的攤位，拿著頭顱表演，娛樂到市場買菜購物的民眾，並且經常將那顆頭遞給好奇的人仔細觀賞。後來羅素把頭顱賣給詹姆士．寇克斯（James Cox），這個人之前開過一家非常賺錢的博物館，一眼就能看出某個物品有沒有價值。寇克斯在私人場合把頭顱展示給精挑細選過的貴賓，靠這個活動賺了一大筆錢。十二年後，他決定把它賣給休斯（Hughes）兄弟，這些人在他們舉辦於老龐德街（Old Bond Street）的「克倫威爾什錦」（Cromwelliana）展覽活動中讓克倫威爾的頭成為最大的噱頭。

十八世紀期間，克倫威爾的頭就這樣在展演經營者之間陸續轉手，每次轉手都帶來一筆利潤。但唯一的問題是毀損。在某個時間點，或許早在克倫威爾被挖出來送到泰伯恩那天，他的頭上就已經少了一隻耳朵和幾顆牙。他的鼻子逐漸塌垮，頭髮變得稀疏，乾透的肉體積減小，皮膚則呈現黃褐色，皺縮後被骨骼拉撐，看起來活像皮革。這個堅硬、乾燥物體的詭異外觀使它成為效果最強烈的死亡提醒標誌，因為任何人只要接觸到這顆頭顱，不禁都會思考起人終有一死的事實。克倫威爾的頭正是死亡的樣貌。偉大統帥克倫威爾現在頂多不過是一團物質，它必須指望付費觀眾的興致，它無以抵禦自然力量的侵襲。

喬治國王時代的科學家們達成結論，表示這顆頭顱只能算是個珍奇小物，有些人甚至認為它是極不入流的人造品。一八一三年間，有人請曾經跟隨庫克船長首次航向澳洲的傑出自然學者約瑟夫．班克斯（Joseph Banks）檢視這顆頭顱，但他基於政治因素加以拒絕。他說他無法允許自己檢驗那個「共和派老惡棍」的遺體，因為「光是提到那個名字，他的血液就會因為憤慨而沸騰。」同一年，在倫敦皮卡迪利（Piccadilly）的埃及館展示收藏品的古董商威廉・布拉克（William Bullock）考慮把那顆頭買下來，好收進他博物館的典藏中，不過「只是當做小古玩」。結果，首相以非正式管道勸誡他不要對付費民眾展示人類遺骸，因為這樣非常不得體。

這項決定儼然像是一個改變的訊號。克倫威爾的頭在一八一四年喬西亞・魏爾金森買下它時轉入私人收藏。現在它瞄準的對象變成較為頂層的觀眾，以及那些可以在受控管條件下評鑑其價值的人。魏爾金森或許無法抗拒在餐宴場合，秀出他那顆赫赫有名的收藏文物以娛樂嘉賓的衝動，但這顆頭顱再也不會流落在倫敦的街頭市集。

圍繞著這顆頭顱的過往，相關故事愈來愈多，許多人則開始質疑它的真實性。好幾顆不同的頭顱開始流傳於世：另一顆克倫威爾頭顱被展示於牛津的艾許莫爾博物館（Ashmolean Museum）；但魏爾金森相信他握有的頭才是真品，只是其他人對此不是那麼肯定。舉例而言，著有《奧利佛・克倫威爾的書信與演說》（*Oliver Cromwell's Letters and Speeches*）一書，在維多利亞時代中期的英國重新引發一股克倫威爾熱潮的作家兼歷史學者湯瑪斯・卡萊爾（Thomas Carlyle）就認為，魏爾金森的那個古玩只是個「詐騙的幌子」，並且拒絕親自加以檢驗。

問題正式浮出檯面，現在不得不透過科學方法驗證。專業學術界人士踴躍地對這顆逐漸變黃的頭進行檢驗：包括一位紋章專家、一位大英博物館的古幣專家、一位顱像學會的領導人士、一位知名雕刻家、一位牛津大學生理學家、多位皇家考古研究院的院士，以及兩名醫學統計學家。這些人各自將自己的學養應用在克倫威爾的頭顱上，而所有人的檢驗結果都為魏爾金森提供背書。

在一九三〇年以前，已經有無數測量儀器量度過克倫威爾的頭，數不清的顯微鏡聚焦研究它，相關研究文獻不下數百頁。在那個「稍嫌醜惡」的物體上，每一個凹凸、每一道溝痕都獲得詳細檢查與描述。不過，研究克倫威爾頭顱的那些科學家也紛紛臣服在它的魔力之下，他們的觀看目光愈是專注，就愈能反映出這個逐漸腐壞的物品在成為私人財產兩百年之後，依然能展現強大的力量。此時，已經連續四代擁有這顆頭顱的魏爾金森家族雖然盡可能遠離媒體，但有時還是會被媒體拉回聚光燈下，因為那些記者發現克倫威爾頭顱的故事，希望寫文章探討它那不可思議的歷史。

二十世紀中期，喬西亞的曾孫霍瑞斯．魏爾金森（Horace Wilkinson）博士開始感覺，照顧這顆名聲不好的頭顱是個太沉重的財務負擔。他決定，該是讓克倫威爾安靜休息的時候了。於是，在一九六〇年間一場小型私人儀式中，克倫威爾的頭連同承裝它的橡木箱一塊被埋到劍橋大學席尼．薩塞克斯學院（Sidney Sussex College）教堂西側門廳的地板下。劍橋校方對確切的埋藏地點一直嚴格保密。一塊標牌上寫著：「一九六〇年三月二十五日，本學院校友（一六一六至一六一七年），英格蘭、蘇格蘭、愛爾蘭聯邦護國公奧利佛．克倫威爾的頭顱被埋葬在這個地點附近。」

接下來不會有法醫鑑定和ＤＮＡ檢測：在克倫威爾頭顱的故事中，科學並沒有最終的發言權。當然，這並不妨礙民眾親自前來目睹這個地方。克倫威爾的頭雖然終於獲得安息，但它依然能夠吸引遊人來訪。

圖1　霍瑞斯．魏爾金森手握克倫威爾的頭，一九四九年。

引言

令人難以抗拒的頭顱

IRRESISTIBLE HEADS

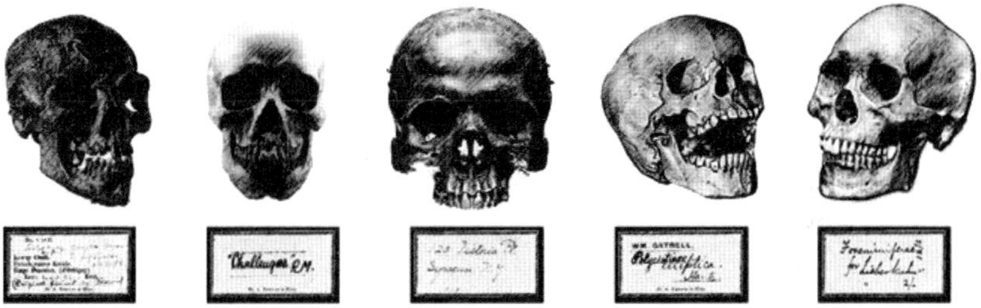

本書的主題是被切斷的人頭。人類的歷史中充滿這種東西。「獵頭」一詞讓人聯想到那些遠離文明、奇異而危險的異國世界，但事實是，人頭在長久的歲月中一直在所謂的文明世界中被大肆展示。就獵頭而言，我們有我們的特殊傳統，千百年來，人頭裝點著文明社會的幾乎每一個面向，從死刑台到大教堂、從解剖室到藝廊，可說是無所不見。斬首的傳統根深柢固，即便在今天依然揮之不去，儘管只是在某些被默許的情況下。

克倫威爾頭顱的故事極為特出，不僅是因為它近乎原封不動地被「存活」了三個世紀，也是因為多年來，它被重新塑造出各種不同身分。克倫威爾的頭曾經掛在絞架上，被當成叛徒的頭叉起來公開示眾，幾十年後卻成為博物館展示品。它陸續被視為戰利品、珍貴文物、死亡提醒標誌、資料集。它的價值依據不同時代的觀念變遷而不斷變動，它足以代表千百年來那些裝飾著司法、科學和休閒娛樂等不同領域的數以千計人頭。就這樣，透過它的系譜和它的長存，它為本書中的許多故事帶來某種清楚的連結。

儘管克倫威爾的頭有其非比尋常的特質，但它終究只是來自遙遠過去的眾多頭顱之一。今天，對於被切斷的人頭，我們有一些極普遍的假設，而它具有其中的兩項：其一，這種頭顱很不尋常；其二，它們年代久遠。偶爾我們會在報章頭版看到某個知名人物的頭顱失而復得的故事。不久前科學家針對奈德．凱利（Ned Kelly）[1]的頭骨和法國國王亨利四世經過防腐保存的頭顱分別進行檢驗；每逢考古學者弗林德斯．皮特里（Flinders

1　譯註：愛德華．「奈德」．凱利（一八五四至一八八〇年），澳大利亞叢林大盜、「凱利幫」首領，四處燒殺劫掠，後來被捕並被處以絞刑。但在澳洲民間傳說乃至書籍、電影、藝術作品中，他卻一直是受澳洲人景仰的英雄人物。

Petrie）[2]冥誕，媒體依然要報導他在一九四二年去世時把自己的頭捐給皇家外科醫師學院（Royal College of Surgeons）這個已經被說爛了的故事。克倫威爾頭顱的故事之所以令人驚異，是因為它揭發了我們自己的文化底蘊中一個鮮有人知的面向，而且那可能就是人性的一部分。

被切斷的人頭在人類社會中一直具有某種價值或地位，儘管那種價值具有爭議性或令人感到不安。過去，在某些情況下，人頭被拿來以科學、戰爭、宗教、藝術、司法、政治等名義展現於世人眼前，甚至現在依然如此。士兵會把人頭當成戰利品，這不只是千百年前的事，也發生在我們生活的年代中。近年來，恐怖分子和殺人犯會把斬首影片上傳到網路，數以百萬計的歐美民眾則會在自家下載這些影片來觀看。醫學院學生必須面對被切斷的人頭的解剖任務，其中絕大多數人都覺得那是一個深具啟發性的經驗。朝聖者負笈遠方，到歐洲各地的教堂觀看展示在那裡的聖人頭顱。藝術家在解剖室和太平間凝視其他人的死屍和斷頭，藉此尋找靈感。有人申請在死後讓人切下自己的頭，並加以冰凍保存，因為他們相信有朝一日科學家有可能將自己的頭移植到另一具身體上，這樣他們就可以恢復生命。而在現代文明的廟宇——博物館中，無數人頭被裝進瓶子裡，保存在藥劑中當做展示品；這些頭顱皺縮無妨，失去皮肉也罷，民眾還是看得興致勃勃。

人會奪取人頭、會捐贈自己的頭；人也會展示人頭、觀賞人頭。只要我們仔細觀察，

2　編註：弗林德斯・皮特里（一八五三至一九四二年），英國著名埃及學學者，一八九六年在底比斯發現麥倫普塔赫法老石碑（The Merneptah Stele）。

就會發現被切斷的人頭就在我們身邊，無所不在。其中數目最大的收藏位於世界各地博物館存放室的架子上，那裡有數以千計的人頭，偶爾甚至可以看到保存完好、肉質飽滿的頭顱。在這些黑暗詭密的地方，成排人頭靜謐地見證著我們祖先的獵頭傳統。大型國家典藏——例如倫敦的自然史博物館或華府的史密森學會（Smithsonian Institution）——保存了數以千計的人類頭骨，而多數地方級博物館，特別是那些以考古或科學典藏為宗旨的館院，也會有規模比較小的收藏。我開始對人頭產生出乎自己意料的興趣，是在我任職於皮特・里佛斯考古人類博物館（Pitt Rivers Museum）的時候。這家博物館隱身於牛津大學內的科學系所間，擁有來自世界各地的珍奇文物，典藏內容非常驚人。

皮特・里佛斯博物館的名聲頗為響亮。當我告訴別人我在哪裡工作時，他們常會說：「喔，妳是指那個收藏乾縮人頭的地方？」這是因為博物館展示了六顆南美洲的乾製首級，儘管在展示櫃中琳瑯滿目的文物之間，它們並不特別顯眼。幾年前，一位美國出身的藝術家泰德・迪萬（Ted Dewan）表示要把自己的頭捐給皮特・里佛斯博物館（當然是在他往生以後）。他很擔心如果該館工作人員決定把那些乾製首級送回南美洲，牛津就再也沒有這種人頭了。迪萬還給了承諾，說他會留下足夠的錢，用來支付乾製他的頭及後續保管所需的費用。館長婉拒了他的提議，並表示希望看到迪萬身體健康、活力充沛，能夠經常來造訪博物館。

當時我正在研究這座博物館的歷史，特別是它在十九世紀末期與牛津大學解剖學系之間的關連。這項研究帶引我探索館內典藏的三百件人類頭骨。我很快就發現，牛津的人體解剖學系也有非常可觀的人類頭骨收藏。一份撰寫於二次大戰爆發前夕的報告指出，收藏那些文物所需的保存條件：「骷顱頭約有三千個，占據一百五十八平方英尺空間、總長一百一十八英尺的架位，以及一共占地一百四十四平方英尺、堆到六英尺高的儲存箱。總占地面積是三百五十平方英尺，不過加上適度穿梭在這些典藏品間所需的活動空間，一共就需要三倍左右，也就是一千平方英尺的面積。」我翻閱牛津大學那些用皮革裝訂，古老的新增藏品登記冊時，看到每件新的文物都是用鋼筆以美麗的草體詳細登錄，典藏品的取得作業程序顯現出一種令人屏息的勤謹精神。月復一月、年復一年，可敬的科學家們把人們的頭骨送來牛津，某人從甲地寄送一兩件，某人又從乙地運來一兩百件。

在成排的骷顱頭和那些帶有眼睛、耳朵、頭髮的乾製首級之間，似乎無法立即看出明顯關連，不過在我任職的這家博物館，典藏文物的分類方式相當不尋常，而這都要拜博物館創辦人奧古斯都・亨利・雷恩・福克斯・皮特・里佛斯（Augustus Henry Lane Fox Pitt Rivers）將軍的嚴謹要求所賜。里佛斯將軍以「不列顛考古學之父」的稱號名留後世，他以近乎偏執的熱情收藏一切具有考古學和人類學價值的物件。當他在一八八三年同意將他的收藏捐給牛津大學時，他提出的條件是這些文物必須依據**類型學**進行分類——這種維多利亞時期的人類學收藏分類法就是里佛斯發揚光大的。一般人會期待在人類學博物館中看到展示品按照地理區域陳設，這樣就可以在欣賞完非洲文物後，轉而探索亞洲、太平洋島嶼等不同地區的文化。按照時間順序來陳設也是一個典型的做法，例如英國文物典藏可能會先從新石器時代和銅器時代的早期工業開始，逐步進入羅馬殖民時期、盎格魯撒克遜時期、諾曼人統治時期，然後一直到現代。這些安排方式都符合，或甚至強調了一個原則：人類社會是各自獨立的整體，大致上可以按照空間和時間的界線加以定義。

可是，在皮特．里佛斯博物館，典藏文物的分類標準是每個物件的造形和功能。因此，所有籃子都被收集在同一區，鼓、槍砲也各有其所；館內的某個大箱子中放的都是舞蹈面具，另一個箱子中存放的都是模型船隻，然後還有專門放紋身工具的箱子。每一類文物都包含來自世界各地不同時代的物件，但這並不是說不同文化間的區別被忽略，而是代表文化比較的出發點略有不同。起初這種分類法可能顯得違背人們的直覺，特別是對我這種考古學者而言，因為我們受到的訓練是將每一個文化群體視為具有自主性的整體，值得我們單獨針對它進行研究。但是，在我任職於皮特．里佛斯博物館期間，我開始體會到，從類型觀點探索文物自有其強大的力量。

這種條理世界的方式彷彿是將世界視為一組需要解決的技術問題，並迫使我們思考，在看似無窮盡的變化表象下，到底是什麼東西讓人類之所以為人？舉例而言，我們都是會製作器具的生物。需要用火時，某個人可能會伸手找火柴，另一個人可能會把兩根木棒互相摩擦幾秒鐘，藉此點燃一小束樹葉火媒，但重點在於我們都能找到取暖、生火、煮食的方法，讓我們在人生的道路上持續前進。每個人類群體都找到從事各種活動的理由，無論那是挖掘土地、捕獵其他動物、裝飾身體、儲存財物、創作音樂或分享食物。

我隱約覺得，每個文化都曾經找到展示人頭的理由。當時的我們還在做這件事。儘管皮特·里佛斯博物館致力闡明典藏理念，但人頭展示終究是它名滿天下的原因之一。**那個收藏乾縮人頭的地方**……館員忙不迭地指出，舒阿爾人（Shuar）和阿丘阿爾人（Achuar）等南美洲民族已經不再獵頭，可是這些館員的祖先們當初帶回來的頭顱有些卻依然在為前來牛津參觀的人提供娛樂。展示人頭的行為與二十一世紀城市生活之間的距離，絕不像我們自以為的那麼遙遠。我們不能只把切斷的人頭揚棄於野蠻的過往，或歸諸於那些原始的「他者」。相反地，獵頭的歷史就存在於那裡，就在我的眼前。那一切都令我不禁思索這個令人不安但卻極為根本的問題：從這種人性闕如的終極意象中，我們到底能學到什麼關於人性共通的道理？

✠

我開始撰寫一本關於人頭的書，將人頭視為物件，描述那些整齊存放在博物館中的成排頭骨，並以策展人的眼光思考它們是用什麼方式被存放、觀看，以及應用於我們的社會。但在那些骷顱頭的背後，經常都有這樣的故事：某個男子（那些人清一色都是男性）切斷另一個人的頭顱，然後著手清除肉質部分。博物館裡的人頭都已經過「清理」，而清理那些人頭是一件汙穢的事。對門外漢來說，不管是乾製首級、戰利品首級，或為了進行科學研究而被解剖的頭顱，都是一種不但驚人，而且經常非常嚇人的物品，它的存在證實了創造者的十足膽量。無論是在生前或死後遭到斬首，那些「標本」震撼人的力量大都源自斬首這個行為本身，以至於我不禁想展開下一步研究，探討一個人需要什麼樣的殘暴才能切下某個人的頭顱，以及這種暴力在哪些條件下會如脫韁野馬般被釋放出來。

以下某些章節談論的既是砍頭的行為，也涉及被砍下的頭在我們的社會中具有的文化力量——尤其是關於頭顱做為戰利品的那個章節，以及關於被解剖的頭顱那一章：前者探討士兵在戰場上取得的頭顱，後者則為我們開啟進入醫學解剖室的大門。無需贅言，砍活人的頭在今天已經是一件極其罕見的事，但即使在當今的人類社會中，某些平凡人依然會在某些情況下，以通常不被認可、經常不為人見的方式，對人類的軀體進行處置、肢解。切下某個人的頭顱需要多大程度的殘暴，這要取決於那顆頭的性質。砍頭殺人是殘酷野蠻的暴力行為。以斷頭方式處決人犯的司法處置被視為無法接受。在戰場上搜獵恐怖紀念品、把剛陣亡的士兵肢解等行為既不合法也不名譽，而盜取人體部位進行科學研究同樣可恥。可是，如果一個人是在幾百年前死去，或他以書面方式同意在死後把頭顱捐給醫學界研究，那麼切下他的頭顱就可以被社會接受。

與此同時，歷史告訴我們，人類有能力做出或接受砍頭的行為，甚至可能透過觀賞砍頭情景而得到樂趣。斷頭儀式在人類社會中所具有的力量到今天依然迴盪在一些日常用語、手勢或笑話中。我們可能正在設法「保持我們的頭」（keep one's head「保持冷靜」），或設法不要「失去我們的頭」（lose one's head「不知所措」）；用言語「咬下某人的頭」（bite someone's head off「氣呼呼地對某人說話」），或用肢體「敲下某人的頭」（knock one's block off「把某人打倒在地或擊昏」）；「把頭笑到掉下來」（laugh one's head off「捧腹大笑」）、「把頭部保持在旋緊狀態」（keep one's head screwed on「保持明智」）；「在某人的頭上標價」（put a price on someone's head「懸賞某人」）、「為了某人而把自己的頭擺在墊木上」（put one's own head on the block for someone's sake「為某人甘冒危險」）；因為某人犯了什麼錯而「要他的頭被端在盤子上送來」（want someone's head on a platter），或希望「看到頭顱滾落滿地」（watch heads roll）等等。這些成語把過往歷史帶進現在，把恐怖轉換成幽默，為砍頭情景的強大張力賦與新的存在感，充斥在語言使用中。

如同威廉・梅克皮斯・薩克雷（William Makepeace Thackeray）[3]於一八四〇年觀察庫瓦吉耶（Courvoisier）被吊死時所見，千百年間，各種形式的政府處決為社會中「所有階

3 編註：威廉・梅克皮斯・薩克雷（一八一一至一八六三年），與狄更斯（Charles Dickens）齊名的英國小說家，著有《浮華世界》（*Vanity Fair*）。

級與地位」的人提供了通俗的娛樂方式：「扒手及其同類，各個都受此情此景所撩撥，他們體內都潛藏著嗜血因子，而這種因子影響著全人類。」許多科學家直到二十世紀期間，都還為了他們的求知欲而從事蒐羅人頭的汙穢勾當。今天，外科醫生經常切開別人的頭骨，以便植入探針或切除腫瘤，有時還會一邊探索病患的頭，一邊跟他們說話。醫學博物館的典藏人員細心保管館內那些被裝進瓶罐、漂浮在藥劑中的人頭，有時必須更換藥水，必要時還得調整保存條件。時間不同、地方不同，「可接受行為」的界定方式也會不一樣。

✠

即使一顆頭顱是以完全合法的方式被切下來，這個行為依然具有駭人的力量，而那種恐怖有一部分是因為被切下的頭顱引人無比遐思。死人的臉彷彿一條美人魚，雖然危險卻令人無法抗拒。我在一些醫學博物館中看到過被斬斷的嬰兒頭顱。他們是來自另一個時代、一百年前的嬰孩，現在他們扭曲的殘骸懸浮在防腐液中供教學之用。我從資料中讀到他們死去的狀況——弒嬰、墮胎、疾病、畸形。對於他們，對於我自己的黯黑欲望，我既麻木不仁卻又心知肚明地屈從了。我不禁思考，自己是否玩得太過火，會不會做惡夢，但我卻無法抗拒他們那被迫驟然停格的凝視。他們是從十九世紀來到二十一世紀的時光旅人，他們是活人與死人世界的居民，他們沒有生命但卻栩栩如生。他們的臉孔——臉部是人體中最具表達力的皮膚和肌肉組合形態——既使我無法自已地想努力建立連結，也成功地讓他們以超乎所有其他館藏「標本」的程度，堅實駐居於生命世界中。在展示於整個牆面的人體部位——腎臟、肝臟、手、腳——之中，是那些臉孔在深深吸引訪客，誘使訪客們探索自己的震撼感受。

一旦我們與另一個人的頭面對面，必然會發生某種心有戚戚焉的感覺：面對另一張臉孔時，我們也窺探了自我。我們很本能地會對對方的臉部表情做出自發性的無意識反應。當我們看到某個悲傷、快樂、憤怒、悲愴的臉孔時，我們會經歷一種自動而快速的神經反應，導致我們無意識地模仿那個表情。當那是一個沒有身軀的臉孔，我們的身體反射動作——那種本能的交感性——與我們知道那個人必然已經死亡的事實產生了衝突。歸根究柢，缺失的部分與剩下的部分同等重要。那個人消失的軀體因為不在場而益發緊扣人心，一如那顆頭顱雖然在場卻宛如缺席。

從死去的敵人頭顱經彩繪後成為軍營中的燭台，到捐贈者的頭顱經防腐處理後從雙眼之間被鋸成兩半、包在紗布中，然後貼標籤存放在醫學解剖室的置物架上，被切下的人頭顛覆了我們的簡單分類方式，因為它同時是人**也是**物件。他要不是同時是這兩者，就是兩者都不是。兩種狀態不是相互確證，就是相互否定。它既在此與我們同在，卻又全然異質。被切下的人頭有一種扣人心弦——而且恐怖——的張力，因為它否決了我們為了理解所處的世界，所採用的最根本的二元分類法：人和物件的定義是建立在相互對立的基礎上。但斷頭卻把一種原本不可能的二元性呈現在我們眼前。

被切斷的人頭可以是各種不同的東西：摯愛的人、戰利品、科學資料、犯罪證據、教具、宗教聖物、藝術冥思、惡作劇……它可能是交易物品、通訊輔助物、政治抵押品、傳家寶，它也可能同時集多種角色於一身。它的定義不斷變化，經常出現戲劇性的擺盪，人類遺骸之所以具有攪亂人心的力量，這正是其中一個原因。人類的遺骸會震懾、挑戰我們既有的假設，而能夠與我們四目相對的人頭更是如此。

被切下的頭顱無論是完整保存或僅剩頭骨，都是從人們終究要去報到的另外那個世界觀看著我們。它把死亡加諸於生命之上。在一個經典格言中，骷顱頭說：「昔日之我正如今日之你；明日之你將如今日之我。」而那已經完全骨骸化、僵硬不動，彷彿永遠在微笑，卻永遠無法真正笑的臉孔，更強調出這個訊息。舞台上最著名的骷顱頭——憂里客（Yorick）[4]看起來在露齒而笑，但他已經不可能再笑了。「垂頭喪氣」（chop-fallen）的他早已在死亡之際喪失他的個人特質。

由於每個從地底下被挖出來的骷顱頭在哈姆雷特眼裡看起來都是一樣的——「一樣的如此絕對」——他只能冥想各種可能性：那是某個政治人物、朝臣，或者律師？死亡讓所有偉人變得平等，在這個場景中，丹麥王子哈姆雷特則發現自己跟掘墓者平起平坐。一場

4　譯註：憂里客是莎士比亞劇作《哈姆雷特》（*Hamlet*）中的角色。奧菲莉亞（Ophelia）身亡後，掘墓者一邊挖墓穴一邊討論她的死因。哈姆雷特抵達，看到掘墓者挖到他幼時看過的弄臣憂里客的骷顱頭。哈姆雷特舉起骷髏頭，說了一句「哀哉！可憐的憂里客」，然後開始沉思凡人皆會死的道理。

關於分解速度和腐壞的討論讓他回歸實際。這裡不談天堂和地獄，只談一些肉體面向——腐爛、皮革般的皮膚、臭味。死亡的無區別性似乎無法超越，哈姆雷特卻衝動地想讓他的朋友憂里客復活：他的嘴唇，那「歡樂的閃現」。故事開始時這人早已死去，但他卻在哈姆雷特手中起死回生。骷顱頭活了起來，憂里客又成為一個嗜賭的笑匠，在短暫時間中對著舞台說話，且有唱歌的小丑和滿天飛舞的骷顱頭陪襯。

在莎翁筆下的墳墓中，哈姆雷特和這些絕不可能替換的骷顱頭面對面，一如所有凡人，他與時間及死亡對峙。死亡不做差別待遇，然而，憂里客卻與眾不同。莎士比亞把憂里客的角色從傳統的死亡提醒標誌轉化成一個死去的人，於是這個出土物件再度成為喜劇演員。或許那些歡樂的閃現只是為了凸顯哈姆雷特手中那顆骷顱頭沒有生命的事實，但這正也是重點所在。這個物體和它所對應的個人具有相互強化的關係。與憂里客的頑皮有關的記憶加強了他予人的無生命意象，反之亦然，因為在許多方面，骷顱頭確實是活人臉孔的反命題。

千百年來，科學家們一直受到骷顱頭的吸引，因為它們等於是方便而易於收集的人。被客體化的人成為物件，可以輕鬆地載運、存放、測量、分析。然而，如同莎士比亞，我們也會試圖為它賦與生命的樣貌，彷彿要把它從死人的世界帶出來一樣。畢竟在我們所有人的**體內**，都有這樣一個頭骨。有某種力量會驅使我們設法恢復這個遺留物的生機，因為在一顆被切斷的頭顱的外觀（彷彿一個真人），以及它的行為方式（有如一個物體）之間，存在著一種強烈的矛盾。一個人的生命力似乎主要駐居於他的頭部，而非在他身體的其他部位。從人類頭部具有驚人的物理性質這個事實看來，這或許也無可厚非。

✠

世人之所以覺得頭顱扣人心弦、引人入勝，甚至誘人將它移除，有許多很好的生理學原因。人頭是一個強大的生物動力室，在視覺上也非常迷人。它容納人類五個官能中的四個：視覺、嗅覺、聽覺和味覺都在頭部運作。頭骨包覆著大腦，那是人類神經系統的核心。頭部負責吸入人體所需的空氣，也負責遞送出我們要說的話。演化生物學家丹尼爾·李柏曼（Daniel Lieberman）寫道：「幾乎每一個進入人體的微粒，無論那是滋養你或為你提供外在資訊的東西，都是經由頭部進入，而幾乎每一種人體活動都牽涉到發生在頭部內的事。」

為數眾多的不同組件匯集在我們的頭部。人類頭部包含二十多塊骨頭，多達三十二顆牙齒，一個碩大的腦部，數個感覺器官，數十塊肌肉，以及數不清的腺體、神經、靜脈、動脈、韌帶。這些「零件」都以緊密的方式組構在一起，高度集中整合在小小的空間中。人頭還有一個特點：好看。人類頭部具有生物世界中最具表達力的肌肉組合之一。它有各式各樣的裝飾性特徵加以點綴：頭髮、耳朵、鼻子、嘴唇。末梢神經的驚人集中程度，以及無與倫比的表達運動能力，都使我們的頭部以超乎任何其他身體部位的程度，把我們的內在自我與外在世界連結起來。

這個不可思議的引擎室動力充沛、結構緊密、具有顯著特徵，而且它「高高在上」，讓所有人一眼就能瞧見。人類雙足直立的身體形態使我們得以把略呈圓形、寬闊、粗短的頭部，風光地展現在相對纖細且幾近垂直的頸部頂端。多數動物的頸部都比較寬大、粗肥而且富於肌肉，因為牠們的頸部必須能夠把頭部往前撐在身體前方。但人類的頭部因為位居脊柱頂端，因此頸背部分需要的肌肉比較少。由於人類頸部肌肉不多，我們很容易就可以隔著皮膚摸到血管、淋巴和脊椎。簡言之，比起鹿、獅子或其他任何經常被視為捕獵戰利品的動物，砍斷人類的頭要簡單得多。

但這並不代表砍頭是一件簡單的事。儘管人類的頸部跟其他哺乳動物相比，確實較為脆弱，但將頭部與身體分開依然是件困難的工作。許多故事可以證明這點，死刑台上砍頭失敗的案例不勝枚舉，尤其是在像英國這種斬首相對罕見、劊子手經驗不足的國家。若要將一個活人的頭部迅速斬斷，需要精準且強而有力的手法，以及銳利且厚實的刀刃。這也難怪被斬下的頭顱會成為終極的戰利品。就算劊子手的經驗豐富，而且被害者被五花大綁，還是有可能要砍了好幾刀才讓人頭落地。在一七六六年的法國，眼睛被蒙住的拉利伯爵（Comte de Lally）靜靜地跪在地上，等待劊子手的斧頭落下，但劊子手卻無法一次就達成任務。伯爵往前倒下，必須重新調整身體的姿勢，但即便是這樣，劊子手還是再砍了四五刀才把他的頭斬斷。另一個有名的例子發生在一五八七年，劊子手花了三刀才砍下蘇格蘭瑪麗王后的頭。第一刀砍到的是她的後腦勺，第二刀砍完以後還是留下一小條肌腱，劊子手最後只好用斧頭的刀刃部分把它切斷。即使是砍死人的頭，也不是件簡單的事。當克倫威爾的屍體在泰伯恩被斬首時，執斧人一共砍了八刀，才終於穿透厚厚的裹屍布，完成工作。

儘管有各種無法預測的因素，當施刑者技術高超、被害者順從不反抗，斬首確實是可以快速致死的方式，雖然我們不可能知道到底有多快：因為沒有人被砍頭後還能夠長時間維持意識，為我們提供答案。有些專家認為，由於腦部血壓急速降低，人在兩秒內就會失去意識。其他一些專家則指出，意識是在腦部耗盡所有可用氧氣之後才逐漸消失，因此就人類而言可能長達七秒——對一個剛被砍頭的人而言，七秒鐘無疑極為漫長。斬首或許是最不折磨人的致死方式，但一般認為它還是會帶來痛苦。許多科學家相信，無論執行速度有多快，斬首一定會在一或兩秒鐘之內造成劇烈的痛楚。

大刀揮下、人頭落地，這個畫面隱含的文化性力量源自那個動作的無比迅捷，而這種身體技藝所展現的威力，挑戰了死亡那個令人難以捉摸的當下，因為這樣的死亡方式被表述為立即發生，即便斬首的實際機制對科學家而言基本上依然成謎。法國歷史學者丹尼爾·阿拉斯（Daniel Arasse）曾經這樣描述斷頭台這種把斬首變成效率典範的工具：「（斷頭台）在死亡發生的瞬間將死亡的不可見性展現於我們眼前，精準而又無法辨識。」令人驚訝的是，當我們在思索死亡的神祕時，很容易就會忘記砍頭絕不是一件不可見的事。斬首是非常血腥的活動，這是西方國家不再用這種方式執行國家處決的原因之一，儘管它是已知最人道的致死方式之一。斬首比絞刑、致命注射、電擊或毒氣更迅速，它的結果也更能預測，但那種景象太過殘酷恐怖，我們的情感難以承受。

✠

斬首可說是個自相矛盾的詞語，因為它雖然殘暴卻又有效。斬首是一個凶狠而藐視人性的野蠻行為，雖然人頭之所以成為吸引人的戰利品，自有其扎實的生物學原因，但斬首所蘊含的文化力量，一部分卻是源自我們無法轉身移開視線的事實。就算在最民主、最都市化的文明社會，永遠都會有人想觀看這種場面。同樣地，被切下的頭顱經常驅使眾人聚集在一起，在一些情感強烈的情境中凝聚他們，而不是——或說至少不只是——讓他們感到嫌惡。斬首象徵終極的暴行，但它也是一種創造的行為，因為斬首雖然殘忍無比，卻能製造出一個具有強大力量的物件，無論我們喜不喜歡，那種力量異常驚人，能夠迫使我們不得不去注意那個物件。

就連施刑者與被害者之間的關係也有令人驚訝之處，因為有時那種互動除了單純的殘暴，還蘊含某種奇特的親密性，有時甚至蕩漾著一絲幽默感。每當我們碰到一顆被截斷的頭顱，無論那是在戰爭、犯罪、醫學或宗教的脈絡中，我們對那個行為本身都會有一番新的體認。世人發展出無數的方式，設法合理化斷頭的恐怖吸引力。斷頭對在世者施與的力量很可能具有普世性質。即使被截斷的人頭在本質上陰森恐怖，但卻能帶來靈感：它會激發世人研究、祈禱、開玩笑、寫作、繪畫；導致他們轉身離去，或促使他們更進一步觀看，並帶引他們思考人性的侷限。斷頭的這種令人難以抗拒的本質或許很容易遭到不當利用，但忽略它卻是一件危險的事。這本書談的是一個令人驚駭的故事，但它終究是關於我們的故事。

第一章

乾製首級

SHRUNKEN HEADS

我到皮特・里佛斯博物館看乾製首級時，是獨自一人前往，並且正在思索這本書的撰寫架構。那種孤獨帶給我一個冥想的時刻。首級在玻璃櫃中用繩索懸吊展示，它們的五官是固定的，眼睛是閉合的，長長的頭髮靜靜地往下垂盪。那裡面一定很安靜。那些首級保守著它們的祕密。凝視它們時，我覺得自己彷彿是個粗俗的入侵者，但我仍舊佇立在那裡凝視。我設法在它們的血腥歷史和眼前毫無生命的存在之間找到妥協。

參觀民眾在我周遭來來往往，他們跟家人朋友站在展示櫃前方時，我聽到他們的反應。成群的小朋友表示他們覺得那些頭顱「很嚇人」、「很酷」，許多大人則說「很噁心」或「很恐怖」。所有人都想知道同樣的事：這些頭是真的嗎？是怎麼做的？我們都想設法弄清楚這些東西的來歷。一個物品若要能超越其創造過程的實務面向，就必須加持某種魔法才可行，而令我們感到眩惑的，正是那些頭顱從人變成物品這個轉化過程的本質。

皮特・里佛斯博物館典藏的乾製首級大約是一百年前由舒阿爾人製作而成。舒阿爾人居住於南美洲安地斯山雨林地帶，以及祕魯和厄瓜多爾境內的亞馬遜河低地區。他們是以「乾縮法」製造這些他們稱為「參薩」（tsantsa）的人頭，首先將死者的頭骨取出，移除皮膚底下的所有肌肉和肉質部分，然後在裡面放滿燒熱的小石塊和泥沙，多次重複這個操作步驟，直到頭部皮質縮到只比男人拳頭略大的程度。對舒阿爾人而言，這些操作的目的是為了擷取死者靈魂的強大力量，而且也是他們歷史悠久的複雜儀式中的一部分。但今天的訪客前往牛津近距離觀賞展示於玻璃櫃中的乾製首級時，他們看到的經常就只是那些實際製程本身。

這座懸掛展示「參薩」的博物館專門典藏世界各地的人製作和使用的物件，展品可謂包羅萬象。這些物件置身的環境會引人注意它們的物質性，但在它們的實際製作過程中，物質性卻是最不重要的一部分。一旦舒阿爾人為自己的族群成功擷取到「參薩」的力量，他們就可能埋掉、丟棄那些人頭，或賣給生意人。現在，這些乾製首級來到牛津，不可能再被丟棄。事實情況正好

圖2　「參薩」展覽於「處理敵人遺體」（Treatment of Dead Enemies）的展示櫃中。

相反——它們已經成為來訪者注目的焦點。

在儀式刀具、懸錘、環鋸工具之間，乾製首級遠比其他展品更能吸引參觀者的目光。我在那裡時，一位展館服務員神情驕傲地把一名神情困惑的年輕女子帶過來，並告訴她：「這是本博物館最令人驚奇的文物之一，世界各地的人都會到這裡來看這些乾縮人頭。」媒體經常把皮特．里佛斯博物館簡單稱為「乾縮人頭博物館」，來訪攝影師總要衝到乾製首級那裡拍些吸睛的照片，博物館的媒體負責人對此幾乎是莫可奈何；他們也無力阻止報章雜誌的「週末活動」資訊在提到這座博物館時不斷使用「令人毛骨悚然」、「異國風情」、「詭異」等陳腔濫調的字眼。

這座博物館因為典藏人體部位而有名，但這卻使它的處境非常尷尬，員工也不斷討論到底該拿這些乾製首級怎麼辦。有些人認為應該停止展示這種文物，因為把死者當成珍奇古玩讓陌生人觀看是對他們的不敬。儘管展品標示詳細說明了乾製首級的緣由和製作方式，參觀民眾依然經常用「怪異」、「野蠻」等字眼形容它們，這種現象對誰都沒有好處。

乾製首級是「處理敵人遺體」這個展示類型的一部分，這類型展品包括來自印度、太平洋島嶼及南美洲的裝飾頭骨和祭典服飾等。文字解說板上的說明指出，許多文化都有展示敵人頭顱的習俗，包括英國本身在內；一塊鐫版畫描繪一六〇六年時的「火藥陰謀」（Gunpowder Plot）[1]策劃者的頭顱被插在木樁上展示於倫敦的情景，強而有力地證明這

1　譯註：火藥陰謀是一群英格蘭天主教極端分子於一六〇五年策劃的一場攻擊行動，他們試圖炸毀英國國會大廈，殺害正在其中主持國會開幕儀式的詹姆士一世、他的家人，以及眾多新教貴族，但計畫並未成功。

點。來自南美洲的人頭被展示在它們的文化與歷史脈絡中，解說內容也述及它們在儀式上的重要性以及歐洲收藏家對它們的青睞。

儘管如此，舒阿爾人的技術成就所展現的力量可謂是堅如磐石。人頭被深不可測的時空距離剝離創作情境後，對旁觀者而言顯得不真實。看到這些人頭的參觀者有時會提到電影——比如宣稱「那顆就是《哈利波特》（*Harry Potter*）裡面的人頭……」（事實上並不是）——彷彿它們屬於一個我們創造的幻想世界。

博物館典藏專家們非常清楚，這種反應只會使民族刻板印象的問題持續下去。於是舒阿爾人逐漸被外人稱為「那個南美洲的獵頭民族」。皮特．里佛斯博物館的身分被等同於它所典藏的乾製首級已經相當離譜，與此相較，一整個民族因為這類的博物館展示而被貼標籤的現象更是不應該。

參觀民眾說：「是真的乾縮人頭呢！哇！是怎麼做出來的？把皮膚切開來，拿掉頭骨和腦部，然後用熱沙去蒸它？好噁啊！」可是沒有人會問：這些人頭是怎麼來到這裡的？為什麼會這樣被吊在英格蘭南部的一座大學博物館？一旦我們開始提出這些問題，我們就會發現，乾製首級不只是某個古老部落習俗的產物，也是歐洲人的好奇心、品味取向和購買力共同造成的結果。現在我們應該開始讓聚光燈轉向，把焦點投射到你我的身上，投向我們的祖先，因為是他們把數以百計的人頭帶進博物館和老百姓的家，而且從中得到跟它們的原創者一樣多——甚至更多——的快樂。總歸一句話，來到這座牛津大學附設博物館的展覽室，把鼻子貼在玻璃櫃上緊盯著乾製首級的，並不是舒阿爾人。

✠

舒阿爾人的獵頭習俗在十九世紀末期達到高峰，而這是乾製首級交易在國際上蓬勃發展所導致的結果。當時舒阿爾人大約每個月會發動一次奪取頭顱的襲擊行動，參與者多達數百人。在歐洲和美洲的城市，來自南美、印度及太平洋島嶼的乾製首級出現在商店、拍賣公司、博物館以及一般民家。這種商品的銷路一直很好，需求不斷提高，於是供給也隨之增加。這個道理很簡單：歐洲人需求舒阿爾人製作的乾製首級，舒阿爾人則需求歐洲人生產的刀槍。我們的博物館典藏的乾製首級，並不真的是某種未經外界汙染的野蠻生活方式所遺留下來的東西，而是殖民擴張時期的經濟運作，以及關於「野蠻文化」的幻想力量所共同創造的產物。那些最有名的獵頭文化絕不是被凍結在時間軸線中沒有往前發展，而是在回應外國人的特殊嗜好。

一八八〇年代，隨著橡膠及金雞納樹皮——這種材料提供製造抗瘧疾藥物「奎寧」所需的活性成分——的貿易活動擴展到厄瓜多爾，愈來愈多歐洲殖民社群來到這個地區。殖民者跟舒阿爾人以物易物，用布料、大彎刀、鋼製矛頭、霰彈槍等交換當地的豬、鹿、鹽和乾製首級。但當殖民者開始自行飼養牲畜，食用自己生產的牛肉，他們對舒阿爾人的豬和鹿的需求逐漸減少，到最後，殖民者感興趣的東西只剩下乾製首級和舒阿爾人提供的勞力。舒阿爾人如果想要布料、大彎刀之類的商品，他們會跟當地的傳教士交易，因為傳教士開出的售價低於交易商，不過傳教士從來不賣槍枝。因此如果想買槍，唯一的辦法是賣人頭，於是「以頭換槍」的交易形態在南美洲建立了起來。

參觀民眾到皮特．里佛斯博物館看乾製首級時，他們真正看到的其實是白種男人的槍的故事。槍不只為舒阿爾獵頭隊提供經濟誘因，更成為奪取人頭的最佳工具。比起木材和石頭製成的矛，槍和鋼刀是更有效的獵頭武器，使舒阿爾人在獵頭襲擊行動過程中享有顯著優勢。歐美人在買人頭的同時，也提供舒阿爾人得以更快獵取更多人頭所需的裝備。槍被用來奪取人頭，然後人頭又可以用來交換更多的槍。進入二十世紀一段時間之後，一顆乾製首級的價格普遍被認定為相當於一支槍。有一個故事提到，一名舒阿爾族領袖用一些人頭換得一批槍，然後立刻用那些槍伏擊另一群舒阿爾族戰鬥隊，然後再用獵得的人頭交換更多的槍枝。

但情況並非一直如此。舒阿爾人的獵頭傳統至少可以回溯到十六世紀，但我們對舒阿爾人獵頭行為的認知大都來自十九世紀末期，那時乾製首級的製作在傳統上屬於一些複雜文化儀式的一部分，其目的在於擷取舒阿爾人死後的靈魂所蘊含的強大力量。那些人頭並不是一般定義中的「戰利品」，因為有獵頭風俗的舒阿爾人和阿丘阿爾人大都和平相處，他們重視的並非實質的人頭，而是駐居其中的靈魂力量。人頭不是在戰爭期間奪取的。他們會特別組織以奪取人頭（「參薩」）為目的的部落襲擊行動，因為「參薩」是充滿力量的東西，擁有「參薩」的人才有力量。從這個角度來看，在舒阿爾人心目中，奪取人頭是一種可被社會接受的暴力形式。

襲擊行動成功後，民眾會舉行盛大餐宴，歡迎獵頭勇士返家。這是一年中最重要的慶祝活動，透過這種活動，駐居在「參薩」中的力量被轉移到家庭婦女身上，確保一家人享有豐饒的食物生產。數年期間，他們一共舉行了三次歡慶餐宴，但慶祝結束後，「參薩」就不再有什麼公共價值，因為——不同於購買這些乾製首級的商人——一旦靈魂的力量被成功轉移進擄獲方的群體，舒阿爾人就對人頭本身失去了興趣。有些舒阿爾人會把「參薩」留著當紀念品，有些則會把它丟掉，不然就是賣給行旅人或殖民者。事實上，舒阿爾人之所以不會展示這些人頭，並不是因為它們神聖，而是剛好相反——因為它們已經變得無足輕重，就像重要信件取出後留下的信封。

然而，隨著與外國人的交易蓬勃發展、「以頭換槍」的生意日益鞏固，奪取人頭的精神意義——設法控制犧牲者的復仇靈魂，擷取其中的力量並將之轉移到活人世界——逐漸淡化，乾製首級於是經常變成只用來買賣的物品。乾製首級不再是力量循環的媒介，而是貨物累積的一環。「參薩」失去它的精神力量，成為商品；有些舒阿爾人為了賣人頭，甚至不惜殺害他人。歐美國家的人民就這樣催生出胡亂殺人的嗜血獵頭客，而這正是他們在想像中預期會看到的事。隨著需求增加，舒阿爾獵頭者變得更加不分青紅皂白。過去，只有男性的頭顱會被奪取，因為只有男人才有能被關進頭部的復仇靈魂。但現在為了做生意，舒阿爾人開始獵取女人和兒童的頭，即便這些人頭沒有任何儀式上的文化意義。

於是，女人和兒童的頭被歐洲製造的刀具切下，輾轉來到南美洲各地城鎮被當做紀念品販售。基本上這是一種陰森恐怖的觀光藝品生意，那些觀光客無疑以為他們買到的「參薩」來自原始戰士的發源地，是貨真價實的傳統文物，他們怎麼也不可能想到那是特別為市場製造的乾縮人頭。更離譜的是其中還有一些殖民者和南美洲居民的頭，這些人跟獵頭者毫無關係，一輩子可能都生活在城市中，但因屍首落入動物標本剝製師手中，於是他們的頭顱被切下，成為乾製首級流入市面。動物標本剝製師是贗品「參薩」的重要來源，他們知道這種工作可以賺些外快，於是跟當地醫院太平間的員工串通，請他們提供「原料」。一些無人認屍的窮苦人就這樣在死後成為犧牲品，滿足歐美民眾對異國珍玩的欲求。

市場對乾製首級的需求高到有時沒有足夠人類屍體可用，於是投機分子轉而把歪主意打在猴子和樹懶的身上，這些動物的頭顱一旦經過乾縮和「重塑」，經常可以騙過那些珍玩搜獵者。美國工程師及旅行家弗里茲・厄普・格拉夫（Fritz Up de Graff）曾經指出：

「在巴拿馬，觀光客創造出對這種野蠻珍玩的活絡需求，他們可以訂製人類或猿猴的頭顱，或以每顆二十五美元的價格購買現成品。」假造的人頭以山羊皮、木材、樹脂或橡膠為材料。即使後來當地立法禁止買賣「參薩」，但直到二十世紀中期仍有許多乾製首級被偷偷賣給觀光客。

這一切代表了一件事：博物館典藏的舒阿爾乾製首級大部分可能是贗品。其中許多根本不是人頭，就算是人頭，很多也與舒阿爾人幾乎毫無關係，以至於所謂「縱橫古今的舒阿爾獵頭族」的概念更可以說是源自於歐美的建構。參觀者看到這些文物時，可能會把它想像成某個未經文明玷汙的野蠻民族的駭人戰利品，但實際上他們欣賞到的是「**西方人對**『未經文明玷汙的野蠻民族』的概念的**偏執迷戀**」所帶來的駭人戰利品。

在皮特．里佛斯博物館展示的十個乾製首級中，有兩個是樹懶的頭，兩個是吼猴的頭，而在剩下來的六個人頭中，三個是專為市場製造的贗品。因此，皮特．里佛斯博物館其實只典藏了三個真正的人類乾製首級，這些文物幽微地訴說著一個關於謀殺行為的故事，那種行為在製造這些首級的社會中獲得寬宥，它們具有深刻的精神意涵，在世代的生命輪轉中扮演過它們的角色。其他那三個贗品訴說的則是一些無名死者的故事，那些被社會摒棄的窮苦人在死後成為異國情調收藏品交易的犧牲者，跟亞馬遜叢林原住民的在地信仰幾乎沒有任何關係。

當我們投入研究其他一些著名獵頭文化的歷史，我們會看到類似的模式浮現。其中一個例子是紐西蘭的毛利人（Maori）。不同於發動獵頭襲擊的舒阿爾人，毛利人傳統上是在部落間發生戰爭時拿取敵人的首級。毛利人不對戰利品首級進行乾縮處理，而是把頭骨留在裡面一起保存。防腐保存專家經常也是部落酋長，他們會把腦部、眼睛、舌頭移除，然後把亞麻塞入鼻孔和頭骨內，再把頭顱跟灼熱的石頭一起掩埋，讓頭顱在蒸熱或燻製的過程中逐漸乾燥。這種稱做「妥伊摩科」（toi moko）的紋面頭顱通常會被插在短木樁上展示於酋長住家周圍，不過最初造訪紐西蘭的英國人——他們在一七七〇年代跟隨詹姆斯．庫克（James Cook）船長一起抵達那裡——幾乎沒有看到什麼戰利品首級。

第一個取得毛利人首級的歐洲人是約瑟夫．班克斯。先前提過，這名自然學家參與了庫克船長的第一次南太平洋探險航行，若干年後，他在倫敦拒絕檢查克倫威爾的頭顱。在紐西蘭期間，班克斯成功說服一名不情願的毛利耆老把一顆經過防腐保存的人頭轉手給他，交換條件是一組放家用織品的抽屜。起初老人家收下抽屜，卻不肯交出人頭，但當班克斯拿起火繩槍「加強恫嚇效果」，交易就搞定了。庫克船長於一七七〇年間兩度返回紐西蘭，雖然他和手下在當地居留了好幾個月，但他們一直沒再看到其他防腐保存的人頭。

不過慢慢地，隨著毛利人與獵捕鯨魚或海豹的歐洲人接觸日益頻繁，防腐保存人頭的交易開始發展起來，而且跟南美洲的情形一樣，毛利人在十九世紀初期對槍枝普遍產生興趣，於是人頭交易迅速勃興。不久後，專業掮客就從澳洲被派過來挑選最好的人頭，雪梨關稅局開始把這種進口品列在「烘烤頭顱」這個項目下。庫克船長初訪紐西蘭五十年後，人頭交易已經高度發展，部落戰爭隨之變得猛烈兇殘，當時許多人甚至相信毛利人會因此滅族。

這種人頭之所以特別吸引歐洲人，是因為毛利酋長臉上那些精巧的刺青。班克斯曾經提到那些充滿螺旋和花式圖案的刺青「雅致而精確」，「有點類似鑿刻在金銀器皿上的枝葉圖案；這一切都以大師級品味和工藝水準製作而成」，使用的工具卻只有骨鑿和燒過的樹膠。就歐洲人而言，最好的首級是那些強大酋長的頭，那上頭的紋面圖案最繁複精美，但這種首級也最難找到。

十九世紀初期，市場對紋面首級的需求已經高得離譜，毛利酋長們乾脆強迫幫奴隸紋面，然後殺害他們，販賣他們的首級圖利。有些酋長甚至可以讓交易商親自挑選活人，選定之後就替他們紋面，然後殺害並按交易商的需求進行訂製作業。毛利人的刺青曾經是一輩子逐步創作而成的精美藝術品，而且見證著男人的勇氣、榮耀和社會地位，但自此以後，它卻變成只是以取悅——或愚弄——外國消費者為目的而設計的裝飾品。

在紐西蘭的歐洲人有時也會遭到殺害，他們的頭顱經過紋面處理後，被賣給不知情的母國同胞。有些故事描述先前提到的那些交易掮客，他們從澳洲被派來紐西蘭蒐羅最好的人頭，結果卻遭到謀殺，他們的頭經過保存處理後，再以「毛利戰士」的名義被賣回澳洲。這一切代表的是，到一八三〇年時，被運到雪梨關稅局的「烘烤頭顱」除了真正戰死沙場的毛利酋長以外，很多都是專為歐洲人訂製的人頭，甚至是歐洲被害者的頭。

一八三一年，新南威爾斯州長勞夫·達淩（Ralph Darling）決定採取行動。他立法禁止交易經過保存的人頭，因為如他所言：「我們有扎實的理由相信，這種令人作嘔的交易，傾向於大幅助長那些以不尊重人命而惡名昭彰的野蠻人進一步犧牲人命。」他制定高達四十鎊的罰鍰，處罰所有被逮到販賣這種人頭的人，於是忽然間，取得毛利人頭變得極為困難（雖然不是不可能）。十九世紀收藏家霍拉修·羅布利（Horatio Robley）曾經指出，人頭交易到那時已經使歐洲的博物館充斥這種收藏，但也「導致紐西蘭人口顯著減少」。

✠

我們很難否認十九世紀的收藏家非常偽善，他們一方面譴責獵頭是野蠻的行為，一方面卻又積極蒐羅人頭在自家展示。此外，並不只有商人涉及這種陰森恐怖的生意。十九世紀末的其他一些人——尤其是科學家——也被非常明確地鼓勵去收集人頭及其他人體部位。從這個角度來看，獵頭儼然成為一種專業職責。

我舉《人類學解說及相關議題》（*Notes and Queries on Anthropology*）這本書為例，這是當時在這個領域工作的英國人類學家使用的標準參考書。一八七四年發行的第一版，提供給收藏家的指導建議中提到，原住民的骨骼及頭骨「應該盡可能帶回英國」供專家分析研究。此外，如果「在一場戰爭或其他形式的殺戮之後，能夠取得內含軟質部分的原住民頭顱」，那就應該把它放進瓶子，用酒精或滷水浸泡，然後寄回英國。一八九二年

圖3　霍拉修．羅布利與他收集的毛利人紋面頭顱「妥伊摩科」合影，一八九五年。

發行的第二版提供的建議更徹底：「一般旅客也可以為科學研究帶來顯著貢獻，若能收集骨骼、毛髮，甚至身體部位，例如手、腳、大腦，乃至整顆頭顱，並將其寄送至實驗室或博物館，由專業解剖人員對其性質進行分析，這樣就有助於提升〔這個領域在〕較具技術性的層面上的相關研究。」

這本籲請收集人體部位的書籍是在英國兩個地位崇高的學術機構支持下出版的，因此學術界當然樂於照辦。科學界似乎願意原諒各式各樣的罪行，特別是當「研究對象」是窮人、犯人或被視為原始的人。收藏家在國外旅行時，他們的所作所為在國內恐怕會被認為是犯罪行為。有些到外國做研究的科學家會趁月黑風高時盜竊古墓。還有些人會到醫院太平間偷死人，把屍體從監獄偷渡出來，以貨品跟民眾交換親屬的遺體碎塊，或在發生戰事或襲擊行動後禮貌地請當地人提供敵人屍首的各個部位。

這種病態的貪婪行為最引人注目的證據是「劫掠行為」本身，因為我們的博物館中充斥著學者（包括女性學者）驕傲地送回英國本土做進一步研究的死屍。每個新增文物——頭骨、人體骨骼、乾製首級、乾燥皮膚塊、保存在瓶罐中的器官——被運到博物館時，典藏專家都會精心記錄，然後決定是否公開展示。翻閱那些登錄冊是個發人深省的經驗，因為那無數頁面都是一個個人類生命被化約為文物收購登記表的結果。

- 來自北婆羅洲中部坦加隆的三顆頭顱，山打根總督克雷伊（C. V. Creagh）提供。
- 一個以人工方式加以變形的「平板頭」頭骨，麻薩諸塞州沃斯特克拉克大學法蘭茲．波亞斯（Franz Boas）博士提供。
- 一名成年男子和成年女子的耳朵，喬治．賽恩（George Thane）教授提供。
- 一副由麥克曼恩（C. MacMunn）提供的人體骨骼。
- 一名安達曼島民的頭皮，由安達曼群島行政總長卡德爾（Cadel）上校提供。

這份列表取材自皮特．里佛斯博物館。在歐美各地博物館的館藏資料中，都可以找到這種長長的登錄表。例如，隨意翻閱劍橋大學考古暨人類博物館的目錄，就會看到一塊毛利人的臉部皮膚，數顆來自索羅門群島的人頭，一顆保留了頭髮的砂拉越（Sarawak）[2]戰利品首級，「一顆經過保存處理的馬來人頭顱」，五名南美洲人的乾製首級等。

在這類登錄冊中，無以數計的人在死後被轉變成科學研究物件。令人心驚的是，收藏者的身分被記載的精確程度遠超過他所收集的死人。那些死人的真實名字早已被忘記，但死人被運抵博物館後，會獲得新的名銜，例如「蒙古人種」、「衣索匹亞種」、「短頭型」（圓頭型）、「長頭型」、「纖細體型」、「粗壯體型」等。他們被量度、清洗、貼上標籤、黏合、塗上顏料及亮漆；有些被固定起來展示，有些則被切割送去研究。他們被掛在玻璃

2 譯註：也常譯為沙勞越，位於婆羅洲北部，曾是英國殖民地，現為東馬的一部分，馬來西亞面積最大的邦。

櫃中、擺在桌上，讓人描繪、描述，或被裝箱運到演講現場，讓一群衣冠楚楚的人搬過來挪過去，互相辯論人類演化理論的細節。隨著年月過去，學者們經手的「樣品」數目逐漸多到無法計算。

假如把博物館比擬成科學界的新型大教堂，這些聖堂內的屍骨貯存所無疑迅速地被填滿。十九世紀期間，由於考古學者、醫學人員、人類學家急於找到扎實的證據來佐證他們的理論，不斷到各地蒐羅愈來愈多的資料，造成博物館收藏的人類遺骸大幅增加。那些人蒐集到數以千計的人類遺骸，而今天的博物館典藏專家持續照護那巨量的文物。進入二十一世紀之際，英國各地文化機構典藏的人類遺骸總數超過十萬具；而在美國，獲聯邦資助的機構光是美洲原住民的遺骸就收藏了超過二十萬具。這個文化遺產是名副其實的龐大。

✠

在維多利亞時期這種孜孜不倦的蒐集大行動中，科學家的舉動只有在極少數時候會受媒體注意，然後引起公憤，使人質疑科學活動的合法性。一八九〇年代期間，一個這樣的故事成為報紙頭條，主角是詹姆士・詹姆森（James Jameson）。他是一名收藏家、大型動物狩獵者、科學家、探險家，在此不久之前剛辭世。詹姆森曾經以自然學家的身分參與亨利・史坦利（Henry Stanley）萬眾矚目的「赤道非洲艾敏帕夏救援遠征」（Emin Pasha

Relief Expedition to Equatoria）[3]，他盼望能在剛果地區採集到各種動植物樣本，不過遠征生活的艱苦現實很快就使他的夢想觸礁。他發現自己大部分時間都在長距離奔走，設法協商聘雇當地挑夫的事宜。根據後來出現在報章中的一些報導，以及目擊證人經過宣誓的佐證，有一次他為了替單調乏味的宿營生活製造點樂子，不惜採用最殘酷的娛樂方式：詹姆森被控付錢給非洲士兵，請他們在他面前殺害一名女孩，加以肢解，然後把她吃掉。

據說詹姆士·詹姆森堅決要親眼看到食人行為，而且他在目睹那個過程時，手上還抓著素描本。他對殘忍行為的高度興趣不僅止於此。據說他還曾把一名非洲男子的頭顱送回英國——不只是「單純的頭骨」，而是經過填塞的頭部和頸部，包括完整無缺的皮膚和頭髮——然後把它裝在玻璃櫃裡展示於自家。那顆頭顱應該屬於某個遠征隊員熟識的人，他後來遭到「一個阿拉伯人」殺害。詹姆森請人砍下那個人的頭，放進鹽包中，然後裝箱運回英國。回到英國以後，他委請羅蘭·沃德（Rowland Ward），在倫敦名號響叮噹的皮卡迪利標本製作公司[4]把它做成標本。但這家公司顯然比較擅長製作大型動物戰利品標本，對人頭這個新的業務領域可能比較不在行，在技術上難以盡善盡美。總之，詹姆森夫人曾經抱怨在某些天候狀況下，那顆頭顱會散發出令人不舒服的味道。

此時詹姆森已經不在人世，因此無法親自辯駁那些針對他所做的指控。他在非洲死於熱病，他的手下後來才跟史坦利的遠征隊一起返回英國。現在他只能靠夫人負責反駁報章

3 譯註：一八八六至一八八九年的「赤道非洲艾敏帕夏救援遠征」是十九世紀歐洲最後向非洲內陸發動的遠征探險行動之一，主要目的是救援當時受到伊斯蘭馬赫迪派（Mahdist）部隊包圍的英屬赤道地區（Equatoria，現今蘇丹南部及烏干達北部）總督艾敏帕夏（一八四〇至一八九二年）。艾敏帕夏是一名鄂圖曼—德國醫生及自然學家，一八八六年獲鄂圖曼帝國授與「帕夏」（高級文武官）稱號。

中提出的控訴，於是夫人決定把丈夫的書信集結出版。詹姆森在信中提到自己相信食人表演的提議只是個玩笑，但這個說詞的力道非常薄弱。詹姆森為了觀賞這個表演，確實付了六條手帕的價錢，顯然他並沒有採取任何行動阻止那名女孩的死亡（「我這輩子親眼見過最恐怖的景象」）。而雖然他沒有把現場情景逐一畫出來——他說他沒辦法畫圖，因為當時他手中並沒有素描本——不過當晚稍後他還是在營地裡畫了六幅畫，描繪女孩之死。此外，詹姆森夫人對那個頭顱標本的問題一直保持緘默。

詹姆森的故事被公布在一八九〇年十一月的《泰晤士報》（*The Times*），各界在驚恐之餘，一片憤慨。那年四月，史坦利才以民族英雄之姿載譽歸國。他以遠征為主題出版的《在最黑暗的非洲》（*In Darkest Africa*），成為轟動一時的暢銷書；他榮獲各種獎項、四處演講、出席盛會、獲頒榮譽學位。如今卻彷彿風雲變色。史坦利的「後衛縱隊」被控淫亂、缺乏組織、叛逃。消息指出他的副指揮官艾德蒙·巴特羅（Edmund Barttelot）在介入一場當地慶典時遭到槍殺，其他團員則四散奔逃。隨著「剛果暴行」公諸於世，詹姆森的荒唐行徑成為暴行的象徵：鞭笞、限制進食、屠殺當地人的故事持續傳播了許多個月。一名《泰晤士報》特派記者沉痛地做了以下思索：「確實，《在最黑暗的非洲》中那些行旅人的行為黑暗得無以復加。」為了滿足變態、殘忍的好奇心，詹姆森濫用了職權。

詹姆森的病態興趣引發一些令人不自在的問題，質疑「原始」和「文明」這個簡單二

4　譯註：由當時的知名標本製作師、自然史書籍出版商羅蘭·沃德（一八四八至一九一二年）所開設。

分法的合理性。我們看到一個受過教育的人，一個堂堂的科學家，他參與一場高規格遠征探險，其宗旨在於聲張歐洲對愚昧無知而又難以駕馭的非洲人民的控制權——那既是在執行一項戰略任務，也是在演出一齣劇碼。結果事實證明他是個惡魔。在興致勃勃的歐洲收藏家手中，戰利品首級似乎暗示著一件事：所謂文明人和所謂野蠻人之間終究存在著各種令人不安的共通性。

史坦利的另一名部屬宣稱詹姆森當時曾經公開談論那件事，一直要到很久以後，他才開始明白該行為的「嚴重性」。「在中非地區，生命非常廉價……詹姆森先生忘了國內民眾對這件可怕的事會有多麼不同的看法。」詹姆森這個「熱血的自然學者」居然需要別人提醒，才明白他的研究對象也是個人。

詹姆森湊巧對狩獵興趣濃厚，他畢生收藏了許多大型動物標本，一八八八年他去世後不久，那些戰利品就被拿出來在倫敦展示。展品除了他打死的羚羊、鹿、白犀牛、野牛的頭，還有他在剛果獲取的「戰利品」，包括祭典用的匕首和刀、一個「令人反胃的」用完整的人類頭皮製成的頭飾，以及一條用人類牙齒串成的項鍊等。負責展示這些收藏的是羅蘭·沃德公司（就是後來被發現曾經幫詹姆森製作人頭標本的那家公司），當時《泰晤士報》介紹這個展覽時，還說它具體見證了詹姆森對科學的偉大貢獻。從以上敘述看來，人頭的來源不同，顯然就會被認為本質也不同。收集其他人用人頭製作的物品（尤其是當那些其他人是「低等野蠻人」時），跟親自委託別人把人頭製成工藝品是兩碼子事。前者被視為文化上的好奇心，後者則是濫用權力、侵犯道德。

✠

詹姆士・詹姆森的野蠻行徑之所以分外令人驚愕，也是因為它把一般人對原始民族的興趣帶向無比恐怖的極端，儘管這是一個合乎邏輯的發展。詹姆森的殘暴源自他的好奇，而許多英國人也同樣有那種好奇心。確實，《泰晤士報》特派員就提出這樣的問題：許多人聽到詹姆森的罪行時，都不禁「驚恐萬分地抬眼問蒼天」，但當媒體宣布西敏水族館舉辦表演，請「一群來自中非的食人族殺害一個同類生物並將他吃掉，一天兩次」，那些人中又有多少人會忙不迭地抓著一先令錢，擠向街頭朝那裡奔去呢？

這並不是個誇大其詞的問題。在當年的國際展覽和巡迴表演中，展示活生生的「野蠻人」給付費民眾觀賞是司空見慣的事。位於席登漢的水晶宮（Crystal Palace）[5]就是一個向民眾展示「土著」的熱門地點。這種展演活動都經過精心策劃，務求讓那些土著表演一些「典型」的活動，例如狩獵、跳舞、製作陶器，乃至更戲劇化的戰爭、食人、獵頭等情景。特別是在十九世紀末期，也就是詹姆森的故事成為頭條的年代，主辦單位為了增加收入，開始推出一些更驚人的表演，其中許多純屬幻想的產物。一群於一八八〇年代中期造

5　譯註：水晶宮是一棟以鑄鐵和玻璃打造的大型建築物，一八五一年建於倫敦海德公園，做為當年舉行的第一屆萬國博覽會的主展館，高度象徵工業蓬勃發展的英國國力。由於大面積使用玻璃，空間通透明亮，故名水晶宮。赴英考察的清國官員曾讚嘆：「一片晶瑩，精采炫目，高華名貴，璀璨可觀。」博覽會結束後由財團移建於倫敦南郊的席登漢，一九三六年毀於大火。親臨現場目擊火災的邱吉爾首相表示：「這是一個時代的結束。」

訪英國的澳洲原住民是這樣被介紹的：

澳洲食人族男女（由康寧漢指導）。這個奇異、野蠻、面容損毀、殘暴至極的族類生活在遙遠的內陸荒野，他們在那裡進行無止無境的血腥廝殺劫掠，並取對方的肉大快朵頤。他們是最低等的人類，他們的奇特無疑也最值得我們觀賞。現在我們將為國內民眾帶來有史以來第一次被捕捉到的這個族類。

他們聲稱演出具有教育意義，但這種表演只是在滿足並延續歐洲人的偏見。雖然有些表演者乖乖接受他們被迫扮演的角色，但許多人決定反抗：有些人逃跑，有些人遭到虐待，還有些人在這片異國土地上感染疾病死亡。但就連死亡也不能保證獲得解脫。土著的骨骼、身體部位、鑄型、塑模非常受民眾青睞。一八二〇年間一名毛利男子於歐洲巡迴演出期間忽然死亡，他的頭被保存了起來，並固定在他的身體模型上，於是他可以繼續說服民眾「他真的吃過人，因為他看起來確實就是那副模樣。」至於歐洲人展示「獵頭者」的頭這種充滿矛盾與諷刺的行為，卻沒有人特別留意。

儘管《泰晤士報》的讀者想到詹姆森在自家展示人類頭顱標本時會覺得噁心，商店及拍賣公司卻經常把來自厄瓜多爾、印度、紐西蘭的人類首級當成異國珍玩銷售。美國工程師弗里茲・厄普・格拉夫寫過一本內容曖昧的暢銷書，描繪他在厄瓜多爾的生活。他在其中一段文字中宣稱他曾加入一場獵頭襲擊行動，期間他把自己的大彎刀借給身邊那「一大群嗜血而淫蕩的瘋狂惡魔」，讓他們用來殺害一名女子並奪取她的頭。這樣的內容不但沒有為他帶來爭議，他的出版商甚至驕傲地宣傳「本書作者親身經歷過獵頭行動，以及其他種種大膽、獨特的冒險。」學術界也針對這個主題出版了不少論文，例如人類學家艾弗瑞德・寇特・哈頓（Alfred Cort Haddon）於一九二三年撰寫的〈新幾內亞人頭標本〉（Stuffed Human Heads from New Guinea），文中針對博物館及私人收藏的八個人頭標本進行鉅細靡遺的比較，然後對那些標本的意涵做了簡單的論述：那是戰利品、紀念物，抑或是響具？報紙上沒有出現關於這些人頭標本的論戰。

哈頓收集頭骨時沒有實際殺害任何人，但他是個經驗老到的人頭收藏家，而他的活動並未受到學術界或媒體的譴責，因為那些人頭一點都不稀罕——大多數的人類學家都說得出幾個自己在國外「獵頭」的事蹟。哈頓被視為英國人類學的開山祖師之一，因為他在一八九八年組織了第一次專業人類學田野調查之旅，目的地是托列斯（Torres）海峽[6]及婆羅洲。那次遠征探險期間，哈頓「非常焦急地希望取得一些人類頭骨供劍橋收藏」，於是他無論到哪裡都會問有沒有人頭可拿。在托列斯海峽中的梅爾島上時，居民不肯順從哈頓的要求，因此哈頓不斷用洋涇濱的英文跟他見到的所有人說：

6　譯註：托列斯海峽位於澳洲昆士蘭最北端與新幾內亞之間。

我的好朋友，假如你幫我找到死人的頭，我不會說。假如你抓到他，我不知道你抓到的他叫什麼名字，那是你的事。我何必給你製造麻煩呢？

哈頓提出的價碼是每顆**死人的頭**六便士，後來他還算順利地買到一些人頭。有一天發生一件他覺得很好玩的事：一名年輕女子碰巧聽到其中一件交易的細節，當她聽見那名**死者**的名字時，她「露出相當詭異的神情」，後來哈頓得知那個骷顱頭「原本屬於那女孩的叔叔！」」這名白種男子就是這樣獵取人頭的。

哈頓在托列斯海峽和婆羅洲旅行期間不只是買人頭，他也買了所有跟獵頭有關的道具：他買當地人用來把頭切斷的刀子、用來吊人頭的繩子，以及把人頭扛回家時用的吊索。他經常提出關於獵頭的問題：為什麼人會做出這種事？他們上次獵頭是什麼時候？他們是怎麼進行的？有心監管這類習俗的殖民官員也都會問這類問題。哈頓也花很多時間把當地人集合起來，測量他們的頭——記錄人頭大小是讓當時的科學界特別著迷的一件事——在當時的情況下，可想而知那是相當令人神經緊繃的經驗。

✠

哈頓造訪婆羅洲時，當地王侯和治理他們的殖民政府已經因為獵頭行動的事互相糾纏了好幾十年。許多時候，政府為了獲得政治及軍事支持，會對當地人的獵頭行為表示寬容。與王侯結盟的部落可以獲得獵頭的機會。舉例而言，一八五七年婆羅洲伊班（Iban）族協助王侯鎮壓古晉的華人叛亂，於是他們就可以大喇喇地在鎮上的市集裡乾燥處理人頭。一名歐洲觀察者寫道：「烝煮人頭是這整件事裡最令人作嘔的部分，而且它讓我們非常強烈地感覺，這一切都只是一群野蠻人被叫進來處罰另一群野蠻人。」這段話足以描述接下來整個十九世紀的殖民統治：獵頭是被禁止的行為，而且會遭到嚴厲處罰，只不過事實經常並非如此。一八九四年，原住民族群與殖民政府達成協議，決定將獵頭視為非法行為，但間歇性的襲擊行動及部落戰爭依然持續發生，直到一九二四年第二次和平典禮在砂拉越舉行為止。

在此之前，殖民政府官員一直無法根除獵頭行為，而且經常被迫捲入族群間的政治衝突。負責在哈頓居留婆羅洲期間接待他的殖民官查爾斯．荷茲（Charles Hose）記得一個「典型」的例子，可以說明他在一八八〇至一八九〇年間如何設法在獵頭族群之間維持法治。當一名無辜的華裔商人無端遭受攻擊並被殺害，而且頭顱被奪走，荷茲覺得他必須採取行動。被控攻擊的男子名叫廷宜，他接到傳喚但沒有出席，於是荷茲請鄰近部落的人把他和他的同伙找出來，設法把他們活捉到案，但「如果無法順利這樣做，那就直接把他們處死，再把他們的頭帶回來。」

我們不清楚荷茲要廷宜的頭是為了個人理由，為了證明正義已經達成，還是他對當地習俗表示認可——睜一隻眼閉一隻眼，或提供某種獎賞給跟他配合的族人，也就是讓他們獵取那些頭顱。無論原因何在，有一個明顯的事實是：殖民政府官員會根據自己的需要，煽動或饒恕獵頭行動。問題在於——如同荷茲後來所言——「如何讓賢明的壓制作為和領土的自由發展兼容並蓄」。殖民官的權力有實際上的侷限，他被迫捲入當地政治，不得不盡力玩好那場遊戲。不久後，廷宜被人找到然後槍斃（用的是荷茲提供的槍）。刷！刷！他的頭被切了下來。

廷宜的死幾乎點燃不同伊班族群間的全面戰爭，不多時，荷茲居然成為一支五百人戰鬥群的一員，他們執意要獵取人頭。這次他成功避免流血情況發生，因為敵人順利逃進了叢林，但無可諱言的是，獵頭構成當地族群間關係動態的一環，他身處於那種文化中，必須不斷努力設法達成自己設立的目標——建立法治社會、抑制獵頭襲擊的行為。反諷的是，他致力於處分獵頭者的結果，反而很容易導致暴力攀升。

荷茲自己也透過婆羅洲的獵頭襲擊行動，累積到相當可觀的私人人頭收藏，其中一百一十二個目前是劍橋大學達克沃斯典藏（Duckworth Collection）的一部分。像荷茲和哈頓這樣的男性（以及少數一些女性）是以理性知識的名義收集人頭。他們對人頭進行測量、比較、建立檔案資料，這些活動在當時都被視為合理而且值得讚揚，因為他們正在用一種他們無法用來理解自己的方法去設法理解原住民，而上述工作是這種方法的首要步驟。許多早期人類學家出自醫學界，他們原本就很習慣處理屍體，以及把屍體視做科學標本，供比較之用。哈頓和荷茲都有動物學的背景，他們在文化方面的研究可說是從他們對自然史的興趣延伸出來的。他們正在對一門「人類的科學」貢獻一己之力，並且對他們的研究主題產生了專業的執著。

當獵頭習俗被用來定義「原始人類」的低劣狀態，收集其他人的頭顱卻強化了「文明人類」的文化優勢。就某些方面而言，原始人和文明人駐居於不同世界，即便他們在實際生活中比鄰而居。殖民者回到祖國以後，必須把他們的經驗轉譯成同胞能夠理解的故事。就連哈頓和荷茲這種名聲顯赫的人，有時也無法克制地把自己在國外的生活描繪得彷彿像出自《男生冒險》（*Boy's Own*）[7]的故事情節：刷！刷！廷宜那小子就這樣人頭落地！

當然，收集獵頭戰利品和製作這些東西之間有很大的差別。那些英國科學家都不曾自己動過刀子，就連詹姆森也不例外。斬首行為的極端殘暴使「他們」與「我們」截然不同，於是這便成為某種令人無法抗拒的文化差異符徵。獵頭行為高度體現「野蠻社會」的道德侷限。獵頭者在媒體中被定性為情緒化的人，無法或不願承認他們的行動牽涉到的倫理意涵。部落民族受到卑劣的好戰本能驅使，那種本能強大得令他們無法招架，他們甚至可能在自相殘殺中面臨滅絕的危險，在不久的未來將成為自身先天衝動的犧牲品。與詹姆

7 譯註：《男生冒險》是十九世紀中期至二十世紀中期英美地區一些報章雜誌的名稱，這些刊物鎖定男性青少年，以陽剛冒險故事為主，旨在提供娛樂並培養男性氣概，是性別特定刊物的始祖。這個概念衍生自一八二八年出版於倫敦的《男生自己的書：男孩及青年運動、科學、休閒等娛樂活動百科大全》（*The Boy's Own Book: A Complete Encyclopedia of all the Diversions, Athletic, Scientific, and Recreative, of Boyhood and Youth*），該書有別於早先強調倫理道德的青少年養成書籍，甫推出即令英美年輕人趨之若鶩。

士．詹姆森不同，他們不知道什麼對他們才是好的。

獵頭的意象促成一種更深層的二元切割：「野人」和觀看他們的「高雅」民眾。這種二分法在十九世紀後期甚囂塵上。一種深植人心的貶低性偏見，在數百年間一直形塑著歐美人呈現外國文化的方式，造成那些參觀博覽會或博物館的人，習慣以對立的方式將自己與他們去看的那些人區別開來。以安全距離——在表演台上，在書冊雜誌的頁面中，在玻璃櫃裡，或用繩索圍出護欄——被展示於眾人眼前屬於「原始野蠻人」的幻想奇觀世界，它體現的是不屬於中產階級社會的一切。雖然我們可以安慰自己，現在的我們在觀念上已經比那時的人有了長足的進步，但或許我們還是應該稍微回頭看看皮特．里佛斯博物館中陳設的乾製首級。今天我們跟博物館中的「參薩」相遇時，那個過於隨便的二分法依然迴盪在我們的周遭。

✠

二〇〇七年間，媒體上出現錯誤的報導，說皮特．里佛斯博物館的工作人員正在考慮停止展示乾製首級，民眾看到消息以後立刻表示不贊成。「皮特．里佛斯博物館之友」協會發言人表示，乾製首級是該館「頭號展品」，而且深受兒童喜愛，如果被撤下，小朋友們會很傷心。以皮特．里佛斯博物館為靈感創作的童書《魔法神刀》（*The Subtle Knife*）

作者菲力普・普曼（Philip Pullman）也希望那些人頭繼續公開展示。有趣的是，菲力普承認展出人頭可能被認為很「殘忍」，但他同時也相信那些人頭之所以有價值，正是因為它們是真實的物件，而非塑膠複製品。如筆者在引言中所提，幾個月之後，藝術家泰德・迪萬提議把自己的頭送給博物館做乾縮處理，並希望它能成為「家庭友善」的展品。「對我而言，皮特・里佛斯博物館是個激發無盡靈感、奇妙而神聖的地方，」迪萬寫道：「做為一個具有倫理敏感度的機構，它榮耀了各個原住民族的信仰體系，包括那些最不為人知的族群，因此我深信貴館不會以差別態度看待我的信仰體系。」

迪萬的提議被館方婉拒了。但是，假如迪萬的頭真的按照他的希望被乾縮處理，展示在皮特・里佛斯博物館中，我們會有什麼感覺？那些攜家帶眷到牛津欣賞乾製首級的人，假如他們看到博物館展出一整櫃年代不超過一個世紀的歐洲人首級，他們會有相同的反應嗎？如果他們的反應不一樣——如果一整櫃歐洲人的首級令他們難以承受——這可以為展示南美洲人的首級在倫理上的意涵下什麼樣的註腳？博物館畢竟是個以文明自居、以**教化**為宗旨的機構。它對它所代表的人，對它**照顧**的人負有責任，必須為他們創造充滿敬意與教育意義的展示方式。

另一方面，假如我們說展示乾製首級是不文明的事，這樣做必然屬於野蠻行為，這種說法也太過簡化。皮特・里佛斯博物館確實有很好的理由將它的人頭收藏妥善陳設在玻璃櫃中。舒阿爾人或阿丘阿爾人並未要求館方撤下那些首級，或將它們歸還給南美。事實上，舒阿爾人參觀其他一些博物館——特別是紐約的美國自然史博物館——時，從未表示有興趣把「參薩」要回去。他們——至少是上述這些舒阿爾訪客——反而覺得典藏在美國自然史博物館的「參薩」，可以為他們的族人與紐約市的居民建立起重要的連結。如果舒阿爾人不介意看到那些乾製首級被展示在博物館，那麼或許我們也不應該介意。出問題的可能不是「參薩」被展示出來這件事，而是它向前來觀看的民眾發出什麼樣的訊息。

當然，舒阿爾人並不覺得自己是「原始野蠻人」，他們從來不曾這麼認為，因為那是一個來自外國的標籤，一個來自外國的建構。就某方面而言，它與舒阿爾人無涉，而與我們自己完全相關，也就是我們是怎麼看待他們，以及我們是怎麼透過與他們的相對關係來看待自己。今天，許多舒阿爾人以養牛、經營牧場維生；從前的舒阿爾人則是男性出外打獵，女性在自家農園種植蔬食。二〇〇三年前往美國自然史博物館參觀的舒阿爾人是在紐約市生活、工作的移民。當他們看到博物館中展示的「參薩」，他們不是把「參薩」想成自己的一部分，而是把它想成不是自己的那個部分，因為獵頭者當然不是現在這些已經是紐約居民的舒阿爾人，而是他們的祖先。舒阿爾人的獵頭襲擊在一九六〇及一九七〇年代受到全面壓制。對我們這些西方人來說，乾製首級代表了舒阿爾人，但對舒阿爾人而言，乾製首級卻只是他們的民族歷史中的一小部分。

博物館有責任說明死者的故事，並以理性、有意義的方式呈現其他文化，將其視為同一個全球化現代社會的組成元素。考古學者梅蘭妮・賈爾斯（Melanie Giles）曾經提到，她在研究鐵器時代「泥炭沼屍」（bog body）[8]時領受到一種道義感。那些沼屍有一部分也是被斬斷了頭。她寫道：「只有設法臆想那些暴力事件的歷史與環境脈絡，我們才能開始將其理解為不是化外或野蠻的行為，而是富於意涵——即便殘暴——的策略，那是人在社會出現危機時採行的辦法。」與其維持那些老舊的殖民時代分野，繼續把自己擺在安全護欄之外，我們應該探索那些「參薩」開啟的種種空間。

舒阿爾人首級以及其他展示於博物館中的人頭依然在活人身上施展力量，依然吸引大批民眾參觀，而且正因為如此，它們可以讓人再度停下腳步思考。這些乾製首級有助於打破刻板形象，挑戰人們對所謂原始風俗的假定。「參薩」並不是它們表面上的樣子。它是源自歐洲／北美人與南美人之間關係的產物，而它既與舒阿爾人和阿丘阿爾人的歷史有關，也牽涉到「我們」自己的歷史。如果「參薩」要繼續留在牛津展示，這就是它應該發揮力量之處。它能幫助我們面對數百年間外國勢力與南美洲文化交手的複雜情境。它也可以用來打破一般人認為這種文物是戰利品的迷思——因為「參薩」確實並非戰時擄獲的戰利品。此外，它還有助於矯正一個長年的錯誤觀念，認為當我們在英國的博物館中隔著玻璃觀看乾製首級時，它跟我們一點關係都沒有。

8　譯註：泥炭沼屍是指在泥炭沼澤中獲得天然保存的人類遺體，已知實例包括一萬年前到二次大戰時期的屍體。多數沼屍為歐洲北部出土的鐵器時代屍體，據研究主要可能是人祭儀式中的犧牲者。

在上述討論的末尾，我們可以思索一個發人深省的問題：東南亞海島地區的民眾對外國人又有哪些刻板印象呢？「他們」心目中的「我們」是什麼樣貌呢？無庸置疑，他們把我們視為獵頭者。由於歐洲和北美收藏家在旅途中花了很可觀的時間尋求人頭，其中許多人甚至不辭辛勞、披星戴月地挖開墳墓，盜取死者頭顱，「白人」在某些地方榮獲獵頭者的名號也就不足為奇了。

今天，在印尼某些地區，「外國人」會讓人聯想到危險和邪惡勢力。一百多年來，婆羅洲、爪哇、蘇拉威西各地村莊中謠傳著一些故事，說夜裡有人會偷偷摸摸地四處搜尋人頭，或政府會派一些外國人綁架兒童，然後把他們的頭埋在新建道路或橋梁底下加以鞏固。在二〇〇六年五月間，一家石油公司在東爪哇鑽探天然氣時意外導致泥漿爆發，當地隨即開始傳言說政府在蒐羅小孩的頭顱，要把它們丟進噴發口，以阻止泥漿繼續噴湧。民眾說政府需要數以千計的人頭。有些傳聞指出田裡和醫院裡有許多無頭屍體，還說許多小孩從摩托車上被綁架或搶走。有些民眾乾脆不讓小孩上學，或決定天天陪他們上下學，不讓他們獨自在外面行走。

這種謠言並不是新鮮事。一八九〇年代，馬來西亞砂拉越地區流傳一些故事，說政府派幹員奪取人頭，埋在一座新水壩的地基裡，而這些獵頭者中有些人被嚇壞了的村民殺死。隨著政府到處興建道路和橋梁，類似的嚇人故事在二十世紀期間也一直非常普遍。印尼弗洛勒斯島（Flores）的老一輩居民還記得自己小時候，在汽車非常稀少的一九五〇年代，他們只要聽到汽車的聲音，就會趕快衝進屋子裡，因為他們的父母告訴過他們，汽車裡載的都是些四處蒐羅小孩頭顱的獵頭族。

歐洲人三不五時就會被描繪在這類故事裡。傳教士經常發現自己成為當地人獵頭恐慌症的核心因素。有人說神父會拿藥給民眾吃，讓他們死掉，然後挖出他們剛被埋掉的屍體，砍下頭顱。一九六〇年代，一名在弗洛勒斯島服務的神父習慣坐在教堂裡一直祈禱到深夜，但當地居民以為他是在等待被害者出現。於是他們不但不肯上教堂，還開始傳說有人在三更半夜看到神父提著小孩的頭顱在村子裡走動。最後那位神父被調到另一個教區，他的繼任者則被告誡說最好不要那麼虔誠。後來的神父也被告知不要在夜間單獨行動，就算非不得已，也要記得提燈籠、高聲唱歌，以免被誤會為惡靈。

直到今天，在印尼東部的松巴島（Sumba），仍然有人傳說外國人會攜帶金屬盒，開白色貨車，裡面裝滿嬰兒的血、脂肪、頭顱和身體部位，他們用這些東西發電。七、八月份的外來入侵者最讓人懼怕，因為那段時間既是觀光旺季，也是傳統上舉行獵頭襲擊行動的時候。最近二十年來，「冒險型」背包旅遊愈來愈受歡迎，電力也日益普及，因此外來遊客人數逐漸增加。諷刺的是，外國人到松巴島旅遊度假是為了體驗傳說中那個既原始又遙遠，而且具有潛在危險性的部落文化，而與此同時，松巴島民卻認為外國訪客看起來像猛獸、他們的毛髮散發獨特而難聞的氣味，而且他們無一例外，都會用他們的「金屬盒」（相機）裝著小孩的血液離去。

無論過去或現在，獵頭的概念一直是印尼民眾用來理解外地人的方式之一，特別是那些會讓他們聯想到技術（例如汽車、相機、電力、道路、橋梁、機械等）的外地人。這些外國人有錢，有時他們會施展「奇蹟」，但這也代表他們具有潛在危險性。人類學家的理論是：「外國獵頭者」的概念是對國家力量入侵、政治自主喪失的一種反應。在殖民時代，外來殖民者取得對傳統獵頭行為的控制權，並為自己賦與實踐這種行為的權利。現在，這些殖民者化身為獵頭族。他們有權使用武力、處罰、治理，甚至隨心所欲的奪取頭顱。因此，獵頭已經成為外國支配原住民文化的象徵，也是村莊的力量被挪用來強化國家統治的方式之一。

一代又一代的人類學者及政府官員設法說服原住民臣民，說他們的故事沒有根據。但這種謠言無處不在，非常難以撲滅，特別是當歷史證據對那些外來者不利時。獵頭透過它的所有存在形式，不僅形塑了受殖民統治者的歷史，也塑造了殖民者本身的歷史。

第二章

戰利品首級

TROPHY HEADS

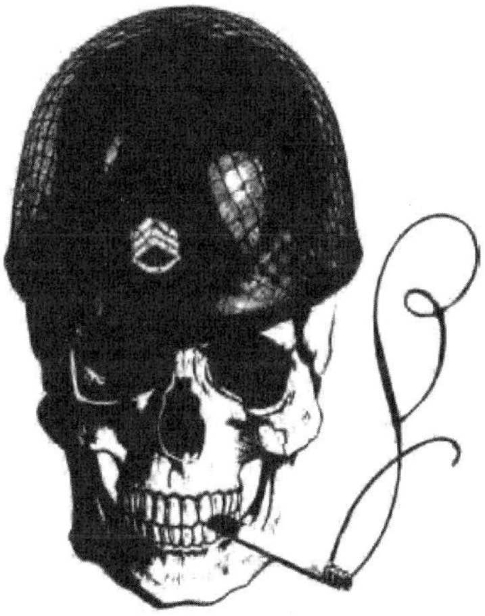

一九四五年，獵頭行為在印尼婆羅洲中北部山區短暫復甦。這次人頭被獵取不只是因為古老的部落傳統，而是藉由全球性現代戰爭的名義。

日本在一九四二年初開始占領婆羅洲。一九四五年六月，澳洲部隊準備對日軍發動最後攻擊時，困惑地看到當地部落居民將日本人的頭顱送到他們的營區當做獻禮。一名澳洲士兵在日記中寫道：

> 一名迪亞克人〔部落居民〕從圖通河地區來到C連隊，他報告說幾天前一支十八名日本鬼子組成的隊伍去到他們村莊，請他們派嚮導帶他們到圖通。結果有三十六名迪亞克人和十八名沒了身體的日本鬼子抵達目的地。迪亞克人提議把人頭送給C連隊，不過他們說希望先把那些頭留著，因為他們有慶典。他們獲准保留人頭。

我們可以推測，那些澳洲人相當高興可以不必收當地人用來表示支持的特別禮物，不過他們也不打算拒絕迪亞克人的協助，不管那些人採用的方法多麼令人嫌惡。殖民政府在幾十年之前就已經把獵頭明訂為非法活動，也已經在二十年前成功將它根絕。但忽然間，迪亞克人又開始奪取人頭。澳洲部隊不知道的是，那些獵頭者之中，有許多人的武器都是由在叢林地區祕密作業的英國和澳洲特工所提供的。

三月和四月間，三組同盟國情報工作人員靠降落傘進入婆羅洲中北部叢林地區，他們不太知道到底會在那裡發現什麼。這項「瑟慕特行動」（Operation Semut）的任務是蒐集日軍在婆羅洲駐紮地點的資訊，以及取得原住民對同盟國軍事行動的支持。在這一點上，他們的擔心是多餘的。當地居民已經忍受連續三年的糧食短缺及日本人的重兵宰制，因此他們急於報復。他們熱烈響應瑟慕特行動，於是這項情報作業很快變成游擊戰，由原住民戰士充當游擊隊員，同盟國人員則在某種程度上負責提供武器和指揮協調，目的是騷擾及攻擊敵方。

瑟慕特特工分成小組作業，他們會在日本人從事日常活動，例如在營區烹煮食物、在森林中行進，或在河邊把補給品裝上船時發動伏擊。一名英國士兵記得，當時日本人根本來不及在叢林中就防禦位置，游擊隊員就會忽然從樹叢中冒出來砍掉他們的頭。游擊隊使用的武器是他們自己的「帕朗」（劍）和「松皮特」（吹矢槍），因為同盟國的武器遲遲不到，彈藥也非常缺乏；況且，短短幾個小時的訓練不足以讓那些迪亞克戰士成為技術高超的槍手。他們不是所有人都會去砍人的頭，而且有些軍官明令禁止獵頭的行為，不過在部分叢林地帶，獵頭成為同盟國抗日行動的一環。

有些同盟國士兵頂多只能旁觀當地戰士的熱情投入。據說有時同盟國的指揮官都還在基地計劃攻擊行動，部落戰士就已經展開獵頭襲擊，他們熱衷參戰的程度由此可見一斑。

比爾．蘇崇（Bill Sochon）上尉記得以下這個情景：「我們正在設法了解那些熱血沸騰的土著，這時更多的迪亞克人從叢林中現身，其中行事比較低調的會客氣地把那可怖的戰利品收進袋子裡。那些東西是他們戰力威猛的證據，當他們把袋子翻過來一倒，人頭就嘩啦嘩啦滾落一地。」

在這類情況中，指揮官很難勸導士兵不要拿人頭，況且有時他們也不適合這麼做。許多同盟國士兵可說是獵頭襲擊行動的同謀，即使他們自己並沒有揮「帕朗」砍頭。部落戰士奪取人頭時，他們是負責領軍的人，因此他們親眼目睹了日本戰犯和傷兵被砍頭的景象。如同C連隊的澳洲士兵，他們也接受用人

圖4　來自美國俄亥俄州的中尉麥克費爾森（E. V. McPherson）與一具日本人頭骨合影，該頭骨是美國海軍三四一號機動魚雷艦上的「公仔」。亞雷西沙芬（Alexishafen），新幾內亞，一九四四年。

頭宣誓效忠的做法。有些士官兵會以貴賓身分受邀參加突襲行動成功後舉行的傳統獵頭慶典；有些人會把人頭當禮物送給鄰近部落，藉此建立聯盟；還有些會喜孜孜地拿著被煙燻過的敵人頭顱擺姿留影。在某些叢林地區，人頭成為一種戰爭貨幣，可以用來結盟或提高士氣，於是殖民政府在數十年間對這種「原始野蠻行為」的嚴厲管制暫時被拋在腦後。

土著的殘暴行為使某些同盟國軍人驚恐萬分（例如有次一名澳洲軍官看到一具馬來犯人的無頭屍體被擺在地上，他差點沒昏過去），因此他們會堅決禁止獵頭行為，但有些人似乎接受它是軍事任務中無可避免的一環。而且會這麼認為的不只是他們。二次大戰期間，在整個太平洋地區，盟軍對於戰利品首級可說已經無感。在許多情況中，奪取日本人頭顱的並不是島嶼原住民，而是盟軍自己。

二次大戰太平洋戰事期間，不難看到人頭被展示的情形。在新幾內亞及索羅門群島，幾乎所有人都可以侃侃而談骷顱頭或被切斷的首級。骷顱頭會被掛在公告欄上，或綁在美軍的坦克或軍車駕駛艙前方，當做陰森版的公仔。

一九四四年五月，在布干維爾島（Bougainville）[1]上，美國飛行員查爾斯．林白（Charles Lindbergh）開車經過一條美國人蓋的新公路，路旁是成排的木樁，上面插著日本人的頭顱。那些頭是在推土機開挖出淺層墳墓以後被取出來放在公路兩旁。根據美國戰區記者麥克．莫里斯（Mack Morriss）的記載，在瓜達坎納爾島（Guadalcanal）[2]上，一處

1　譯註：巴布亞新幾內亞最東端的大島，地理上屬於索羅門群島。
2　譯註：西太平洋索羅門群島的第一大島。

工程帳篷中央擺了一個骷顱頭，骷顱頭被固定在竿子上，上面戴了一頂鋼盔，鋼盔正面用英文寫了一排字：「東京製造」。

我們很難知道太平洋戰爭期間有多少人頭被當成戰利品。根據一份法醫鑑定報告的估計，在一九八四年從馬里亞納群島運回日本的一批日本陣亡將士遺體中，百分之六十沒有頭。一名在二戰結束後數十年間定期前往硫磺島為死難者舉行慰靈儀式的日本教士也曾指出，許多遺體的頭都已經不見了。攫取戰利品的行為相當普遍，以至於美國海軍的指揮官早在一九四二年九月就威嚇士官兵，假如他們拿任何敵人的身體部位當紀念品，將遭致「嚴厲的紀律處分」。在美軍返國的門戶——夏威夷，海關人員會例行性地詢問士兵他們的包袋裡是否有骨頭，而且海關人員不只一次在搜查過程中發現這類戰利品，包括兩個「綠色」的日本人頭骨。士兵上戰場時大都知道會發生這種事情，並且把它視為那種特殊情況下無法避免的事。參戰幾個星期以後，他們都看過更可怕的東西。

「搜獵紀念品」或「戰地洗劫」的行為無所不在。「如果日本鬼子以前不知道，現在他們一定知道美軍是為什麼而打了——為了紀念品，」一名美軍向莫里斯開玩笑地說：「他們會在空中向日本人射擊，然後日本人往下跳，不過他還沒正式落地，大兵們就已經忙著上下其手，從他身上搜刮紀念品。」這不是胡謅，有時候美軍等不及被害者斷氣，就開始搜刮他的口袋和包袋，把槍、刀、旗子、頭盔、照片、身分識別牌等統統拿走；這還不打緊，他們拔出他的牙齒，有時還會切下他的耳朵、手指，偶爾甚至連頭顱都不放過。曾經在貝里琉（Peleliu）[3]及沖繩作戰的海軍陸戰隊員尤金．史雷治（Eugene Sledge）寫過一本極為著名的戰爭回憶錄[4]，他在書中描述士兵在戰鬥結束後「洗劫」被害者時多麼有效率：他們會「互相炫耀、比較，經常交換戰利品……那不單單是紀念品搜獵或掠奪死亡敵軍，那根本就像印第安戰士在剝人的頭皮。」

一直以來，戰場上都會發生形形色色的戰利品獵取行為，而「收割」牙齒和手指是其中的一個極端。比較常見的戰利品是取自死者身上的鈕釦、肩章、徽章、鋼盔等。二次大戰期間，美國人對日本紀念物的需求很大，不光是在太平洋地區服役的軍人，美國境內的民眾也一樣。有一名軍人記得他的工作是「材料督察」，他的職責是每星期走訪駐紮地區的所有軍事單位，收集紀念物運回美國。有些在前線搜刮的軍人特別會打賺錢的主意。一名隸屬美國海軍陸戰隊第二師的狄恩．萊德（Dean Ladd）表示，他曾看到一艘載滿陸戰隊員航向夏威夷的艦艇搖身一變為「海上工廠」，大兵們忙著製作小型日本國旗，或用柳橙箱的木頭製作假的日本軍人兵籍牌，然後運到美國販賣。

日本國旗及身分辨識牌比陣亡將士的身體部位常見得多，不過軍人收集敵人牙齒的舉動也不稀奇。奪取人體戰利品的行為在太平洋戰爭，以及後來的韓戰和越戰期間大行其道，因為小型巡邏隊在林相茂密的戰地中特別有機會搜刮到東西。人體戰利品的存在也透

3　譯註：位於帛琉的一個島嶼。

4　編註：指《老兵長存》（*With the Old Breed: At Peleliu and Okinawa*），後被名導史蒂芬．史匹柏（Steven Spielberg）改拍為電視影集《太平洋戰爭》（*The Pacitic*），二〇一〇年播出。

露出那些軍事衝突的具體樣貌，暗示著短兵相接、面對面廝殺的戰況，在那裡，勝利者必須具有過人的體能和精神力量。勝利者的經典形象是在戰場上高舉敵人頭顱，這個畫面呈現的張力源自於它反襯出戰鬥的激烈性質，因為敵我面對面實際交戰的結果不見得會跟這個意象一樣。在戰爭中，叢林迫使士兵和同袍們分開，讓他們跟敵人近距離接觸，而如果他們大難不死，他們會把牙齒、頭顱這類戰利品拿到營區炫耀，或寄回家鄉給親愛的人，證明他們到過那裡打仗，而且成功生存了下來。那些遺體殘片以極端露骨的方式提醒我們，戰鬥是多麼激烈且近在眼前。

另外也有一些實務面向上的考量。牙齒很適合收藏，因為它體積小、重量輕，而且相當容易拔取、清潔。手指、耳朵和頭顱就不一樣了，除了必須費勁剁下來，而且又髒又臭，這些現實因素足以使多數人卻步。一九四四年初，一群從前線返回的美軍陸戰隊員挖出一具日本軍人的屍體，把他的頭砍下來，因為「老子我就是要日本鬼子的頭」，但他們沒法乾淨俐落地割下那顆頭顱，下巴被切壞了，而且臭氣熏天，結果大兵們決定取走三顆金牙了事。飛行員林白也說過類似的故事，有個大兵試圖讓螞蟻清理一個日本士兵頭顱上的肉，可是現場實在臭得離譜，於是他的同袍們趕忙把頭顱搶走丟掉。麥克·莫里斯則看過一隻耳朵在某個師裡被傳來傳去，不過他說那些大兵都顯得小生怕怕。

話雖如此，還是有少數人無懼於剝除人類頭顱的皮肉這種恐怖任務。一九四三年十月，一些媒體報導讓美軍最高指揮部拉起警報。報導指出一名士兵「剛從西南太平洋戰區返回國內，他身上帶了照片，顯示『蒸煮日本人頭顱、刮除皮肉，以便做成紀念品』的各個步驟。」今天，我們很容易在網路上找到這類影像：盟軍士兵在舊燃油桶中用開水蒸煮人類頭顱，以便去除肉質部分；或被斬斷的日本人頭顱掛在樹上的畫面。不過這些收集日本人頭顱的軍人大都是在廢棄的戰場上搜刮到，或在叢林中偶然發現那些人頭，此時熱帶地區的環境早已幫他們完成這件工作——頭顱被清理到只剩下骨頭。一般來說，以戰利品而言，已經乾燥的骷顱頭比起正在腐敗的人頭還是比較有吸引力，而且比較好處理。

✠

一九四〇年代期間初次抵達太平洋島嶼的軍人必須設法調整心態，來面對無所不在的戰利品和紀念物，而至少在一開始時，新兵會對一些袍澤的行為感到震驚。狄恩．萊德再過一個月就要滿二十三歲，他剛降落在西南太平洋瓜達坎納爾島沙灘綿延、植物茂密的酷熱海岸，準備投身到太平洋戰爭中最激烈的一場戰役。他驚愕地看到「一個海軍陸戰隊第一師的小伙子手上晃著一條繩子走過，繩子上吊了一顆漂白過的日本軍人頭顱。」跟所有在瓜達坎納爾服役的戰鬥部隊士兵一樣，那個大兵也是面容憔悴、軍服破爛不堪，但當大兵看到菜鳥新兵在看他，他會咧嘴一笑，然後抓起人頭在自己頭頂猛轉。戰爭是不是讓他發瘋了？「怎麼說呢，是——也不是，」萊德下了這樣的結論：「基本上不是。後來——其實是很快——我們明白在當時的情況下，那小子這樣做只是好玩而已。」

一星期之後，萊德正在用餐。雖然他的周圍是數以百計腐臭的日本人屍體，而且遠方不斷傳來機關槍、迫擊砲和炸彈爆炸的聲音，但他看到熱食還是大快朵頤。這時他的目光瞄到一隻還穿著靴子的日本軍人的腳從附近的地面露出來。那具屍體只稍微被泥土覆蓋住。他當做沒看到，繼續用餐。他聽到消息說，日本人的屍體漂在馬塔尼考（Matanikau）河上，就在他盛飯菜吃的地點上游不遠處。但他還是喝了那水。「就像那個拿著骷髏頭在頭上猛轉的士兵，我在瓜達坎納爾也入境隨俗了。我才到這個島上七天。」

歷史學者喬安娜・布爾克（Joanna Bourke）曾經撰文論述士兵在戰場上殺人時的愉快感，以及戰爭可能帶來的嘉年華氣氛。戰鬥裝備、臉上塗的迷彩，以及「諄諄教誨士兵必須設法變成『動物』的陳腔濫調」，這些都代表一種令前線士兵全身亢奮的道德秩序倒錯。這些儀式在抽離那個脈絡時似乎顯得毫無人性——對剛抵達戰場的新兵而言，那確實非常缺乏人性——但它們卻提供了某種方式，讓人可以面對戰鬥的駭人景況。我們很難想像一九四二年間瓜達坎納爾島上的戰鬥部隊所面臨的處境。就連當時在距離前線不遠的勤務部隊也難以明白被丟進那個「絞肉場」是什麼樣的狀況。時間在那裡面毫無意義，人也沒有任何逃離的可能。就算僥倖活著出來，不發瘋也難。

眾所皆知，當時日本人不肯輕易投降，美國人則拒絕接收俘虜，因此那等於是一場殊死戰。根據報導，在新幾內亞的比亞克（Biak），守在石灰岩洞穴系統中的日本軍人曾試圖舉白旗投降，但美軍要他們「滾回洞裡去再重新殺出來」。與此同時，日軍會向抬擔架的美國士兵開火，折磨被擒美軍至死，然後破壞他們的屍體。有些戰俘慘遭斬首，也有報導顯示日本人吃敵人的肉，有時甚至還吃自己人的肉。在那種狀況下，人沒有脫身的希望，不是拚命殺人，就是等著被殺。

要辨識在最前線戰鬥過的士兵是非常容易的一件事。他們的模樣髒兮兮，全身都是粉塵和步槍機油；他們的軍服不但破爛，而且在接連幾星期的雨水、汗水和豔陽洗禮下已經變得硬邦邦；他們形容枯槁、身形瘦削、鬍子沒刮、眼睛布滿血絲、雙手粗黑長繭；他們又飢又渴、筋疲力竭、身上散發臭味，而且經常患有「叢林腐爛病」——黴菌在手指、腳趾間以及耳朵裡滋生，髒汙、蟲咬使他們的四肢到處發炎疼痛，許多人罹患瘧疾和其他熱帶地區的熱病。總歸一句話，這時人頭這種玩意兒對他們來說根本就是雞毛蒜皮。

所有在太平洋地區作戰的部隊都面臨飢餓、疾病，以及在悶熱和大雨中艱苦勞動。濕氣造成所有東西腐敗，從槍枝、衣服到身體無一倖免。雨水使人的皮膚變白、腫脹。營區經常淹水，或被爛泥覆蓋，士兵在濃密的植被中必須用開山刀披荊斬棘，排成一列勉強穿越。據說在某些叢林特別茂密的地方，如果一個人不時時刻刻用眼睛盯住前面一位士兵的腳，他可能一不留神就會迷路。

到處是蚊子、水蛭、蜘蛛、蜥蜴、蛇和蛆。沒有自來水、沒有電，而且儘管人數龐大的勤務部隊勤奮工作，依然無法避免出現補給問題，具體來說就是食物和飲水經常短缺。水終於送來時，裝水的容器可能是舊油桶，因此味道非常噁心，讓人肚子絞痛；水裡充滿鐵鏽，還有一層藍色油汙，但走投無路的士兵也只能勉強喝下去。這樣的結果不讓人意外：三不五時就會爆發傷寒、痢疾等疫病。在太平洋戰區喪命的軍人大都是因為疾病、酷熱、意外和飢餓而死，在某些戰爭階段，因為這種因素死亡的人數高達陣亡人數的一百倍之譜。

萊德的回憶中充滿「大規模死亡的惡臭」。他寫道：「暫且甭管炎熱的天候，光是那臭氣就足以讓任何身體強健的大男人招架不住。」放眼望去，到處是腐爛程度不一的死屍。面目全非的屍體掛在凌亂的鐵絲網上、在河面漂流，數以千計的戰士就這樣陳屍戰場，散落在密林間，從爛泥地或草草挖成的墳墓中突現出來。許多人被砲彈炸得體無完膚，變成四散的屍塊，或在燒夷彈攻擊中被燒焦，不然就是暴露在熱帶天候下發黑。戰場上隨時都會看到沒了頭的身體、沒了身體的頭。就算在前線後方，也會發生可怕的意外。艦艇上斷落的繩索、空轉的飛機螺旋槳葉片，都可能讓倒楣的人斷了頭。美軍運輸團的一名士兵在補給船上忍受經年累月的辛勞工作以後，不小心在停電時摔進底層船艙，結果在墜落途中被一個大鈎勾到脖子，頭就這樣斷了。他被裝進籃子裡提回甲板上。

尤金・史雷治寫道：「激烈的求生奮鬥……侵蝕掉文明的偽飾，使我們都變得野蠻。」他強烈感覺到當時的生存環境導致某種社會退化現象。人體殘塊四處可見，敵人遺體俯拾即是。換言之，道德景觀與物質景觀同樣超寫實，因為士兵已經失去所有在家鄉時規範他們生活的正常社會結構。他們被死人團團包圍，他們接到殺人命令，他們以為自己即將陣亡。在那種情況下，如歷史學者喬納森・葛羅佛（Jonathan Glover）所言，人可能「逃脫道德認同的約束」。他們對周遭的一切變得麻木不仁。

再舉史雷治的例子。有一次他與他的作戰單位在貝里琉島上攻向敵方陣線時，他看到一名日本機槍手就地陣亡的景象，那人的姿勢彷彿還在用瞄準器瞄準，正準備開槍射擊，但他的頭頂已經被炸開。史雷治跟參與戰鬥的美軍機槍手說話時，發現其中一人正把珊瑚卵石拋進那名死亡士兵被炸開的腦袋瓜。「每次他投擲成功，我都會聽到那個可怖容器中發出雨水濺起的聲音。」但是，史雷治也提到，那個美國軍人的行徑其實跟家鄉小孩朝水窪裡丟石頭沒什麼差別，因為他做得很隨興，而且「他的動作中沒有任何惡意的成分」。

✠

是沒錯，盟軍變成了「野蠻人」，但在他們眼裡，日本人根本不能算是人。日本人在美國民眾和美軍的心目中被徹底非人化。在宣傳資料和媒體中，他們被描繪成失去理智的自殺攻擊狂，對叢林戰有一種令美國人無法理解的喜愛。他們被蔑稱為「瘋狗」、「黃蟲」、「胡亂嗥叫的鼠輩」，被比喻成猿猴、昆蟲、爬蟲動物。

新兵會聽到一些關於敵人的故事：「他們會像野貓般躲在樹上。他們發動攻擊的時候，有時會發出尖叫聲，跟在屠宰場裡嚇得尖叫不停的牲畜差不多。還有些時候他們會無聲無息地過來，連蛇都不會被驚動。」一名陸戰隊員表示：「真希望我們是在跟德軍作戰，至少他們是人，跟我們一樣……可是日本鬼子根本就是動物……他們在叢林裡行動自如，彷彿他們是在那裡出生的，而且就像某些野獸一樣，只有在死掉的時候才會被人看到。」許多人相信日本人有夜視能力，而且只要吃樹皮和樹根就可以存活。根據美國戰爭部刊行、本改編自一部訓練影片的宣傳手冊——《日本鬼子兵》（*The Jap Solder*），索羅門群島的美軍相信日軍可以透過氣味覺察敵人的存在，他們形容那是「動物般的野性嗅覺」。

說日本人是動物不打緊，一些美軍認為自己是在狩獵。在某些國家，外觀看起來像官方文件的「狩獵執照」會被分發給年輕人，鼓勵他們從軍。「不分季節，沒有限制。獵殺日本人的許可證。免費提供彈藥和裝備！外加優渥薪酬。請加入美國海軍陸戰隊！」就跟大型動物獵手一樣，有些接受號召的青年會帶著戰利品返國，以證明他們的驍勇善戰。

在現代戰爭中，當戰士奪取戰利品首級，這裡面通常有一種強大的種族因素在作祟。

在十九世紀的戰爭期間，英國和德國的軍人會從南非及東非把人頭帶回家，但白種歐洲人鮮少收集其他白種歐洲人的頭顱。截至目前為止，美國的鑑識科學家記錄過的二次大戰戰利品首級都是日本人的頭，沒有任何紀錄顯示有人從歐洲戰場上把人頭當戰利品帶回家鄉。種族主義不是軍人奪取敵人頭顱的唯一原因，畢竟人在戰時受到的訓練是要兇猛殺人，而且所有敵對者都在某種程度上被非人化——但種族主義無疑是一個普遍的因素。奪取戰利品的行為在二十世紀的越戰、韓戰及太平洋戰爭中顯著增加，部分原因是地理環境和作戰方式，但也是因為縈繞在這些衝突中的強烈種族偏見。參與這些戰爭的軍人經常把他們的工作等同於在叢林中獵殺野獸。

人類學者賽門．哈里遜（Simon Harrison）針對非洲殖民戰爭中奪取戰利品的行為做了研究。他提到一名比利時軍官的故事，那人在一八九一年為利奧波德（Leopold）國王[5]打仗，返回營區時，他身上帶著當地國王姆西里（Msiri）[6]的首級，然後高呼一聲：「我幹掉一頭老虎了！吾王萬歲！」還有一個故事也類似。一九〇六年，率領最後一次祖魯人（Zulu）抗英行動的班巴塔（Bambata）酋長被殺以後，他的頭被切了下來，放在一處受武裝保護的營帳中，向他的追隨者展示，藉此逼迫他們投降。雖然官方報告指出班巴塔的頭顱和身體後來被一起埋葬，但一幅一九二五年刊登於一本南非軍隊刊物的照片顯示，有一顆骷髏頭以類似狩獵戰利品的方式被安裝在一塊板子上，說明文字上寫著：「下方照片呈

5 譯註：即比利時國王利奧波德二世（一八三五至一九〇九年）。
6 譯註：姆西里（約一八三〇至一八九一年）原本是商人，後因有管道取得彈藥而成為軍閥，並於一八五六年建立強大的葉克王國（Yeke Kingdom，位於現今剛果民主共和國南部）。

現反叛領袖班巴塔酋長的頭顱，他在摩姆（Mome）峽谷被殺，他的頭被切下以供辨識。」

哈里遜對這個主題做過詳盡的調查，他的論點是，如果男性的力量及陽剛特質是透過狩獵的暗喻來表現，奪取這種戰利品的行為就比較容易發生。舉例而言，列表統計成功「獵殺」的次數，或「屍體計數」（body count）的做法（這是美軍在越南採行的一個概念，旨在統計「斃敵數」，證明他們正在贏得戰爭），這些無不暗示著某種以捕殺獵物為底蘊的文化。一九六九年間，一支在越南的美軍偵察隊在收音機上頭擺了一顆骷髏頭，它的額頭上滿滿都是彩色緞帶，每條緞帶上都標明日期和號碼，紀念他們在戰役中的屍體計數結果。此外，跟狩獵時收集戰利品的情況一樣，人類牙齒和耳朵在軍營中可以賦與擁有它們的人地位。一名一九六〇年代後期於越南服役的戰鬥傘兵小亞瑟·「吉恩」·伍德利（Arthur E. "Gene" Woodley, Jr.）會在脖子上佩掛一條由大約十四隻耳朵和手指組成的項鍊，所以他不管到哪裡都吃得開，「可以拿到免錢毒品、白吃白喝、免費嫖妓，因為沒人想招惹他，因為他是個大殺手……換個說法，那是戰鬥型陽剛男性的象徵。」這類裝飾品能賦與力量——它讓人無法不去注意，它令人驚愕震撼，它也象徵著戰鬥技能。它是自我伸張的有力配件。

這種令人毛骨悚然的戰利品也帶有某種戲劇化成分。在許多案例中，取得那些東西的過程會被「神話化」。多數戰利品是在戰鬥結束之後奪取的。以人頭為例，鮮少有人會在激烈戰鬥之餘把剛陣亡的敵軍頭顱砍下來留念，縱使偶爾這種事確實會在當事人極端恐懼、憤怒，或某個在前線的「小伙子發了瘋」時發生。一九四三年一月，服務於美軍雜誌《美國佬》（*The Yank*）的麥克・莫里斯在瓜達坎納爾島上見到一名士兵，他「全身上下都是出自日本鬼子的紀念品」，而且還說他親手砍了兩名負傷日本軍人的頭。其中一人是軍官，當那個美國大兵彎身要偷軍官的劍時，日本軍官伸手抓住他。「小伙子一時氣瘋了，」莫里斯寫道：「一部分原因是他的一個伙伴被殺害，但我認為另一部分原因是因為他嚇得要死。他失去控制，抓了日本人的刀就往他的腹部、胸部、背部猛刺，切下他的左臀部，然後將他斬首。」這個故事並沒有讓莫里斯特別吃驚——「總之小伙子瘋了，於是把兩個人的頭砍掉。這就是打仗。」不過這件事還是在他腦海中縈繞了好幾天，他一直自問，關於這種暴力攻擊的性質，無罪推定原則是不是應該適用於那位大兵。

讓莫里斯覺得比較反胃的反而是部隊裡的牧師。那人差點沒把他照管的小伙子捧上天：「沒有任何事擋得了美國青年」、「這小子可真了得，嗜血如命！」不過就算文謅謅的莫里斯（他是拿著記者筆記本上戰場，而不是舉槍奔赴前線）也知道恐怖紀念物可以賦與持有者地位。或許是因為他身為記者的「外來者」身分，而且可能他想設法掩飾對戰爭的厭惡，莫里斯開始隨身帶著一顆牙齒，並且宣稱那是從某個死在瓜達坎納爾的日本戰士身上拔下來的。某天晚上他在用餐時把它亮出來，享受它帶來的一片讚揚與敬意，但這時忽然有人說那不是人類的牙齒。那時莫里斯已經喝了很多波旁威士忌，他惱羞成怒，但也只能坐著生悶氣，同桌袍澤則差點沒笑掉大牙。「我實在太遜了！」他在日記裡寫道：「過於渴望伸張自我的詛咒。」

✠

大多數步兵瞧不起那些「沽名釣譽的後方梯隊軍人」，認為他們不曾有一天真正上戰場與敵軍廝殺，只是在事後搜刮紀念品。不過牙齒，甚至頭顱，並不光是用來炫耀的展示品，也可以是供人思考的素材，並幫助某些士兵面對他們陷入的極端環境。有一個例子可以說明這點。美軍運輸團士兵賽・坎恩（Sy Kahn）的任務是在新不列顛島（New Britain）[7]的海岸裝載船艦或卸貨。他十九歲從軍，身上帶了好幾副眼鏡，他坦言自己「手上拿書或小提琴比拿步槍要來得自在無數倍」。他相信自己可能一去不返。

一九四四年二月，坎恩出勤務幾個月之後，有一次跟一位朋友冒險闖進森林，探索一處廢棄的日本醫院和軍營。森林非常茂密，遍布沼澤、蚊蟲滋生，地面上到處是彈藥、槍枝、補給品和醫療器材。那是個「神祕而又令人覺得不祥的地方」。他們撿拾了幾個紀念品——上頭寫了日文的罐子、一些竹編籃——但在回營途中，他們無意間踏到令他們驚心動魄的東西：人的骨頭。第一個看到的是腿骨，然後是兩根肋骨，再來坎恩看到一顆骷顱

7　譯註：位於巴布亞新幾內亞東部外海，是巴國本土之外的第一大島，與台灣面積相當。

頭。他無法確定那是日本人的頭，但由於「顴骨位置高而且突出」，他推斷那應該是日本人沒錯。頭骨一部分被炸掉，下顎不見，皮肉也已經完全消失。坎恩用一塊布把頭骨包起來帶回營區，拿到海裡清洗乾淨，然後讓它在太陽下曬乾。他和他的朋友把它當做燭台。骷髏頭大喇喇地裝點著他們剛布置好的房間——一個他們精心打造、潔淨舒爽的小窩，一部分位於地面以下，周邊圍繞著沙包，往外可以看到大海，房間裡有書桌、幾本書、照片、香菸，以及那顆骷髏頭。那是個「乾淨而且孤立的地方」，他們在那裡非常享受。

坎恩發現自己開始思索那顆骷髏頭的意義。他不由自已。他在日記中寫下這件事。他很想知道頭顱的日本主人是什麼樣的人，他的生活和家庭是什麼樣子；他想知道他是好人還是壞人，是否殺過很多美國人。一般士兵會公開展示戰利品首級，藉此剝奪敵人的人格，但坎恩的骷髏頭卻變成私密時刻的思考焦點。它使坎恩想跟那個沒有臉孔的無名敵人建立某種關係，讓他有了空間可以把那個「日本鬼子」視為一個個體。坎恩不禁思考，是什麼樣的情況使他們在世界彼端的「一條叢林溪流邊」遇合？而在這種感覺休戚與共的奇特時刻，他不禁想到戰爭及死亡隨機不可預測的性質。為什麼那個人的頭骨會變成某個美國大兵桌上的燭台？但是坎恩感受到的並非憐憫，因為他知道自己也很可能遭受相同的命運。他在日記中寫道，交戰雙方的軍人畢竟都可能「在我眼前被炸掉」。骷髏頭帶有悲劇色彩，它也非常荒謬，但它終究無足輕重。

在坎恩手中，骷髏頭化成一個死亡提醒標誌。他想到死亡的不可化約的**物質性**。死亡的軍人現在成為一個「沒有身體的東西」。他用自己的手指感受這種物質性：「摸弄這顆不久前還活生生地在思考的頭顱，讓我的手游移在那個平滑的硬殼內側，那裡面曾經裝了腦筋和生命物質；撥弄那空洞的眼眶和鼻部，拉動那鬆弛的牙齒。」坎恩彷彿把死亡當成玩具，跟它玩耍，他設法與死亡達成妥協，設法馴服它。

戰場上屍橫遍野，肢體肉塊溶成一片莫可名狀的大海，但當其中某個單一的人體部位——頭顱、手指、耳朵——被撿拾出來，帶進一個新的、較為私密而居家的環境脈絡中，它卻能提供稀罕的思考空間。近距離觀看時，它有了個性，士兵則在震懾中陷入默然。無論他們是否喜歡，他們都必須面對自己與敵人共享的殘酷命運。儘管拿取戰利品首級的行為是由椎心的仇恨所點燃，但這種行為或許也表達出某種休戚與共的情懷。毫無人性的敵人是一個虛構的幻象，這種幻象有其侷限。最終戰士們不得不承認他們只是被迫投入戰役，一如那些日本軍人。此外，在某些方面，知道敵人具有人性還是比較妥當，因為雖然這會帶來罪惡或懊悔的感受，但這些感受本身終究證明我們不是野獸，戰爭還沒有完全泯滅我們的人性。

在太平洋戰爭中，雙方士兵都會把自己的物品留在他們發現的敵人屍體上。照片和單位標牌會被塞進死難者已經沒有生命的手中。這種向死者張開懷抱的行為隱約透露出某種超越敵我界線的個人認同感，以及一種在戰鬥中與敵人分享過某種深刻事物的感覺，當事者因而明白，所有人都在面對失去一切的危險，以及死亡的恐怖。被做成項鍊並當成飾品穿戴的牙齒和耳朵確實能成為威望的象徵，但它也代表我們在深層上認同了死亡的真實面向，那個所有人都被迫面對的死亡。

一九四四年，在一場奪取貝里琉島的艱苦戰役中，尤金・史雷治看到一名戰友從野戰背包中取出一個袋子，打開後驕傲地展示裡面的紀念品——一隻已經部分木乃伊化的手。跟那些過來湊熱鬧的陸戰隊員一樣，史雷治感到驚愕、噁心，他斬釘截鐵地告訴戰友：把它丟掉！戰友後來也照做了，不過這件事立刻促使史雷治思考自己終究會死去。「我想到我有多珍惜自己的手，以及人類的手是多麼驚人的奇蹟，既能為善，也能行惡。」史雷治也質疑自己看到別人袋子裡放了一隻手時的反應，縱使屍塊無處不在，而且幾乎所有人都會收集死人的牙齒，「但就某方面而言，〔收集死人的〕手似乎太離譜。」牙齒不具個人色彩，每顆牙齒看起來跟其他牙齒都差不多。牙齒基本上不會是一個人的顯著特徵，一旦從嘴巴裡拔下來，通常都可以互相替代。但人的手不一樣，手是具有肉體的有機體，手擁有歷史和個人性。史雷治描述他那位戰友為「二十世紀的野蠻人」（縱使還算是個「溫和派」的野蠻人），但就牙齒而言，他覺得自己已經「不痛不癢了」。

骷顱頭也一樣。骷顱頭不像剛被切斷的人頭那麼有爭議性，因為它已經乾燥硬化，看起來跟活人幾乎沒有共同點，這就是坎恩花那麼長時間冥想他那顆骷髗頭的原因之一。他忍不住思考，書桌上那個沒有生命的硬殼，跟在叢林裡戰鬥、活生生會呼吸的人之間是多麼天差地別。正如史雷治所感覺的，把一隻有皮有肉的手占為己有是陰森恐怖、缺乏道德而且膽大妄為的事；但是，縱使將牙齒或骷髗頭占為己有同樣有可議之處，它終究顯現出某種美學情懷。

✠

戰區生活的空洞無聊導致士兵將死人的骨頭拿來當娛樂。他們會削骨頭打發時間，把骨頭雕刻成飾品，或把自己的名字刻在上面。飛行員林白曾聽說新幾內亞諾姆佛爾（Noemfoor）島上的戰鬥機控制部門人員「經常從他們殺死的日本人身上取走大腿骨，用它來做筆插、切紙刀之類的東西。」一名澳洲軍人把他拿的日本人頭骨做成香菸罐。頭骨、肋骨和比較長的骨頭深受歡迎，因為很容易用來雕製成生活物品。頭骨上經常出現這樣一排刻字：「這是個好鬼子」，旁邊簽有單位成員的名字。坎恩把骷髗頭當成燭台的例子並不罕見，有些士兵會把蠟燭插在顱腔內，也有一些人把蠟燭固定在頭骨頂端。

目前在美國，每當有人找到太平洋戰爭或越戰時期的戰利品首級，經常會發現上面有文字、圖案或彩繪，這通常是最初拿到那些人頭的軍人的傑作，不過有時是出自後來的擁有者之手。有一顆骷髗頭在二戰期間由一名海軍醫護人員帶回美國，後來他的孫子找到那顆骷髗頭，為它噴上金漆，並繫上一條束頭巾，放在臥房裡當擺飾，但某一天他忽然覺得害怕，結果把它丟進湖裡。還有一顆從沖繩帶回美國的骷髗頭，被噴上紅色和金色油漆，一九八〇年代初期被人送到一個法醫鑑識單位。有一顆骷髗頭出自一名墜機飛行員的骨骸，它被帶回田納西州摩根郡（Morgan）以後，

圖5　一名在燒夷彈攻擊下犧牲的日本士兵，他的頭顱被切下後，展示於一輛毀壞的日本戰車的砲塔下。瓜達坎納爾島，一九四三年一月。

形體被弄大，當成萬聖節的南瓜燈。另有一些後來被發現的骷顱頭上面盡是些用蠟筆、簽字筆或噴漆繪製的塗鴉和圖畫，還有蠟燭留下的炭跡和蠟漬。這些「馴服」死人、使他們從人變成生活物品的程序是從戰場上開始的。

在人類骨頭隨處可見的戰場上，就某個層面而言，值勤時把骨頭拿來加工美化是天經地義的事。能花那麼多時間在這種工藝上當然表示生活的煩悶寂寥，但也顯示出某種自豪感，以及希望在敵人骨頭上留下個人印記的欲望。或許這些工藝品代表一種取得控制權的企圖，藉此使死亡顯得較為親切而容易管理——把令人困惑難解的暴力性死亡轉化成可以用來呵護自己的小確幸。這種工藝品包含情緒抒發的成分。經過裝飾美化的骷髏頭及骨頭同時是吸引人的玩具、死亡提醒標誌，以及一種向敵人宣示力量的手段。占為己有的行為可能既是軍事優勢的表徵，也夾帶一種休戚與共之感，甚至擁有某種程度的感情。

軍人有時帶著一種兒童般的愉快心情收集戰爭紀念品，在檢查人體殘塊時甚至帶有近乎科學家的興趣。「恐怖瑞典人」湯瑪斯・拉爾森（Thomas J. "Horrible Swede" Larson）曾在土拉吉島（Tulagi）[8]上擔任海軍通訊員，他形容自己是個「囂張放肆、樂天知命」的傢伙。他收集了不少東西，上岸休假時，他會跟當地居民交換織品和工藝品。他以海軍軍官的身分在城鎮購物，從死人身上或被打下來的飛機上拿些「東洋紀念品」，或巡遊各個島嶼，探索那裡的貝殼、蝴蝶和昆蟲。有一次他把一條長達七英尺的蛇剝了皮（他說那

8　譯註：位於索羅門群島。

條蛇是個「美麗的傢伙」），然後像個小男生一樣將它掛起來嚇人；不過，就像一名自然學家，他也打算鞣製那張蛇皮，做為個人的收藏品。他很高興有機會在一九四三年八月造訪瓜達坎納爾島，並興奮地接受一名軍官的提議，讓軍官開車載他沿著馬塔尼考河而上，探索那一帶的老戰場。那天他撿了一把日本步槍及一個鋼盔，然後一直珍藏到他晚年。他也撿了一整袋的骷顱頭。螞蟻已經吃光腦部和柔軟的部分，但拉爾森還是得把上面的頭髮刮除掉，然後想必他清洗了骷顱頭，再分送給朋友。他自己保留了一顆骷顱頭，用它來裝自己的鋼盔和菸斗。

拉爾森在說明他的個人收藏時提到過骷顱頭。「我在這裡小有名氣，被人視為地方上的甲蟲、蝴蝶、蛇類、貝殼及蜥蜴權威，」他一開始時寫道，然後他描述他「那個裝滿日本人頭骨的袋子」。對他而言，那些骷顱頭來自瓜達坎納爾的重大戰役現場這個事實具有非凡的意義，因為那是個重要而且惡名昭彰的地方；這不但增加了那些骷顱頭做為名副其實戰爭文物的價值，也使他做為收藏家的地位更形提高。「我這種名氣傳遍南太平洋，」他表示。他知道把骷顱頭當成紀念品是一件惹人爭議的事，不過他還是沾沾自喜地以「岩礁樂活者」（rock happy）[9]自居。他寫道：「當一個人開始收集敵人的頭骨，就表示他差不多病入膏肓了。」

拉爾森跟他的骷顱頭變得有點難分難捨。他把石膏塞進它的眼窩，用虹彩海螺加以裝

9　譯註：形容一個人被派駐在遠方（通常是島嶼）很久以後，變得有點古怪甚至瘋瘋癲癲。

飾，然後放在床頭。在土拉吉島服役十一個月之後，他已經「像殭屍般走路搖搖晃晃」。返回美國途中，他把大部分紀念物留給在紐西蘭的朋友，不過他在奧克蘭以美軍連絡官身分搭上皇家海軍輕型巡洋艦「里安德號」（HMNZS Leander）時，還是隨身攜帶了那顆骷顱頭以及其他一些物件。不幸的是，英軍指揮部對那顆頭顱有意見，他只好把它留下，送給奧克蘭博物館的自然史典藏，不過這個結果倒跟他收集骷顱頭時的想法相當吻合。

有時候，即便是在最令人毛骨悚然的情況下，軍人仔細研究人體部位的動機可能源自一種經驗老到的好奇心。有一次，尤金．史雷治在戰場上打量敵人屍身上的牙齒，被一名軍醫責備，結果他反駁說：「我爸是個醫生，我相信他一定會覺得我這麼做很有趣。」

如果醫療人員可以把死屍當成生物物質，那麼一般軍人又何嘗不可。來自麻薩諸塞州沃特罕（Waltham）的詹姆斯．法赫（James Fahey）是美軍輕型巡洋艦「蒙佩利爾號」（U.S.S. Montpelier）的一等水兵，歷史學者保羅．法瑟爾（Paul Fussell）描述他是個溫和守禮、有耐性，而且不喜歡血腥的羅馬天主教徒。一九四四年十一月，當日軍在雷伊泰灣（Leyte）[10]出動數百架飛機，向美軍艦隊進行自殺攻擊，企圖阻止美軍攻下他們控制下的主要島嶼，「蒙佩利爾號」是日軍的攻擊目標之一。激烈戰況中，美軍猛烈的防空砲火讓日本飛機碎片及飛行員屍塊像下雨般落在艦艇甲板上。根據法赫的描述，在戰況緩和之際，士兵會四處搜尋紀念物。他自己拿了一塊飛機碎片。甲板上到處是「血、內臟、腦

10 譯註：位於菲律賓中部的雷伊泰島，一九四四年十月二十日，麥克阿瑟（MacArthur）將軍從這裡涉水上岸，帶領美軍展開收復菲律賓的行動，期間為時四天的雷伊泰灣海戰是歷史上最大的海上戰役。

漿、舌頭、頭皮、心臟、手臂」，士兵則開始隨地撿拾。有個人撿起一塊頭皮——「看起來就像你剛剝了一隻動物的皮」；另一個人拿起一塊膝蓋骨；法赫撿了一塊鐵板，上面有一片人的舌頭，他很驚訝那舌頭居然那麼長，而且一部分扁桃腺和喉部還連在那上面。

「現場相當混亂噁心，」法赫寫道，不過美軍士兵們似乎積極設法在那堆混亂噁心的東西中理出些頭緒，有個人甚至開始把它變成表達情意的紀念品：法赫的一位同袍拿了一根肋骨，將它清理乾淨，因為他說他的姐妹希望收到一塊日本人的身體。雖然這種事聽起來很嚇人，但其實有不少人真的會把骨頭寄回家鄉當做送給親人的禮物。在士兵的家書中，他們會很自然地提到親朋好友向他們要求骷髏頭的事：「我想寄顆日本人的骷髏頭給派克」、「妳想不想要日本人的骷髏頭？」而在民眾的房子裡，骷髏頭可以成為受人喜愛的擺飾，特別是家裡有小孩的時候，可以藉這個機會讓小孩在成長過程中學會用平常心看待這種東西。有個從瓜達坎納爾退役的老兵帶了一顆骷髏頭回美國，還幫它取了個綽號叫「奧斯卡」，上面有他單位伙伴們的簽名。數十年後，當那顆骷髏頭被重新發現，並且寄交給日本政府，老兵的姪女因必須跟骷髏頭分開而感到難過：

> 所有認識我們家或進過我們家的人都看過它……不管你什麼時候走進那棟房子，都會看到它擺在櫃子中央……那是某個死掉的人，我伯伯是這樣感覺的。沒錯，現在

的人會對這種東西感到憤慨。但當時我們沒有這種感受，那不是什麼大不了的事。那時是在打仗。朱利斯伯伯只是覺得自己在做他在那邊應該做的事。

骷顱頭經常會被取寵物名字，例如「山姆」或「查理」，可是有一次，一件這類的禮物被美國媒體報導出來，結果引發國際性的譴責。

✠

一九四四年五月，《生活》（*Life*）雜誌的「每週照片」專欄刊出一張照片，畫面上呈現的場景是一位名叫娜塔莉．尼可森（Natalie Nickerson）的年輕女子坐在桌前寫信給在太平洋地區服役的海軍男友。娜塔莉若有所思地凝視男友寄給她的禮物：一顆日本軍人的骷顱頭。骷顱頭整理得乾淨清潔，上面刻有十四名美國大兵的名字，以及這樣一句銘文：「這是個好鬼子——在新幾內亞的海灘上撿到的死日本鬼子。」圖片說明指出，這個禮物讓娜塔莉非常吃驚，不過她還是用日本內閣總理大臣的名字幫骷顱頭取名叫「東條」[11]。《生活》雜誌的讀者紛紛投書譴責娜塔莉和骷顱頭的照片，說這張照片「恐怖、令人作嘔」，他們還指出，假如情況顛倒，是由東京的著名雜誌刊登年輕日本女子在凝視美國大兵的骷顱頭，美國輿論必定一片譁然，指控日本人的變態惡行。

11 譯註：即東條英機（一八八四至一九四八年）。

圖6　美國鳳凰城的戰時勞動者娜塔莉·尼可森正在寫信給服役於海軍的男友，謝謝他寄來的獨特紀念品——一顆他在新幾內亞作戰時收集到的日本士兵頭顱。《生活》雜誌「每週照片」，一九四四年五月。

這些投書刊登於一九四四年六月十二日。隔天，《紐約鏡報》（*New York Mirror*）報導一名賓州國會議員，送給羅斯福總統一把用日本陣亡軍人的手臂骨頭製成的開信刀。報導內容指出，那位國會議員還向總統表示歉意，說他很不好意思送給總統「這麼小一個日本人的人體部分」。日本的評論家大肆抨擊美國總統的偽善，認為他「總愛冠冕堂皇地把人類文化和自由這本大書搬出來講，然後卻撕掉其中重要的一頁。」幾天以後，娜塔莉和她那顆骷顱頭的照片被公布在日本媒體上，結果引發激烈憤慨。「就連在那個美國女孩的臉上都可以看出美國人的獸性本質」，日本第一大報的一名記者寫道：「讓我們一起宣誓將美國的野蠻暴行從地表上全面抹去。」

事到如此，由於擔心美軍戰俘及被拘留平民安危的聲浪愈來愈高漲，羅斯福總統把開信刀物歸原主，並建議為那塊骨頭舉行慎重的葬禮。美國海軍對《生活》雜誌那張照片也做出回應，針對涉及此事的那名中尉——即娜塔莉的男友——「據稱可能犯下」的行為進行調查，但終究敷衍了事，案子最後無疾而終。

根據一九二九年的日內瓦公約，褻瀆陣亡敵軍遺體是公然違反國際法的行為。這種行為違背戰爭慣例，也不符合一項美日兩國針對陣亡將士處置方式所簽訂的雙邊承諾的精神，但美國海軍最高指揮部的回應方式顯得不甘不願。戰爭部明確表示，褻瀆陣亡日本軍人「嚴重違反法律與德行」，但戰爭部之所以勸導媒體不要刊登有關「戰爭紀念物」的報導，其實是因為這類報導可能導致戰場上的報復行為。除了強調「德行」之外，戰爭部可能更重視謹慎行事的必要性。

與此同時，戰區指揮官被要求採取所有必要措施，「防止此種違法且殘暴的行為」，並對違犯者進行調查及紀律處分。《生活》雜誌照片的事也在這時傳到太平洋地區的美軍部隊。一九四四年十月，一名於一九四二年入伍的三十歲藝術家約翰・蓋塔・布朗寧（John Gaitha Browning）在新幾內亞的荷蘭地亞（Hollandia）[12]附近撿到一顆骷顱頭。他把它帶回營區，放在一名戰友床上，所有人都跑去拍照，但他知道監察官會設法讓人再也沒法看到那些照片。「軍方被人頭的問題搞得緊張兮兮，」他在日記中寫道：「我們不斷接到警告，說假如持有日本人的骨頭、牙齒等等，將受到軍法審判、死刑等等，各式各樣的荒唐威脅。」他認為《生活》那則圖片報導「使情況變得更糟」。但布朗寧和他的袍澤沒有真的把那些「荒唐威脅」當成一回事。

在一場造成數以百萬計的生命被犧牲的戰爭中，美軍的指揮官們忙著為國家贏得勝利，「骷顱頭問題」對他們而言相對不重要。有些軍官本來就預期到士兵會有惡劣的行為；有些軍官決定當做沒看到犯行證據——在嘉年華般的狂熱氛圍中，從戰場上撿拾人頭經常被視為「核准違法」的行為。如何讓士兵「按要求」做出暴力行為向來是軍隊中的一大挑戰，特別是在二十世紀大規模徵兵制度出現以後。訓練計畫的設計宗旨是透過長時間

12 譯註：曾為荷蘭屬地，現稱查亞普拉（Jayapura），是印尼巴布亞省首府，位於新幾內亞島的北岸。

的身體虐待與口語辱罵，剝奪士兵的個人身分認同。士兵進入一個士官權力無限上綱的世界，粗暴的對待在那裡受到高度讚許，外來者不被當人看待，士兵生活的所有細節都由別人律定。嚴厲的訓練策略足以侵蝕平民價值觀，打造更有效率的殺手。一名參與越戰的陸戰隊員記得當年的教導：發現受傷敵軍時，「很簡單，如果你的刺刀已經固定在槍桿上，那就把它往下一揮，再套句教官的話——『砍掉他的頭』，或者『往他身上補上幾刀，確保達成效果』。如果身為軍人卻沒有能力殺死傷者，那他在心理上就不適合作戰。」

這是一個難以拿捏的平衡問題。軍人被要求在戰鬥的壓力狀況下表現出凶暴的行為，但當國家不再需要他們的軍事貢獻時，他們又得立刻回復到平靜祥和的生活狀態。二十世紀中期的評論者承認「承平時期最會製造麻煩的人物」在戰場上反而成為最厲害的角色。有些行為平常會讓老百姓鋃鐺入獄，打仗時卻可能使士兵獲頒勳章。沒有人會因為把敵人的頭顱做成裝飾品或把名字刻在骨頭上而拿到勳章，不過軍隊中有一種默契，認為這類活動可以安撫戰爭對心理造成的莫大壓力。

✠

在美國，每年都會有一兩個源自太平洋戰爭、韓戰或越戰的戰利品首級重見天日，被送到鑑識單位讓科學家鑑定。這些骷顱頭偶爾是在警方為了其他原因搜索房屋時碰巧發現的，不過通常是因為骷顱頭的主人對於繼續把它放在家裡感到不安與矛盾，因此不是把它捐出來，就是把它丟掉。在美國、澳洲或英國的住家環境中，戰利品首級並沒有個普遍令人接受的位置。縱使在血腥戰爭結束後，這種東西可能被視為軍人應得的報償，因而堂堂登門入室，但幾十年過去了，多數骷顱頭早已顯得不合常規、令人厭惡，就連當初把它帶回家的戰士自己都有這種感覺。家人偶爾可能覺得它有一種親切感，但許多人還是認為它既缺乏品味又讓人神經緊張——退伍軍人的妻子似乎最常抱持這種想法。戰爭肆虐的世界為這種戰利品創造出存在空間，但那個世界已然遠去，骷顱頭變得為人所不容。

那些碩果僅存的戰利品首級是來自戰爭衝突的詭異碎片，而戰爭衝突一直都是人們用筆墨無法形容的恐怖景象。做為見證戰爭恐怖的實體物件，它們被帶回家鄉後卻顯得格格不入，而且許多收集它的軍人想必自己也感覺到這點。戰利品首級既具體又抽象，它見證的是一些有高度特定時空背景的經驗，那些經驗很難跟他人分享。雖然死難者在與戰爭有關的歷史論述中經常隱而不顯，但士兵經常在日記中提到他們，因為到處都是死人。死亡無所不在，因此它成為日常生活的一部分，但這種情形是外人無法體會的。或許這就是那些年代久遠的戰利品首級在今天令人不安的因素之一：它把死亡帶來人們眼下的時空，迫使我們必須設法理解那些令人無法理解的事物。

雖然戰利品首級難以容身於平民社會，但它們在戰場上卻發揮許多不同功能。它們跟取得它們的軍人一樣包羅萬象，它們既能表徵憤怒，也是恐懼的化身。有些骷顱頭被視為狩獵戰利品，有些則被轉化成愛情的象徵物、公仔、偽科學標本，或供人消遣的玩物。骷顱頭既可能激發一個人自省，也可能鼓動他耀武揚威。歸根究柢，骷顱頭是某個人的外殼，而那個人就在我們所有人的內心深處。這樣看來，在各種方面可說與死亡短兵相接的軍人會受到人頭的吸引，就不足為怪了。

戰利品首級是敵人被馴服後的化身，因此它可能引發某種想要豢養它的感覺：士兵會幫它戴帽子、鋼盔，或拿香菸、菸斗給它抽。跟莎士比亞筆下的憂里客一樣，骷顱頭重生了，它有了個性和暱稱；但這種為死人骨頭賦與新生命的逗趣做法卻也不免凸顯出它沒有生命的事實。首先，戰利品首級見證了一個人的力量，他能殺死另外一個人，而且不吝於把一個死人變成工藝品。美軍在二次大戰及越戰期間寄回家鄉的骷顱頭都經過徹底清潔和拋光。洗掉所有死亡的腐化跡象，取而代之的是一個乾淨無瑕的白色物件。敵人已經被處理得服服貼貼。人體戰利品是生存意志的表徵，也象徵我們與我們的性命所仰仗的袍澤們休戚與共。即使在骷顱頭激發士兵的呵護本能時，它依然無情地見證著士兵的主宰優勢。它讓士兵重新享有被賦與權力的感覺，因為在混亂的戰鬥中，高舉骷顱頭形同宣示掌控局面。劊子手在死刑台上舉起叛徒的頭顱也是相同的道理：就此宣告，秩序已然恢復。

第三章

人頭落地

DEPOSED HEADS

千百年來，死刑台是真實上演生死大戲的終極舞台。十八世紀中期，愛爾蘭政治家艾德蒙·柏克（Edmund Burke）就觀察到一個現象，正在欣賞皇室悲劇的劇場觀眾一聽到附近廣場上有某個元首即將遭受處決，他們就會迅速朝出口衝去。柏克指出，真實的不幸蠱惑人的力量遠比我們對表演台上的苦難劇碼的興趣更強大。這個見解在今天依然適用，但在這個數位化時代，網際網路成為世人觀看駭人處決場面的中介，一方面為我們提供絕對安全的距離，同時卻又讓我們成為第一排觀眾。今天的人會在攝影鏡頭前高舉被切斷的人頭，觀眾則可以在自家觀賞那樣的景象。伊拉克戰爭期間，斬首影片的驚人惑眾能力首度獲得毫無疑問的證實。

九一一事件之後那幾年，隨著英美主導的「反恐戰爭」先後在阿富汗及伊拉克地區展開，一種新的殺人模式驟然出現，讓媒體措手不及：歐洲人和美國人被伊斯蘭好戰集團挾持為人質，據以要求贖金，而後在攝影機前遭斬首。在整個人類歷史上，一直是罪犯因為犯了罪而被砍頭；現在，罪犯卻在駭人情況下斬斷平民的頭顱，而且露骨的處死影片在網路流傳，人人皆可觀看。

第一位美國犧牲者是《華爾街日報》（*Wall Street Journal*）記者丹尼·沛爾（Daniel Pearl）。二〇〇二年，他在巴基斯坦遭綁架，挾持者發出最後通牒，要求釋放巴基斯坦的塔利班戰士。這種不切實際的最後通牒後來將接連出現。歹徒於二月一日將沛爾斬首，幾星期後，沛爾被處決的影片曝光。三月間，影片開始在網路上流傳。六月，《波士頓鳳凰報》（*Boston Phoenix*）在網站上提供該影片的連結，結果這個做法受到美國評論界的極端排斥，他們抨擊《波士頓鳳凰報》「罔顧人類尊嚴」，但該報網站終究釀成一波提供影片連結的熱潮，觀看沛爾被斬首死亡的暴力影片是否正確，也在網路上引發熱烈討論。

第二名被人用這種方式殺害的美國人是尼克·伯格（Nick Berg），他也是第一個在伊拉克遭到斬首的美國人。伯格是一名工程師，他在二〇〇四年四月九日被綁架，五月初遇害。在沛爾慘死兩年後，這次路透（Reuters）新聞社在幾天內就發布未經剪輯的影片。路透社的說法是，為客戶做編輯決定不在他們的職權範圍內。沛爾的處決影片只在CBS新聞網以三十秒的長度播出，相較之下，這次所有美國主要電視新聞網都播放了伯格遇害的影片，儘管影像都在實際斬首畫面出現前停格。雖然傳統新聞媒體自我節制，避免播放完整影片，但這時電視製作人已經變成只能跟在群眾屁股後面走，而不是在報導最新消息。網路使用者在自家的私密環境中，大膽主動觀看伯格遭斬首的影片。

尼克·伯格的處決影片迅速成為網路上被搜尋最多的視頻之一。最初公開影片的是一個與蓋達組織（al-Qaeda）有關連的網站，由於該影片造成的網路流量過高，負責代管的馬來西亞公司在伯格死亡兩天後決定關閉該網站。公司資深主管阿弗瑞德·林（Alfred Lim）表示該網站被關閉是「因為它忽然造成網路流量暴增，占據太多頻寬，導致本公司其他客戶的不便。」在一天之內，伯格的死亡影片成為Google、Lycos、Yahoo等搜尋引擎的搜索排行第一名。五月十三日，美國網路上的搜索詞語排行榜前十名如下：

尼克．伯格／影片
尼克．伯格
伯格／斬首
斬首／影片
尼克．伯格／斬首／影片
尼克．伯格／斬首
伯格／影片
伯格／斬首／影片
「尼克．伯格」
影片／尼克．伯格

伯格被斬首的影片在連續一星期中成為網路上最多人搜尋的內容，在整個五月間則是第二名，僅次於選秀節目《美國偶像》（*American Idol*）。

伯格的死亡觸發一連串類似的斬首事件，由伊拉克數個伊斯蘭好戰團體策動，並拍成影片在網路上流傳。二〇〇四年，伊拉克發生六十四起有資料紀錄的斬首事件，其中十七名遇害者是外國人，二十八個斬首過程被錄影。接下來一年中，伊拉克境內被錄影的斬首事件有五起，然後數目一直減少。二〇〇四年間，獲得最多媒體報導的影片也最讓民眾趨之若鶩。六月，一名美國直升機工程師保羅・強森（Paul Johnson）在沙烏地阿拉伯遭綁架後被斬首，他死後幾星期間，Google上最多人搜索的詞語就是「保羅・強森」。二〇〇四年九月，英國工程師肯尼斯・畢格利（Kenneth Bigley）在伊拉克被挾持，並於隔月遭挾持者斬首，後來一個美國機構表示，他們在網站上公布的畢格利死亡影片被下載了一百多萬次。一名荷蘭的網站經營者則指出，每當伊拉克的斬首影片發布在網站上，每天的閱覽次數就會從三十萬增加到七十五萬。

美國德州、加州和華盛頓州都出現中學教師受到行政休假處分的情事，因為他們把尼克・伯格被斬首的影片播放給學生看。當《達拉斯晨間新聞報》（*Dallas Morning News*）刊登靜態影像，顯示攻擊伯格的一員，手持伯格被斬下的頭顱（但臉部做了模糊處理），他們表示決定這麼做是因為看到網路世界對該事件的高昂興趣。該報社論指出：「今天本報的讀者投書版都是與伯格有關的投書，其中大部分是要求本報刊登更多伯格被處決的照片。昨天我們收到八十七封跟這個主題有關的投書，沒有一封要求我們停止刊出這種影像。」

當然，我們不可能知道有多少人在下載影片後會實際觀看，不過確實有極多美國民眾想看那些影片並進行討論，特別是伯格的影片，因為他是第一個在伊拉克遭到斬首的美國人，而且他是丹尼·沛爾遇害兩年後第一個在處決時被錄影的人。伯格遇害時，民眾對伊拉克戰爭的支持度剛開始下滑，而那部影片大受歡迎的現象凸顯出在創造新聞話題方面，網路侵蝕傳統新聞媒體的現象已經發展到什麼程度。電視新聞製作人或許對影片進行了編輯，但這並不打緊，因為民眾會自己到網路上觀看影片。網路讓民眾得以透過自行上網搜尋資訊，以抗議主流媒體被有感的「審查制度」箝制的情形，或者藉此隨心所欲地全面擺脫對主流媒體的依賴。無論民眾是認為親眼看到伯格被處決的影片是件「要緊」的事，或只是因為好奇心驅使而觀看，幾乎毫無疑問的是，「群眾」正在取得控制權，或說正在**擺脫**控制——端賴我們從哪個觀點來審視。

伯格死亡五個月之後進行的一項調查發現，在五月和六月之間，三千萬人——相當於當時美國全體成年網路使用者的百分之二十四——看過一些在電視上播放時會被視為太恐怖、太露骨的伊拉克戰爭影像。那段時間伊拉克戰爭打得如火如荼，局勢混亂不堪，除了伯格被斬首外，還有美軍人員在阿布格萊布（Abu Ghraib）監獄虐待囚犯的照片釋出，以及四名美國的合同工作者在法魯加（Fallujah）被叛軍殺害的相關照片——他們的屍體被拖著遊街示眾，然後懸掛在幼發拉底河上的一座橋梁。媒體上充斥著這種畫面，而且美國人甚至積極蒐羅這類影像：在網路上看過露骨影像內容的人有百分之二十八是主動搜尋的。調查也發現，看過露骨內容的人有半數認為自己觀看那些影像是「很好的決定」。

決定觀看伯格斬首影片與否的問題在網路上被政治化。部落客聲稱自由派新聞媒體大肆播放阿布格萊布的駭人影像絕非偶然，而這確實嚴重削弱了布希政權在伊拉克問題上的公信力。同時，在部落客眼中，那些媒體對伯格事件的報導太有限，而且拒絕播出完整的斬首影片，藉此迴避這個議題。伊文·馬洛尼（Evan Malony）指出：「媒體一下說我們必須看阿布格萊布的虐囚照片，才能了解戰爭的恐怖，可是伯格被斬首後，他們又說我們無法承受真相……媒體讓我們看到阿布格萊布的醜陋事實——我認為他們這麼做是對的——可是拒絕用相同方式處理伯格遇害的事件。」傑·羅森（Jay Rosen）教授說得更明白：「他們沒有把所有東西呈現出來給我們看——刀子、喉嚨、尖叫聲、掙扎的情景，以及被舉起來拍照的頭顱。可是來自阿布格萊布那些令人作嘔的照片卻不斷出現。」

其他一些網民承認觀看處決影片純粹是好奇使然，沒有更「高尚」的目的。一名匿名網友表示：「我們幾乎無法相信一群人可以無情到做出那麼殘酷而獸性的事，只有親眼看到才能證實這點……觀看這種影片令人百感交集——主要是被害者明顯的恐懼和痛苦令人感到不堪，還有對那種血腥的厭惡感，以及對行兇者的憤怒等。」同時，網站編輯們對於公開這種內容也表達出類似的複雜態度。他們公開這種影片可能是因為他們致力打擊恐怖主義（**民眾應該看到**），也可能是因為他們反對主流新聞媒體實施的「審查制度」（**民眾有權看到**）。「驚恐網站」（shock site）公開這種影片則純粹為了提供陰森恐怖的娛樂，跟他們播放其他暴力、挑釁影片的目的一樣，都是要吸引顧客（**來看啊！**）。

在斬首影片吸引到的觀眾中，有些人是毫無歉意地觀看，有些人雖然內心充滿疑慮，但還是忍不住看下去，而網路為所有人提供了匿名性。攝影機為觀眾承諾某種程度的超然，且只要鍵盤一敲，畫面就能立即出現，這種雙重性使那些影片更加無遠弗屆。如同軍事分析家羅納德・瓊斯（Ronald Jones）所言，光靠一台錄影機和網路連線，任何小小的好戰團體都可以塑造出「國際性媒體事件……獲致驚人的戰略衝擊效果。」確實，就恐怖攻擊而言，在攝影機前把被害者的頭斬斷是極有效而且極具效率的策略。這種做法所需的金錢、訓練、設備、武器、彈藥非常少，除了最初的挾持行動之外，不需要仰賴任何複雜而且可能出差錯的協調工作或科技，而做出來的結果又非常容易傳播。根據另一名分析家馬汀・哈洛（Martin Harrow）的說法，那種策略「具有最大化的能見度、最大化的影響力，而且會引起最大化的恐懼。」

這就難怪伊拉克的人質斬首影片是「為電視而製作」。其他恐怖主義活動，例如自殺攻擊或炸彈攻擊，不容易用攝影機捕捉，因為這類行動必然是祕密進行、無法預測而且狂暴混亂的事件，但將人質斬首卻可以透過精心的舞台管理、動作設計和預演呈現出來，同時依然保留殘酷寫實的一面。影片是近距離拍攝的清晰畫面，殺人者讓觀眾坐進第一排座位觀賞表演，而他們想要呈現的是他們的力量、他們的組織力、他們堅持的立場，以及他們對受害者的完全掌控和主宰。當一名義大利人質——保安官法布里吉歐．庫瓦特洛奇（Fabrizio Quattrocchi）——即將在攝影機前被劫持者槍決時，他忽然跳起來設法把頭罩扯掉，並大聲叫著：「我要讓你們瞧瞧義大利人是怎麼死的！」結果半島電視台（Al Jazeera）決定不播出這段影片，因為它「太驚悚駭人」。這是庫瓦特洛奇在臨死前獲得的小小勝利嗎？沒有任何人因為娛樂或教育性的理由在網路上看過他遇害的畫面，而擒拿他的人也無法按照原計畫來利用他的死亡得到好處。

在這種精心策劃的處決儀式中，包括被害者在內，所有人都必須扮演他的角色。整個程序是一齣戲劇，它的目的是塑造權力、引發恐懼，正如十三世紀以降的國家處決。不過，美國喬治城大學（Georgetown University）約翰．艾斯波西托（John Esposito）教授指出，就伯格遭斬這種處決而言，「關鍵不在於處罰某個個人，而是利用某個個人。」即便被害者是無辜的人質，源自殺害這件事的張力依然能廣泛展現於世間，而且社會大眾也對此表示順從。當觀看者現身死亡現場，或透過Google搜尋最新處決影片，他們也扮演了屬於他們的角色。

尼克・伯格遇害後不久，一名分析家接受《洛杉磯時報》（*Los Angeles Times*）採訪時表示：「恐怖主義的目的是引發恐懼、製造騷動，而只有靠媒體支持他們的行動，並致力將它散布於廣大群眾，那個目的才可能達成。」那些殺人者將影片公布於網路，因為他們很清楚新聞媒體將不得不跟著群眾的腳步走。電視新聞節目若不是因為拒絕播放在網路上自由流通的影片而變得多餘，就是必須做殺人者希望他們做的事，向更廣大的觀眾傳播影片。與此同時，如芭比・澤利瑟（Barbie Zelizer）所言，網路提供了一種「責任歸屬的空白」，沒有人能清楚知道影像是誰拍攝的、誰散布的，哪些人又看了那些影像。那整個經驗都已經迷失在芸芸眾生之中。

✠

一般人認為處決現場那些喧騰叫囂的廣大群眾屬於距離我們非常遙遠的過去，事實的確也是如此，但我看了愈多關於處決的歷史文獻以後，就愈發覺得過去兩百年來處決活動之所以逐漸被掩藏在公眾目光之外，甚至在某個程度上酷刑做為一種處罰方式逐漸消失，關鍵與其說是大眾輿論的演變，不如說是菁英社會對文明禮儀的擔憂。處決場面一直都吸引群眾觀看，他們隨時樂於欣賞那個情景。死刑台的風景絕對沒有忽然變得更不合時宜，而是一群永遠願受到蠱惑的觀眾變成某種令人難堪的因素，或許也被視為對社會秩序的威脅。公開處決畫上休止符，不是因為處決這個劇碼本身，而是因為在看戲民眾的感受與菁英對合宜行為的定義之間，出現愈來愈大的鴻溝。

十八及十九世紀期間，許多人開始認為能夠親臨處決現場旁觀是不自然的事，但這種觀念的改變並未防止民眾在機會出現時搶著去看，不僅當時如此，未來恐怕也一樣。無論男女老少、貧富貴賤、學者文盲，處決場面一直吸引著各色各樣的人。每個人的反應可能不同：有些人會嬉笑怒罵，有些人會用心寫下心得，還有一些人會昏倒、嘔吐或哭泣，而在某種程度上，這些反應是由文化因素所決定。但歷史給我們的教訓是，身為人類，我們確實生來就有能力目睹斬首及其他形式的處決場面，甚至可以把它當成大眾娛樂活動來欣賞。

歷史上只要有公開處決存在，就有群眾會前去湊熱鬧。在十九世紀初期的倫敦，每當有人被處以絞刑，通常會有五千人聚集觀看，而當著名重罪犯被處死時，圍觀民眾可能高達四萬甚至十萬人。儘管時代變遷，這些數字大致上都差不多。一九三六年萊尼·貝西亞（Rainey Bethea）被吊死時，估計有兩萬人在現場旁觀。那次是美國最後一次舉行公開處決。不可否認，這場處決的消息事先獲得多於平常的宣傳，因為有人臆測行刑者可能會是一名女性——佛羅倫絲·湯普森（Florence Thompson）警長。後來湯普森把這個工作委託給一名退役警員，由他負責拉扳柄，打開套索底下的活門。

三年以後，眾多情緒激動的民眾聚集在法國凡爾賽的聖皮耶（Saint-Pierre）監獄外，觀看惡名昭彰的德國籍連續殺人犯奧根·懷德曼（Eugen Weidmann）上斷頭台。懷德曼是最後一名在法國被公開處決的罪犯，表面上的原因是那天圍觀群眾的行為變得「特別醜惡」。不過，儘管確實有幾個人設法爬上附近的屋頂觀看斷頭場面，有關民眾喝醉酒鬧事的報導都是媒體誇張渲染出來的。

根據歷史學者保羅·弗利德蘭（Paul Friedland）的研究，懷德曼被處決時，真正的問題關鍵是死刑任務執行的時間被延遲。那天的行刑者新官剛上任，第一次執行任務的他嚴重低估準備工作所需的時間。結果懷德曼不是按照慣例在破曉時分受刑，而是在光天化日下被處決，讓群眾中的攝影師能夠盡情利用良好的光線。在接下來的日子裡，印刷精美的雜誌上刊出一系列照片，以定格影像一秒秒地呈現處決過程。斷頭台大刀落下的畫面甚至被鏡頭捕捉到兩次，而不只是一次。就官方角度而言，更糟的事是處決場面居然被人拍成影片。今天我們可以很容易地在網路上找到這個影片，彷彿當時那些「不守規矩」、「令人反感」的圍觀民眾還不夠離譜，現在，拜攝影科技進步之賜，成千上萬的好奇觀眾可以隨心所欲地觀賞公開處決的情景。懷德曼死後一星期，法國就決定停止公開處決——不是因為這種場景恐怖得令人不忍卒睹，而是因為當局非常清楚不管那有多恐怖，民眾還是會

圖7　德國籍殺人犯奧根．懷德曼於法國凡爾賽被斬首，一九三九年。另有數百人聚集在第二道警戒線之外觀看，但這張照片上看不到他們。

搶著去看。

歐洲各國早已全面廢除死刑，而在美國，由州政府負責的人犯處決不是公開活動，儘管它仍舊可能造成騷動。美國近年歷史上最有名的殺人犯之一——提摩西・麥克維（Timothy McVeigh）在二〇〇一年五月以致命注射遭處決時，大批人潮湧進印第安那州的泰爾霍特（Terre Haute）。除了一千三百多名新聞記者，以及協助他們採訪的工作團隊，還有數百名抗議人士和一些販賣食物、T恤、紀念品的小販，他們都提早匯集在這個小鎮，設法在這個事件中獲益。「我們吃的、睡的、呼吸的，都是麥克維。」一名當地記者在處決前一個月這樣表示。

當然，那些人之中絕大多數並沒有親眼目睹麥克維死亡。進入位於處決室上方的特別觀察室，真正看到他死去的，只有十位被害者家屬、十位隨機挑出的記者，以及數目未公開的政府官員、數名監獄員工，和四名由麥克維挑選的證人（兩名律師，一名他的辯護團隊上的調查員，以及他的傳記作者）。另外有兩百三十二名被害者家屬在現場附近透過閉路電視即時觀看處決情景。

州政府裁定那些證人有權利知道與一個人的死亡有關的可知事物。我們不知道假如有機會的話，是否會有更多人觀看州政府實施的處決，但我們似乎可以合理推測，像麥克維這種處決除了直接被他的罪行影響到的人之外，也會吸引一些喜歡窺視的人前去觀看。

國家處決重新回到美國或歐洲的公眾舞台基本上是無法想像的事，公開斬首更是不可能，但這並不是因為被處決者所受的痛苦所致。當斬首是以高超技術實施，而且犯人處於臣服（或被鎮定劑控制）的狀態，那是一個快速而且就我們目前所知，相對無痛的死亡方式，但在人犯處決的歷史中，死刑現場的外在景象向來跟它帶給當事人的感覺一樣重要，而斬首確實是件看起來汙穢不堪的事。

最近兩百年來，在歐洲及美國陸續出現愈來愈低調的處決方法，包括十九世紀末期開始採用的長距墜落（long-drop）絞刑，以及後來的致命注射。但我們不清楚是否**看起來**比較不那麼殘暴的死亡必然也比較人道。美國方面的研究顯示，犯人如果選擇行刑隊開槍射擊的處決方式，從第一槍擊中身體算起大約一分鐘以內會造成心臟死，而典型的致命注射雖然宣稱不會節外生枝，卻可能需要九分鐘左右才能導致死亡。尤有甚者，在準備及實施注射時，經常會出現一些問題，增加犯人承受長而痛苦的死亡風險。槍和斷頭台或許看起來比較嚇人，但相對而言卻比較簡單而有效。

這種「戲劇效果」和「控制手段」之間的永恆拉扯，就是圍繞著死刑這個概念的核心議題。殺人從來不是一門精確的科學。它是一個在本質上具有奇觀性質而且無法預測的事件，而比起其他致死方式，斬首處決尤其如此。司法體系為了顯得低調而悲憫，逐漸設法將死刑加以控制，但低調和悲憫可能是互相對立的力量，原因很簡單，就是處決看起來跟感覺起來不見得一樣。這就是斬首處決血腥而赤裸的力量所在。

如果行刑者只有一把刀或一把斧頭，要用單一動作乾淨俐落地斬斷一個活人的頭是很困難的事，需要相當大的力量、相當高明的技術，有時還得靠運氣加持，或者三者同時具備。基於這個因素，被斬斷的人頭得以成為強有力的戰利品。軍人擁有戰利品首級代表他確實在戰場上經歷過赤裸裸的短兵相接，而且通過所有考驗生存了下來。戰爭發生時，戰利品首級是優勢的象徵、尊敬的來源，它正式宣告戰士的技術和力量，但也默認著事件有可能以不同方式發生。反觀處決人犯這件事，政府官員無法與民眾進行這麼隨興的互動。當處決的執行權掌控在國家手中，斬首成為一齣劇碼，而這個劇碼必須按照預定計畫來製作。

因此，千百年來，政府將斬首處死加以官僚化的做法就顯得無可厚非。政府在不同時期以各種不同方式任命官員、建立規範及作業文件、制訂相關儀式及記錄系統、調整斬首的機械性細節，設法將死刑台上的劇碼全面納入管制。政府用這些辦法取得戰利品首級具有的力量，並依據自己的目的加以挪用，無論目的是宣告罪行、殺雞儆猴，或恢復國家元首的榮譽和權威。

十三世紀期間，英國境內開始出現儀式化的叛徒頭顱公開展示。在許多方面，這種展示大致上不過是戰士在戰場上高舉戰利品首級的行為在城市環境中的演進版。在中世紀的英國，取自戰場的首級偶爾會被送給國王，然後向民眾展示。不同的是這種首級——叛軍領袖或叛國賊的頭顱，被送到都市環境中的「表演台」上，讓更多人可以看到劇情的發展過程。

死於英王愛德華一世統治期間的獨立威爾斯最後兩位王儲——羅威林（Llywelyn）及大衛．格魯菲（Dafydd ap Gruffydd）兩兄弟[1]，為上述兩種戰利品首級之間在性質上的連續性提供了最佳的實例，因為其中一人是在戰場上陣亡，另一人則是在死刑台上喪命。哥哥羅威林於一二八二年在奧瑞文橋戰役（Battle of Orewin Bridge）中被英格蘭國王的士兵殺死，他的頭顱被砍下來以後，首先送給愛德華國王，然後送到駐紮在安格西（Anglesey）[2]的部隊，最後又送到倫敦，在倫敦塔的大門上放了至少十五年。據說那顆頭顱是由一名騎兵叉在矛尖帶進城裡。

隔年，羅威林的頭顱有了伴——他的繼任者、亦即他的胞弟大衛也以英王背叛者的身分遇難；但他不是死在戰場，而是被活捉，經過審判後被處以死刑。一二八三年十月，他被綁在一匹馬的尾巴上拖過史魯斯貝里（Shrewsbury）的市街，然後在死刑台上被砍成四大塊。截至當時為止，他是透過這種相對新穎、充滿折磨而且富於奇觀效果的方式死亡的

1　譯註：羅威林．格魯菲（約一二二三至一二八二年）及大衛．格魯菲（約一二三八至一二八三年）是羅威林大王（Llywelyn the Great）的孫子。羅威林大王於一二一六年徵得宗主國英格蘭國王亨利三世同意，將威爾斯地區各王國統一為威爾斯公國，並由他統治。英格蘭國王愛德華一世在位期間，先後與羅威林及大衛交戰，並將其殺害，全面征服威爾斯。羅威林及大衛因而分別成為獨立威爾斯最後一位國王及獨立統治者。

2　譯註：威爾斯西北部的一個島嶼。

「叛國賊」中地位最高的一位。

在某個意義上，這對威爾斯兄弟的頭顱算是戰利品首級，因為幾乎所有在愛德華一世時代遭斬首的叛徒都是塞爾特「叛亂分子」，他們是英格蘭國王設法征服威爾斯及蘇格蘭時的犧牲者，其中最有名的是一三〇五年喪命的威廉・華萊士（William Wallace）[3]。跟一般戰爭的情況一樣，愛德華一世的背叛者的首級在象徵意義上比在策略意義上來得重要，因為，就愛德華國王的案例而言，一個人如果遭受斬首的命運，通常是因為他背叛了過去與國王之間的協議，因此國王藉此表達他做為封建君主的憤怒。舉例來說，在此之前幾年，大衛曾經跟愛德華國王結盟，共同打擊他的哥哥羅威林，但當他決定背棄君王，他也遭到了毫不留情的懲罰。

✠

在展示叛徒頭顱這個部分，某些習俗逐漸發展起來。罪犯被處決以後，他們的頭顱會被展示在市區人潮匯聚的地方，例如英國的倫敦橋、西敏堂、倫敦塔，愛爾蘭的都柏林城堡、法國的革命廣場（Place de la Révolution）[4]，或在城市邊界上的地點，例如城門、城牆、橋梁等。死人的屍塊一方面宣告犯人的罪行，一方面也象徵對他們的侮辱。為了這種理由，威廉・華萊士在距離他的支持者數百英里之遙的倫敦被處死之後，四肢被砍下，分

3　譯註：威廉・華萊士（約一二七〇至一三〇五年），蘇格蘭貴族、騎士，蘇格蘭獨立戰爭領袖之一。一二九六年英格蘭併吞蘇格蘭，他帶領人民對抗英格蘭，後因部下出賣被捕，遭英王愛德華一世以叛國罪之名處死。

4　譯註：法國大革命時期的革命廣場即現在的巴黎協和廣場（Place de la Concorde）。

送到四個北方城鎮展示：泰恩河畔紐卡索（Newcastle-upon-Tyne）、特韋德河畔伯立克（Berwick-upon-Tweed）、史特淩（Stirling）及伯斯（Perth）。負責運送華萊士斷肢的約翰·賽格瑞夫（John Segrave）爵士獲得十五先令的酬勞。根據當時一名編年史作者的說法，華萊士的四肢被當做他所犯罪行的提醒標誌物。先前大衛·格魯菲在倫敦被斬後，屍塊被往西分送到布里斯托（Bristol）、赫里福德（Hereford）及北安普頓（Northampton），也是相同的道理。

不過，叛徒的頭顱往往被保留在倫敦，或被送到那裡。頭顱會獲得防腐保存，盡可能使它能長久展示。大衛的頭顱「用鐵綁住，以免因為腐化而摔落地面成為碎塊；然後插在木樁上置於顯眼處，讓倫敦市民訕笑。」更常出現的情況是，叛徒頭顱會被塗上焦油，或用滾水煮半熟，以減緩腐化作用。煮半熟是自古以來常用的做法，特別是用於著名叛徒的頭顱，因為這種方法能夠延長頭顱的「有效期限」。煮半熟的方法與其他文化中的蒸熟及乾縮程序性質類似，可以阻礙叛徒頭顱的自然分解程序，將其變成軍權及國威的長期象徵。

在城市各處維持良好的頭顱展示需要耗費可觀的時間和精力。從十四到十七世紀，在超過三百年時間中，一名「人頭管理員」會住在倫敦橋的門樓中，負責將叛徒的頭顱及屍塊整理得最具展示效果。腐爛得太嚴重的頭顱通常會被丟進河裡，換成比較新鮮的頭顱。

有時這些展品的陳設方式具有象徵意義。蘇格蘭貴族阿托爾（Atholl）伯爵約翰・史特拉斯博基（John of Strathbogie）於一三〇六年以叛徒身分被處死以後，他的頭顱被放在華萊士的頭顱旁邊，但木樁比較高，藉此表示他的地位比較高。一四五一年，二十六名肯特（Kent）郡反叛分子被處決以後，其中九個人的頭展示在倫敦橋，他們的領袖傑克・凱德（Jack Cade）的頭顱則置於最中央（凱德在逃離倫敦的途上被殺）。

在其他城市，平常負責巡邏城牆和城門的警衛在必要時也會處理頭顱和屍塊的展示工作。除了把頭顱陳設得醒目以外，他們還必須保護這些展示品，避免它們被家屬和同情者偷去埋葬。一七四五年，詹姆斯起義（Jacobite risings）[5]之後發生了一連串著名的「竊頭」事件。那年詹姆斯黨軍官法蘭西斯・唐恩利（Francis Towneley）在卡萊爾（Carlisle）城堡被擒，並於隔年七月處死。他被處以絞刑，一命嗚呼時用馬拉著遊街示眾，然後斬成四大塊，頭顱則用瀝青浸泡後，插在木樁上展示於倫敦聖殿關（Temple Bar）。不過這顆頭顱在那裡待得不久，因為它很快就被偷走，由唐恩利家族祕密保存兩百年之久。在很長一段時間中，它被放在家族祈禱堂的鑲板後方，後來改放在餐櫃中的一個籃子裡，之後又用帽盒裝起來存放在倫敦特拉法加廣場（Trafalgar Square）德拉蒙德銀行（Drummonds Bank）[6]的保險庫。一九四五年，唐恩利的頭顱終於從該銀行移出，埋葬在家族墓穴中。

一七四六年唐恩利頭顱遭竊的具體情況已經難以考證，不過當時這種偷盜行為會受到

5　譯註：詹姆斯起義是一六八八至一七四六年間發生於英國的一連串起義事件，目的是讓光榮革命（Glorious Revolution）期間遭國會罷黜的蘇格蘭王詹姆斯七世和最後一位天主教英格蘭君王詹姆斯二世，以及後來的其他斯圖亞特王朝後代回歸王位。

6　譯註：目前隸屬於蘇格蘭皇家銀行（Royal Bank of Scotland）集團。

嚴厲的處分。一七五四年，兩顆展示在約克（York）一座城門上的頭顱消失不見後，市長大人親自登上城牆頂端觀覽犯罪現場，英國國王也接獲通知，政府則發布懸賞令，民眾只要提供任何有助於逮捕竊賊到案的資訊，就可獲得獎金。犯行者落網之後，被判處兩年徒刑、五英鎊罰鍰。不過，在至少一個例子中，傷心的家人是靠著耐心獲得補償。一五三五年七月六日，湯瑪斯・摩爾（Thomas More）爵士被處決以後，頭顱被插在木樁上展示於倫敦橋，他的女兒瑪格麗特・羅波爾（Margaret Roper）和一些朋友則悉心看管著那顆頭顱。一個月以後，頭顱被拿下來準備丟進河裡，但瑪格麗特用賄賂方式請求執行者讓她把父親的頭帶回家。她被樞密院（Privy Council）傳喚，並被控持有不可侵犯的物品，但她在抗辯詞中表示，她打算把摩爾的頭埋葬在家族墓穴中。最終她獲得無罪開釋，然後據說她用香料把父親的頭顱醃起來保存。一五四四年瑪格麗特去世以後，摩爾的頭才被埋進坎特伯里（Canterbury）聖登斯坦（St Dunstan）教堂中的羅波爾家族墓穴。

雖然有些人的頭顱被他們的支持者救出，有些頭顱卻慘遭敵人毀容。展示人頭的做法使這些展品被迫暴露在進一步受褻瀆的風險中。有許多例子顯示，天主教殉道者被處決後，他們的屍體會遭到破壞。一五八九年，天主教士喬治・尼可斯（George Nichols）及理查・納克思利（Richard Naxley）在牛津被處死以後，有些民眾用刀子砍劈他們的遺體。八年以後，政府官員把聖方濟各會教士約翰・瓊斯（John Jones）的臉部刮爛，然後用粉把它抹黑。一六四二年，休・葛林（Hugh Green）在多爾切斯特（Dorchester）被處決以後，一部分圍觀群眾把他的頭拿來當足球踢著玩，還拿小木棒戳進他的眼睛、耳朵、鼻子和嘴巴。

群眾三不五時就會主動介入，設法操控狀況。他們會把屍體弄得面目全非，藉此強化處罰效果；他們也會把屍塊偷走，使政府拿不到那些「戰利品」。這一切都可能使行刑者的工作變得更具挑戰性，因為他畢竟背負著讓觀眾享受一場精采表演的責任。

✠

斬首是行刑者的重頭戲，圍繞在死刑台四周的群眾則會很快地為他的表演打分數。砍頭是一個重要活動。在英國，這種處決方式通常是富裕階級的專利，彷彿社會中最有權勢的成員被判處死刑時，也應該由國家展現足以匹配的強大力量。過去在許多歐洲國家，斬首被視為光榮的死亡方式，而且相對不痛苦，也比較不會對死刑犯造成羞辱。跪著或俯臥著接受刀鋒的致命一擊比吊在繩子上來得有尊嚴，而且如果劊子手的技術好，死亡幾乎立即就會發生。在德國，絞刑經常被用來處罰「鬼祟型」的犯罪，例如偷竊或闖空門，斬首則比較常用來處罰公開場合下犯的罪，例如殺人。死刑犯經常設法請求把絞刑、輪刑等判決改成比較輕鬆俐落的斬首處決。在荷蘭，斬首做為殺人罪的處分方式，通常用於在打鬥中犯下殺人罪的犯人，因為這種死法被認為比較光榮。

不同國家會採用不同方法。在德國、荷蘭、瑞典及法國，菁英階級人士是在死刑台上跪著或坐著，眼睛蒙住，然後由劊子手揮劍砍去頭顱。英國人則比較喜歡用斧頭，因此死刑犯必須採取比較卑屈的姿勢，除了跪地，還得臉部朝下，把頭放在墊頭木上。當然也有一些不按規則實施的例外，例如奧利佛・克倫威爾命令執行處決英國國王查理一世的劊子手把墊頭木位置降低，使國王的身體必須俯臥在地，這樣的姿勢更具羞辱意味。相較之下，亨利八世比較人道，他同意王后安妮・博林（Anne Boleyn）的要求，請一名法國劍手專程從加萊（Calais）渡海到英國行刑，王后則以法國式的挺身跪姿受刑。斧頭和劍這兩種武器都不是很可靠，尤其是在英國，因為英國的劊子手對調整絞刑繩索比較在行，磨刀不是他們常做的事。

觀刑民眾幾乎跟行刑者一樣無情。假如劊手動作不俐落，死刑犯的痛苦因此被不必要地拉長，觀眾可能會向行刑者投擲泥巴、石頭，甚至直接攻擊他。行刑者是社會中最常遭到謾罵也最令人害怕的角色之一，但當他們把處決工作搞砸，他們偶爾會因此丟掉性命。歐洲各地都曾發生劊子手被人用石塊砸死、毆打致死，或在家中被謀殺的事。在十八世紀初的荷蘭，有一次當行刑者正忙著用火罐在罪犯身上打烙印時，憤怒的民眾設法爬上死刑台，拿起火罐往行刑者身上丟。一四六四年，在德國的奧格斯堡（Augsburg），一名劊子手劍法太差，沒砍成犯人的頭，他逃到一座橋下，結果還是被一名氣憤的觀眾拿鐵棒朝他頭上猛打。一六〇七年，在德國另一端的采勒費爾德（Zellerfeld），一名劊子手在下手五次之後依然沒有達成任務，結果居然在街上被人砍死。十六世紀初期，紐倫堡市議會不得不請警衛保護死刑台，以遏阻那些「拿著榔頭、丁字斧及其他武器四處聚集的廣大群眾。」難怪許多劊子手不得不靠喝酒平緩緊張的神經。

酒精或許有助於強化心神，但對手部的穩定而言只是敗事有餘，因此無疑使劊子手的問題更大。劊子手行刑失敗時常用的一個說詞是他看到死刑犯的頭在他眼前變成兩個，「因此他不知道哪一個才是真的」。在許多例子中，劊子手揮劍砍到下巴，或舉起斧頭砍進肩胛骨、頭蓋骨，結果必須重複兩次、三次、五次，甚至二十次，才終於把死刑台上的可憐傢伙送上西天。一五八七年，劊子手砍了三刀，才把蘇格蘭瑪麗王后的頭砍下來；一五四一年，索爾茲伯里（Salisbury）女爵瑪格麗特．波爾（Margaret Pole）則被砍了更多刀才斷頭，因為她為了表示向命運反抗，拒絕把頭放上墊頭木。

這類故事足以顯示，就算死刑犯身體被綁住、眼睛被蒙住，要想一刀砍斷活人的頭還是極為困難的事，而且這還沒有把第三者的因素考慮在內——現場觀眾會叫囂、起鬨、丟東西，劊子手很容易因此分心。就算犯人已經死亡或至少失去意識，也沒有人能保證把他的頭砍得乾淨俐落。一八〇三年，愛爾蘭革命分子愛德華．德斯帕（Edward Despard）被處以絞刑，然後屍體被取下，由一名外科醫生負責切斷他的頭。很不幸，醫生「沒切到他應該要切的關節，」歷史學者加特勒爾（V. A. C. Gatrell）這樣描述：「結果只好拿刀繼續砍，最後某個劊子手乾脆用手把那頭握住，用力扭了很多次，費了九牛二虎之力才讓頭部與身體分離。」最後，德斯帕的行刑者終於能把他的「戰利品」舉起來，按照慣例向兩萬名觀眾高喊：「這是叛國者的頭！」

雖然劊子手的工作充滿挑戰，或者說正因為如此，一旦斬首任務順利執行完成，劊子手可能獲得極大的殊榮。從十六世紀中期開始，比較富裕的歐洲劊子手會聘請助理執行比較不重要的刑罰，但斬首一直都是「大師」的專利。一些關於劊子手的迷思陸續出現，民間則流傳他們擁有魔法的故事。據說他們有辦法找回走失的兒童或被偷走的財物，靠碰觸就能驅邪或治病，而每當有人被判處死刑，劊子手家裡的劍就會震動發出響聲。有一個故事是說，一名劊子手砍斷一個站著受刑的犯人的頭顱時，由於揮刀動作極快，因此屍體上唯一看得到的痕跡是脖子四周一圈細細的血漬。還有傳言指出某些劊子手能在短短幾分鐘內把一大群歹徒斬首完畢。

漢堡劊子手克勞斯・福祿格（Claus Flügge）在一四八八年間完成一項驚人之舉：連續斬斷七十九名海盜的頭。當參議院問他對於締造這樣的成績有何感想，他回道：「我覺得太棒了，現在我還可以繼續執行任務，幫賢明、高貴的參議院全體成員砍頭。」顯然在場參議員絲毫不覺得福祿格肆無忌憚的幽默感好笑，結果福祿格自己被砍了頭。

多數因為勤務執行不當而送命的劊子手只能怪他們自己能力不足或神經緊張。不過經常出現的情況是，行刑者高舉的叛國者頭顱被砍得亂七八糟，顯見即便是不稱職的劊子手也能向身體完全沒有防衛能力的死刑犯耀武揚威。於是在十八世紀末期，法國政府決定著手改變這一切。砍頭用的劍從劊子手手中被拿走，取而代之的是一個滑輪組——砍人頭的機器誕生了。

✠

斷頭台的設計目的是低調執行斬首工作。當斷頭台於一七九二年四月在法國首度現身，成為官方處決工具，它的宗旨是使致人於死的殘忍工作變得比較乾淨、速捷、可靠，因此也比較人道而不具奇觀效果。當時的評論家對斷頭台讚譽有加，認為相較於早期那種有如酷刑而且結果難以預測的施刑方式，斷頭台是長足的進步。從前的人被處死的速度經常跟他們所犯的罪、他們的社會地位，以及行刑者的技術優良與否有關。現在，所有在法國被判死刑的人都將以同樣方式——一部斷頭機器——快速而有效地處決。

然而，一七九〇年代最初目睹斷頭台運作的觀眾顯得相當不以為然。他們習慣看到更戲劇化的場面。斷頭機器速度太快，甚至讓人覺得敷衍了事，根本什麼也看不見。它的運作幾乎不會出錯，場面不容易出現混亂，在死刑台上的人之間則幾乎沒有任何互動。沒有人會介意看到犯人的頭被砍斷，大家都已經習慣看到那種景象；相反地，他們失望地發現看不到犯人的頭被砍斷。初期觀看斷頭台處決的群眾最明顯的反應是困惑。死亡來得太快，根本不可能看清楚。

本業為醫生的法國國會議員惹內—喬治・加斯特里耶（René-George Gastellier）這樣描述斷頭台的速度之快：「從第一個接觸點到最後一個接觸點，中間沒有任何距離，形同一個無法分割的點；刀鋒落下，犯人就此不再存在。」群眾對這種處決速度吃驚到幾乎不知所措，他們會大聲呼喊：「把我的木頭死刑台還回來！把我的木頭死刑台還回來！」大費周章跑到處決現場，卻什麼

圖8　第一次以斷頭台執行死刑，巴黎卡魯索廣場（Place du Carrousel），一七九二年八月十三日。

也看不到，這算什麼？但對有關當局而言，斷頭台就是因為這個理由而得以成為解決一個長期存在的問題的完美方案：它提供一場不具奇觀性質的演出，一種公開進行卻又無法真正看到的處決方式。

今天，很少法國人會覺得公開舉行的斷頭台處決是一種「反高潮」，但在十八世紀的法國，民眾習慣看到時間拖得很長的死刑，犯人被撐開在死刑台上，遭到剝皮、火燒、刀砍，或在死亡輪（breaking wheel，簡稱 wheel）[7]上被砸爛。雖然法國在死刑這個領域並不是最具生產力的國家——這個不太光榮的頭銜也許可以頒給英國——但他們有辦法用慘絕人寰的方式執行死刑。現在的我們很難想像自己生活在那種能夠容許恐怖酷刑的社會，更甭論實際看到那種場面，但我們這種觀感是相對晚近才形成的。

早期的公開處決可以是極為漫長的過程，但當時的紀錄文獻卻鮮少提到死刑犯身體上的痛苦。根據《雷納柯斯特編年史》（*Chronicle of Lanercost*）的記載，大衛・格魯菲「首先是以叛國者之名被馬匹拖著遊街，然後是以竊賊之名被問吊，但刻意不讓他死去；第三個步驟是以煽動者及殺人犯的名義被去勢和開膛取臟、在他眼前燒掉，然後活生生被斬首；第四個步驟則是以反叛分子之名，把他的屍體切成四塊，分送到英國四個莊嚴地點展示，供民眾觀賞。」[8]諸如大衛之流的叛國者在文獻中被去除人格，因此他們幾乎變成只是一具象徵其罪行的軀體。

7　譯註：死亡輪是古代用於公開處決的一種酷刑，十八世紀才廢止。受刑人被綁在輪子上，劊子手以棍棒等鈍器擊打他的四肢，把骨頭打斷，然後受刑人通常會被留在原處直到死亡。

8　譯註：以上程序即英國中世紀末期至近代處決叛國者所用的「拖行、問吊、分屍刑」，於十四世紀愛德華三世在位期間立法通過實施，一八七〇年正式廢止。先前提到的法蘭西斯・唐恩利也是以類似方式遭處決。

十六世紀期間，當宗教爭端導致數以千計的人被送上死刑台，民眾開始比較注意死刑犯的行為：他們走向死刑台時，究竟是會懺悔，還是毫無悔意，甚至快活地信守異端到最後一刻？死刑台上的表演不再只涉及執行司法正義，也開始涵蓋對一齣個人劇碼最後一幕的觀察。到了十六世紀末期，無論受刑者犯的是什麼罪，當局都會印製傳單，介紹犯人的背景及他們的罪行，受刑者在死刑台上發表最後演說也成為一種慣例。不過，處決場面依然跟從前一樣受歡迎。在歐洲各地，數以千計的人會湧向刑場看犯人被吊死、亂刀砍劈，或被折磨至死。他們會付出高價取得最佳觀賞位置，他們把這件事看成一種娛樂，許多人幾乎是帶著臨床醫師的超然心態在觀看行刑。十六世紀末期，來自法國蒙佩里耶（Montpellier）的醫學系學生菲利斯・普拉特（Felix Platter）在日記中詳細描述十五場公開處決。他沒有描寫死刑犯的反應，但他記錄了行刑者是在哪個時間點使用被火燒紅的鉗子，或在砧板上砍下犯人的手，或斬斷他的頭，把他切成肉塊，吊在城牆外的樹上。

一七三七年的巴黎，在許多年不曾有貴族被處斬之後，大批民眾聚集在一名貴族的處決現場，擠滿附近的街道及看得到死刑台的窗邊。劊子手行刑時，沒有人嚇得倒抽一口氣，沒有人哭，也沒有人移開視線，完全沒有。「所有人都鼓掌稱讚〔劊子手〕的高超技術。」一七五七年，在羅伯特—法蘭索瓦・達米安（Robert-François Damiens）的處決現場——那是眾所皆知、殘酷得無以復加的「世紀處決」——數以千計民眾湧向格列夫廣場

（Place de Grève）[9]一帶的街頭與建築物，爬上附近的屋頂，耐心等待數小時，看達米安被人用溶化的鉛和熱油折磨，然後用馬匹緩慢而笨拙地將他的身體肢解，最後再由劊子手砍成碎塊；但即使面對這般景象，也沒有人叫喊或哭泣。「巴黎人看起來像在湊熱鬧，他們的行為毫無奇特之處，甚至顯得滿不在乎。他們既沒有顯現仇恨，也沒有流露憐憫之情。」有一個人拿著筆記本越過圍欄湊近達米安，仔細寫下他在恐怖酷刑過程中所說的每一句話。

一八二〇年，卡托街（Cato Street）陰謀分子[10]被問吊、斬首時，在場十萬名倫敦民眾看到死刑台上血流成河、「彷彿屠宰場」的情景，不禁發出噓聲，現場一片叫罵和呻吟。一位名叫塞西爾·費恩（Cecil Fane）的觀眾跟一群人擠在現場上方的一處窗口，他忍不住別過頭，結果他的驚怕模樣引發身邊伙伴們的「強烈鄙視」。其中一名年輕女子「從頭到尾看得目不轉睛，而且還在犯人吊了幾秒鐘之後大叫：『還有兩個沒死！』」

各地民眾持續湧向處決現場湊熱鬧，但在十八世紀結束之際、法國導入斷頭台時，許多評論家已經開始對死刑台上的血腥展示感到極度不安。雖然他們之中幾乎沒有人質疑死刑本身，但他們質疑民眾的觀看欲望。直擊別人受苦，而且還顯得無動於衷，這樣的行為開始被批判為殘忍無情、違反人性。尤其女性被認為應該表現出憐憫的本能，因此男性對處決現場那些女性觀眾的麻木不仁開始表示震驚。

9　譯註：即現在的巴黎市政廳廣場（Place de l'Hôtel-de-Ville）。

10　譯註：一八二〇年，一群人在倫敦卡托街集會，密謀殺害全體英國內閣成員及首相利物浦（Liverpool）伯爵，史稱卡托街陰謀。

評論家們不只對死刑台上的情景感到驚駭，也對下方民眾嬉笑怒罵的行徑感到錯愕，儘管在許多情況下，他們的驚愕心情並未阻止他們自己為了「見證」同胞們的缺乏感情而跟著去湊熱鬧。大文豪查爾斯·狄更斯於一八四〇年赴庫瓦吉耶的處決現場看他被吊死，他發現觀眾沒有表現出任何「合乎那個場合的情緒……沒有悲傷、沒有健康的恐懼感、沒有厭惡、沒有嚴肅心情；唯一有的是下流猥褻、缺德放蕩、輕浮、罪態，用五十種方式炫耀他們的罪惡。」薩克雷當時也在場，他注意到群眾中有機械工人、紳士、扒手、國會議員、記者等等；雖然他對於「把我帶向那個殘酷場面的殘酷好奇心感到羞恥而卑賤」，但他還是加入了觀看的行列。有些觀眾在處決現場會受不了，但多數人都能夠不帶任何特別感情地看罪犯被處死。

我們會假定我們對殘酷死亡儀式的厭惡是源自人類的本能與天性，但事實並非如此。相反地，公開處決不但不會讓中世紀觀眾覺得特別驚駭，近代以降的十八、十九，甚至二十世紀的人也不會覺得那種場面特別嚇人。進入二十一世紀的我們對其他人的痛苦有一種透過強烈想像而形成的同理心，這使我們與過去的人有所區別，但就連這種心有戚戚焉的情懷也可能不堪一擊，縱使我們可能不願意承認。雖然包括狄更斯和薩克雷在內的一些人已經覺得奇觀性質的懲罰看起來像另一個時代遺留的野蠻遺產（這兩位作家在看到庫瓦吉耶被吊死以後，都發表文章譴責死刑），但真正開始讓有關當局感到困擾不安的，是觀眾的麻木不仁和受刑者所受的痛苦。

✠

設計斷頭台的目的是為了去除公開處決的奇觀性質，使它顯得較為人性而低調。法國的第一座斷頭台是由一名德國鋼琴製作師所建造，當時只有他願意以相當低的價格接受這麼嚇人的委製業務。這座斷頭台的設計概念是臨床般的效率，並在一七九二年初由一群醫師、政治人物及工程師在巴黎南郊的比塞特爾（Bicêtre）進行測試。一批活羊及死人陸續被放在刀鋒下砍頭，據以針對技術細節進行最後調整。在接下來幾年中，相關單位陸續又在設計上做了一些微調，進一步提升了這部機器的效率。木質滑軌以黃銅溝槽取代，比較不會卡住；後來又裝上小輪子，使溝槽不需要用肥皂潤滑。原本用來升降刀片的繩索滑輪組改成彈簧荷重的鋼夾，可以用槓桿釋放，這樣的操縱機制使刀片能夠在一秒鐘內往下墜落二又四分之一公尺。導入橡皮避震裝置可以防止刀片在墜落之後重新彈起，造成二度切割。然後是加裝一個大型鑲鋅籃，接收死者遺體，另外還裝上一個比較小的籃子或桶子，用來承接人頭，使它迅速隱沒於觀眾視線外，不至於在死刑台上滾動。最後還有一個很人道的設計是讓斷頭台可以安靜無聲地組裝，這樣一來死刑犯就不必在人生最後一夜聽到外頭工人的敲打聲。斬首工作逐漸變得更安靜、更俐落、更可靠。

此外，死亡不再是由人類的手直接操刀，取而代之的是機器施加的撞擊力。行刑者的角色因而改變，從惡魔般的刀劍手換成具有自制力而且相當一絲不苟的工程師。法國大革命的恐怖統治期間，到巴黎的訪客見到當時的行刑長夏勒—昂利・桑松（Charles-Henri Sanson）時，都會驚訝地發現他受過良好教育，也很有禮貌，而且還會說一口流利的英語。桑松不需要擁有強健的體魄，但他必須有良好的組織能力。斷頭台屬於行刑長，由他負責保管。行刑前夕，斷頭台必須在平坦地面細心搭設、精確調整，以確保執行程序快速無誤地進行。斷頭台的每一個部分都必須保持清潔，血跡必須清洗乾淨，刀片必須磨利；但在大刀砍下那一刻，行刑者卻跟其他所有人一樣，只是個旁觀者。法國的劊子手成為真正的專業作業經理，這個現象在進入二十世紀以後更為明顯：執行處決以前，一群身穿藍色工作服的工人會熟練地把斷頭台組裝起來。

政府也開始設法與斷頭台保持距離，並將它委婉地稱為「死亡器具」或「司法木具」。行刑者和他的斷頭台一起活在某種自主環境中，但兩者都沒有任何官方地位。國家會將死刑犯下包給劊子手，因此斷頭台彷彿一個自給自足的單位，有點像需要維修及定期加油的引擎。劊子手逐漸對斷頭台的行刑速度感到自豪。十九世紀期間，報紙會提供與斷頭台的初運轉、破紀錄性能及創新技術有關的細節，彷彿砍頭是一種運動。斷頭台問世初期就創下驚人紀錄。一七九三年十月三十一日，二十一名吉倫特派（Girondist）[11]成員在

11 譯註：吉倫特派（【法】La Gironde）是指一七九一至一七九五年間源自吉倫特（Gironde）省的一個政治派別，主要代表信奉自由主義的工商業資產階級。

三十八分鐘內被斬首；一八〇四年，二十六個死刑犯在二十七分鐘內魂斷刀下。

砍頭進入生產期。歷史學者羅納德・保羅森（Ronald Paulson）認為，很顯然「只要持續提供人體給它，這種機器就會繼續砍人頭，就像別針製造商會繼續製造別針。」從一七九三年六月底開始，為期十三個月的恐怖統治時期（Reign of Terror）[12]，數以萬計的人遭到殺害，斷頭台儼然宰制法國，據說以一分鐘砍一顆人頭的速度運轉。到了十九世紀初期，處決人數依然高得驚人：一八二五年達一百三十四人，一八二六年達一百五十人，一八二七年達一百零九人。一八一〇年起，包括殺人和搶劫在內，共有三十種不同罪行得以處死。一八二〇年期間，愈來愈多的政治犯罪也變成死罪。

穩定的死刑供應成為良好治理的證據，人民不但容許，甚至會這樣要求。法國的劊子手在許多個世紀期間一直遭受公眾謾罵，直到二十世紀初期，死刑在一段時間中被視為多餘，無助於社會的順利運作，他們才暫時翻了身。一九〇〇年代初期，當反對死刑的法國總統法利埃（Fallières）將所有死刑判決改成終身監禁，抗議人士走上巴黎街頭高呼「斷頭台萬歲！戴布雷萬歲！」劊子手安納托爾・戴布雷（Anatole Deibler）在許多年間一直是報章雜誌諷刺的對象，但忽然間他卻發現自己搖身一變為「驚恐的社會大眾的捍衛者」。由於社會上緊張氣氛瀰漫，有些認為處決地點可能不好找的民眾甚至願意提供私人廳堂供處決之用。法利埃就職三年後軟化了他的立場，於是斷頭台的刀片又被往上拉起，

12 譯註：恐怖統治（【法】la Terreur）也稱雅各賓（Jacobin）專政，從一七九三年夏天持續到一七九四年夏天，是法國大革命期間一段充滿暴力的時期。當時羅伯斯比（Robespierre）領導的激進共和主義雅各賓派統治法國，與較溫和的吉倫特派爭奪政權，成千上萬的人被控反革命，遭到處決。

大眾則重新開始厭惡劊子手。

對某些人而言，斷頭台看起來最前進的面向——速度、機械性的自足——很快就變成厭惡感的來源。恐怖統治期間，斷頭台似乎自成一股力量，它代表技術的勝利，不但令人印象深刻，而且帶有深層的威脅性。最初支持它進場的人以為它能使普通人的死亡更有尊嚴，但結果它卻使死刑犯失去個人性質，讓他們看起來都變得一樣。機器不懂得差別待遇。砍頭不再是罪犯透過死亡獲取榮譽的手段，相反地，它剝奪了死刑犯的個人色彩，將所有人化約為相同的基本生物組件——頭顱和身體。這個革命的動力室逐漸成為保守價值的表徵，砍頭則不過是維持現狀的諸多方法之一。

✠

偶爾會出現某個死刑犯鶴立雞群的情況。一七九四年六月十七日，在一場大量處決——超過五十名「陰謀分子」在二十八分鐘內遭斷頭，其中包括一名雜貨商人、一名音樂家、一名教師、一名檸檬水商販——之後，就連名滿天下的劊子手桑松也無法再忍受流血場面。在喪命的人之中，有一名十八歲的女孩妮可・布夏（Nicole Bouchard），看在桑松眼裡，這女孩纖細脆弱得「連老虎都會憐憫她」。桑松覺得無法承受，不得不離開斷頭台。那天晚上他在日記中寫道：

可怕的一天。斷頭台吞噬了五十四個人。我的力氣用盡了，我的心臟受不了了。那個晚上，我坐下來吃晚餐時，告訴我太太說我可以在餐巾上看到血跡……我不會宣稱擁有任何我所沒有的情感——我太常以太近的距離看到人類同胞的痛苦與死亡，心情已經不容易受到影響。假如我感受到的不是憐憫，那就一定是神經崩潰所造成；我生而應該服務正義，但現在的我卻懦弱地順從一個跟正義背道而馳的制度，或許上帝的手正在為此處罰我。

與此同時，一個賣報的人站在巴黎街頭叫著：「快報！快報！這裡有最神聖的斷頭台樂透中獎人一覽表。趕快來看啊！今天一共大約有六十人中獎。」

桑松知道他的位置是在一場無法停止的表演秀中央，而所有表演者都必須扮演好他們的角色。妮可的演出無懈可擊。當一名副手前來綁住她的纖細手腕，並問她：「這一切都是一場笑話，對吧？」她在淚光中微笑答道：「不，先生，這是真的。」

其他人面對死亡時不見得這麼泰然自若。一七九三年十二月，路易十五的情婦巴利夫人（Madame du Barry）被送往斷頭台時，完全無法控制她的恐懼。她在死刑台上奮力掙扎，懇求群眾救她的命。這是不合時宜的舉動。死刑犯被認為應該展現勇氣及克制，像妮可．布夏那樣。他們或許可以說個三言兩語，贏得觀眾的讚賞，但他們的態度必須體現一種無私的決心，願意「好好地死」：唯有這樣，他們才能證明他們的執著是公允正確的；唯有這樣，他們才有權利要求獲得不朽。死刑犯經常事先演練他們赴死的那一刻，並請其他犯人扮演劊子手及其助理的角色。當上校副官長博瓦古雍（Boisguyon）在刀下就位時，他告訴桑松：「今天是正式演出——你將非常驚訝我對自己的角色有多熟悉。」

巴利夫人不熟悉她的角色。她嚴重怯場，而當她開始尖叫，然後癱軟，劊子手也變得焦慮，群眾則開始有所回應。他們開始憐憫巴利夫人，並且開始猶疑是否應該不顧她的罪行，停止處決。畫家伊莉莎白・維傑—勒布杭（Elisabeth Vigée-Lebrun）在回憶錄中描述這個令她印象深刻的情景，並指出「比起讚賞之情，老百姓更容易受到憐憫的蠱惑」，因此她相信「假如這個可怕時代的犧牲者不是那麼驕傲，假如他們不是那麼勇敢地迎接死亡，恐怖統治可能早就已經結束。」被害者本身是否也已經屈服在斷頭台的魔力下？巴利夫人的遺言是「等一下，劊子手先生，再等一下下」；但表演終究必須繼續下去。

或許巴利夫人那種令人迷惑的恐懼，以及她無法繼續表演的事實，都在提醒那天的在場觀眾一件事：他們也在整個表演中扮演著自己的角色。或許他們開始感覺不自在，彷彿他們對她的痛苦必須負一部分責任。斷頭台把斬首轉變成一個不帶激情的程序，殘酷性質已經被盡可能最小化，但是，將戲劇性從死亡抽離是一個危險的理想。恐怖統治相當有效地證明，只有一種東西比被切斷的頭顱更恐怖，那就是覺得它很平凡的社會。人類歷史中的大部分時候，斬首的戲劇力量比政治倫理更要緊，而且即使到最後，就連斷頭台大刀落下，也無法緩解劇情張力。只有在劇情沒有按計畫進行、表演者忘了他們的台詞，或群眾行為失當的時刻，製作上的脆弱才會被暴露出來。國家處決是這些表演者全體之間的微妙合作。有些參與者施展的力量比別人多，有些則完全不具力量，但即使是一位死刑犯，他也有可能擾亂劇情。至於群眾，他們無法抗拒這部終極戲劇作品的恐怖，於是他們也甘願成為同謀，與其他參與者一起造就它的成功。

來到二十一世紀，攝影機為砍頭事件的自發性質畫下休止符。如同電視上的實境秀，「為電視製作」的砍頭影片提供一個經過剪輯的事件版本，使今天的劊子手能與他的影片製作人分享他的權力。故事的一部分被留在剪接室地板上。如果這樣做似乎是在對網路上所呈現的恐怖謀殺輕描淡寫，那麼這也是效果的一部分，因為現在，身為觀眾的我們無需實際**看到**某個人死去的情景，也能夠觀看那個場面。表演變得比從前更壯觀，而且現在要擾亂它的機率非常低，因為參與者從來不會聚集在同一個地方，也沒有人能弄清楚是誰在策劃這場表演。

二〇〇三年十月，臉書上有人分享一段視頻，呈現墨西哥一名身分不詳的女子被砍頭的情景，而且影片沒有警告內含血腥暴力。這段視頻引發強烈抗議，臉書一開始拒絕移除影片，因為臉書聲稱它的角色只是促進內容分享及人與人之間的連結，而不是針對人們的討論進行編輯。這個社群網站強調，使用者分享這段視頻是為了譴責它；假如他們是在讚揚這樣的影片，臉書的處理方式必然會不一樣。不過，當這個事件開始受到高度矚目，而且英國首相大衛．卡麥隆（David Cameron）明言表示臉書的決定「不負責任」，臉書終於將該影片移除，承認它有「頌揚暴力」的可能，並宣布以下政策：將針對分享暴力影像及視頻的使用者進行重新審視。

臉書不希望被視為不負責任的網站，但它也不想為使用者的行為負責。在這個案例中，臉書如果逃避它對那些在網路上分享視頻的人的責任，就等於是在逃避它對觀眾──特別是兒童──的責任，這些人在決定觀看影片以前，可能無法理解影片的性質。網路模糊、淡化了事件的責任歸屬，同時卻又讓使用者以前所未見的便利性參與事件。我們可以觀看別人的死亡而不受社會譴責，甚至沒有任何人會知道這件事。我們不禁要問：家庭成員、青少年、兒童、心理脆弱的人，他們是否受到適當保護，不會看到這種容易造成心靈創傷的影片？該如何保護他們？這些問題還沒有妥善的解決方式。對其他網路使用者而言，觀看這類視頻已經成為個人良知的問題。不過，或許情況一直都是如此，因為群眾的真正力量就在於我們每一個人都可以決定**不要**看。

第四章

畫框裡的頭顱

FRAMED HEADS

「英國青年畫家」（Young British Artists）運動[1]的創始成員之一——馬克・奎恩（Marc Quinn）以雕塑作品《自己》（*Self*）聞名。他用自己的九品脫冷凍血，鑄造出他自己的頭。《自己》是一個持續進行中的計畫：奎恩的第一個「血頭」雕塑創作於一九九一年，此後他每五年再製作一顆頭，藉此記錄他的老化過程。查爾斯・薩契（Charles Saatchi）買下這系列血製藝術家上身塑像中的第一個作品，第四個作品則已由英國國家肖像美術館（National Portrait Gallery）購置。

奎恩將《自己》形容成「終極肖像」。「對我來說，這個雕塑源自一種想要把肖像藝術推向極端的想法，讓這種藝術表現變得不只是具有模特兒的造形，而且真的是由模特兒的血肉所製成。」奎恩對人體表現方式的極限充滿迷戀與執著，這促使他後來用自己的糞便鑄造出他的頭，以及在他喜獲麟兒之際用胎盤鑄造出新生嬰孩的頭。當然，無論這些作品有多露骨，它們都還稱不上「終極肖像」——奎恩是否會將自己死後的身體奉獻給他的藝術任務，把他自己的頭顱放進冷凍玻璃櫃，讓世人觀賞呢？「是的，我有想過這件事，」他說：「關於哪些東西可能會有意思，目前我還沒有下任何結論，而且我也必須考量家人的想法。不過能夠用自己遺留的東西創作，那真的會是終極的作品。」

這確實令人驚愕，但奎恩的「終極肖像」概念其實是在玩弄一個悠久的死人雕塑傳統，其宗旨在於為創作對象賦與盡可能逼真的形象。活人肖像只能抓住時間中的某一個瞬

1 編註：簡稱為YBA，該運動起於一九八八年一群英國年輕藝術家的策展構想，此後他們精采、富有創造力的作品在全世界引起一股風潮，也成為前衛藝術和時尚的代名詞。

間，但死人肖像卻彷彿在聲稱，它具有那個人整個生命的某些根本要素。通常一幅肖像會記錄下藝術家和模特兒之間的某種關係，或至少是某個互動；但當「模特兒」是個死人，這種關係就不可能存在。創作對象的最後一幅肖像變得最逼近真實，正因為它超乎雙方關係的影響。做為一個完全未經模特兒中介的藝術表現，它顯然得以擺脫所有與藝術詮釋或坐立擺姿有關的限制因素。

奎恩的創作概念令人聯想到製作死亡面具的傳統。死亡面具在十九世紀非常盛行，它所頌揚的概念是，死亡的時刻可以揭示出創作對象最純粹的一面，因為他已經不再受到人生煩憂所擾。從美國總統林肯（Abraham Lincoln）到偵探小說作家希區考克（Alfred Hitchcock），從英國文豪威廉・渥茲華斯（William Wordsworth）到美國男星詹姆斯・狄恩（James Dean），無數作家、政治家、作曲家、演藝界名人都在死後數小時之間讓人在臉上澆上一層層石膏，藉此設法永遠為他們的容顏留下最精確的表情。死亡面具為當事人提供實體遺跡。雖然死亡面具宣稱具有未受藝術家影響的真確性，但它的製作過程卻包含相當程度的藝術手法。創作對象的臉孔必須先塗上一層油，然後才開始上石膏，每一層石膏的厚度只有幾公釐，塗布石膏時還要嵌入紗線，這樣一來，取下乾燥石膏時才不會損壞它所復刻的表情。

在創作對象死亡後，盡速展開死亡面具的製作工作是件非常重要的事，因為這樣才能在血液冷卻、五官僵硬之前，捕捉到最逼真的形象。這門藝術的一位大師喬治．柯爾布（George Kolbe）曾經抱怨：「經常有人告訴我死者生前有多麼美，而現在他卻變得那麼嚇人。」生與死之間的界線提供一個清晰澄澈的時刻，死者體內的那個人彷彿將是第一次、也是最後一次被誠實揭示出來。死亡面具曾經是一個深受歡迎的紀念形式，而且不只有社會菁英趨之若鶩，許多遭斷頭處決的罪犯的臉孔也會透過這種方式，用石膏永遠固定起來。每一副鑄造出來的作品，都為某個曾在處決當天被高舉示眾的人頭提供永恆的版本。

奎恩的「終極肖像」當然呼應了斷頭台——即歷史學者丹尼爾．阿拉斯所形容的「肖像機器」——本身的陰森作品。斷頭台製造即時呈現的「肖像」，這個肖像被高舉示眾，以資證明叛國者的身分，一個人就透過這樣的肖像被永遠「擷取」下來了。確實，法國劊子手的一名助理後來得到「攝影師」的稱號，因為他的工作是在受刑者死亡之前的最後幾秒鐘調整他的姿態。他必須抓住犯人的頭髮（假如犯人禿頭，那就抓他的耳朵），把他拉到刀片下方的定位，為了最後那幅肖像，所有細節都必須完美無瑕。

若說照片使時間停止，讓攝影對象轉化成一個可供擁有的物件，那麼斷頭台也等於拍下了一張照片，將它的對象永遠保持在靜止不動的姿態中。拜一個現代科學及工程技術上的小小奇蹟之賜，斷頭台以類似於照相機的原理，在一道閃光中產生駭人圖像。這個「創作成果」同時受到物理法則及人類藝術作為的管制，因為「攝影師」唯一需要做的事是按下按鈕，然後照片就會出現，跟光線落在透鏡上一樣肯定。

做為科學的機器，斷頭台和照相機都宣稱它們從事的是製造真實的專業：兩者都在標記時間的停頓，以及創作對象在同一瞬間為接受審視而被拋進的孤立處境。這種機器宣稱沒有自己的意見，只是在事件發生時進行記錄。斷頭台創作一系列斷頭肖像，讓行刑者高舉示眾，做為這樣一部機械設備，它負責產生叛國者的「證據」或「印製圖像」，每一位受刑者輪流讓斷頭台將他們從「人」轉化成某個「類型」——罪犯的類型。

十九世紀末期，攝影技術開始被用來製造關於人類體型結構的科學事實，而「大頭照」則是這項工作的核心。那個年代非常流行「人相學」，這門學問的立論是：一個人的臉部外觀與其性格的內在構成之間具有直接關連。在新型攝影科技與人相學的相互作用下，頭部照片成為有力的科學工具。僅僅倚賴應用物理學的法則，拍攝對象被孤立在特定的時空框架中，頭部照片因而似乎提供了關於真實的明確紀錄。於是，無以數計的罪犯、瘋子、窮人、外國人被擺在測量尺規和框格中，與照相機之間構成一段精準的距離，然後頭部的完整正面和側面照片就會產出，做為比較對照之用。「掌握真實」的假象為照相機後方那個人帶來權力，他積極地將他面對的個體轉變成某個種族及社會「類型」，剝除他們的人格，將他們化約成一個單一的定義型特徵——「一個典型的原住民」或「犯有以非暴力手段竊盜他人財物的罪名」——而這一切就好比斷頭台在忙著製造叛國者。

比較早期時，斷頭台為記錄型藝術家——主要是鐫版畫家——提供直接的創作靈感，他們抓住這個機會，用簡單線條將最近被斬下的頭顱畫成廉價圖畫，銷售圖利。事實證明這是個很好的商業策略，因為很少人能抗拒細看最近一名叛國者臉孔的欲望，即使是那些在處決當天前往現場觀看的民眾，絕大多數也難以真正窺見場子中間發生的事。**斷頭者圖像**很容易製作，而且藝術家可以聲稱自己沒有讓創作意圖介入其中。該圖像將實際

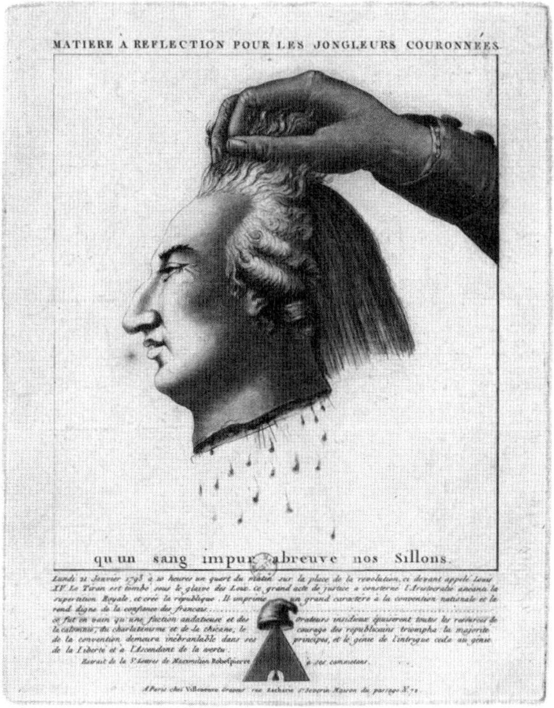

圖9　維勒納夫（Villeneuve）創作的一幅斷頭者圖像，版畫，「請冠冕堂皇的江湖郎中們引為殷鑑」，一七九三年。

場景化約到只剩下最基本的元素，畫面上沒有背景，沒有服裝或道具，死者遺體也沒有顯示出來。它把實際事件的戲劇性轉化成完成任務的宣告。

斷頭畫像沿襲一個約定成俗的規格：在每一幅作品中，劊子手的手都抓著死者頭髮舉起頭顱，剛被切斷的脖子下方則還在滴血。血這個創作細節是為了證明畫面呈現的是對一個死亡時刻的精準記錄。**斷頭者圖像**看起來彷彿是「寫生」——在創作對象被實際剝奪生命的那一個精確時刻加以臨摹。

斷頭台透過一個中立的機械技術，將受刑者的臉部表情固定下來，而版畫、石膏塑像、照片都只不過是在勉強模仿斷頭機器的作業成果。斷頭台上的死亡將所有曖昧與矛盾——無論是在證據、動機或評斷方面——從受刑者的人生故事中抽離，只留下唯一一個重要的性格特徵：這個人是因為犯下叛國罪而遭到處決。觀眾親眼目睹罪犯類型的建立。

「看啊，叛國者鑑！」

斷頭台在最重要的一個階段、在狂熱的觀眾眼前，煞住了時間；它製造出一幅「終極肖像」，材質是真正的人體組織和皮膚，並且排除了所有藝術詮釋面的限制因素。若說斷頭台是一部終極肖像製造機——一部顯然曾經吸引大批群眾的機器——我們是否可以把它的作品描述為「美麗」的呢？

馬克・奎恩探索醜陋與美麗之間的邊界，邀請我們從有機物質的角度欣賞人體的美，而不只是把這種美當做一種美學理想來看待。他被比喻為現代的卡拉瓦喬（Caravaggio）[2]，兩人都受到**臨終**人體的吸引。卡拉瓦喬喜歡把他那些即將失去頭顱的創作對象，永遠懸浮在那個介於生與死之間的痛苦時刻。在《聖約翰遭斬首》（*Beheading of St. John*）[3]這幅畫中，不幸的犯人脖子已經被斬，但尚未切斷，劊子手則伸手持刀準備完成任務，但當然，刀子永遠不會落下。與此同時，莎樂美（Salome）[4]的女僕捧著銀盤傾身向前，準備承接受難者的首級，但她不忍直視。也或許，儘管眼前出現血腥恐怖的景象，她依然受到驅使，不由自已地往事件核心靠近。

斬首經常被視為具有性愛性質的行為，縱使這個觀點顯得不合邏輯。《聖經》中友弟德（Judith）及莎樂美的故事都涉及斷頭予人的震顫之感，而這兩個故事的戲劇張力也不斷吸引歷代藝術家詮釋誘人舞蹈、殘酷處決、銀盤乘裝新斬頭顱等元素。在《新約聖經》中，希律王的繼女（也就是一般所指的莎樂美）在他的生日餐宴上跳舞悅眾，希律王歡喜之下，起誓應許她的任何要求。她向母親請示，母親告訴她要取施洗者約翰的頭，放在盤子裡。希律王感到猶疑，但還是應允了莎樂美的要求。於是曾經抨擊希律王娶莎樂美之母

2 譯註：卡拉瓦喬（一五七一至一六一〇年），文藝復興時期義大利畫家。

3 譯註：聖約翰即施洗者約翰，是基督教、伊斯蘭教中的一個重要人物。施洗者約翰為基督新教譯法，天主教稱「聖若翰洗者」，伊斯蘭教則稱「葉哈雅」。在基督教中，聖約翰在約旦河中為人施洗禮，包括他的表親耶穌在內，後來因為抨擊猶太王希律（Herod）而被捕入獄並遭到處決。

為妻的約翰便在獄中被斬首，頭顱放在托盤上帶給莎樂美。

友弟德的故事也以女人的危險誘惑力為核心要素，不過友弟德與莎樂美是不同類型的女人。莎樂美年輕而天真，友弟德則是經驗老到、精於算計的熟女。友弟德是個美麗而富有的猶太寡婦，她離開被亞述軍包圍的家鄉——以色列伯夙利亞城（Bethulia），計劃用美色誘惑敵軍統帥何樂弗尼（Holofernes），藉機顛覆敵軍。她允諾何樂弗尼說會把族人的機密洩漏給他，藉此贏得他的信任，然後在他酒醉沉睡時拔他的劍砍下他的頭，將其帶回給族人做為標誌。亞述軍發現統帥被殺，倉皇而逃，以色列因而獲得解救。[5]

莎樂美和友弟德的故事有一個共同的底蘊——某種親密感。這兩個女人在藝術作品的描繪中都與斷頭緊密相關，友弟德甚至親手斬斷一個人的頭。在劊子手的斧頭及斷頭台的刀片下，被切斷的頭顱必然是具有親密性的物體。經手頭顱、切斷男人頸項的女人在神話敘事中幾乎是出自必要而洋溢誘惑魅力。她們或許無法靠蠻力戰勝男人，但她們可以靠美色解除男人的武裝。

美麗女子與死亡男性頭顱之間的對比為藝術創作提供絕佳機會，友弟德及莎樂美因而能夠在整個文藝復興時期陸續出現在藝術作品中。米開朗基羅（Michelangelo）、卡拉瓦喬、多納泰羅（Donatello）[6]都以友弟德為創作素材，米開朗基羅把她塑造成優雅的女性，卡拉瓦喬將她描繪為血腥殘忍，多納泰羅則讓她展現勝利者姿態。斷頭的繪製有可能

4　譯註：莎樂美是《聖經》的人物、希律王妻子希羅底（Herodias）的女兒，但「莎樂美」這個名字在《聖經》中並沒有出現，而是源自一名猶太歷史學家的著作。根據《新約聖經》的記述，約翰曾對希律王說他娶希羅底不對，使兩人懷恨在心，後來希羅底藉機報復，導致約翰被殺。詳見以下本文。

5　譯註：這個故事記述於《舊約聖經．友弟德傳》。

6　譯註：多納泰羅（一三八六至一四六六年），文藝復興初期義大利佛羅倫斯的著名雕刻家。

帶來實務面的挑戰，因為受到致命傷害的模特兒極難碰到，因此藝術家通常必須退而求其次，以確實拿得到的死人頭顱為範本。卡拉瓦喬畫到一半時，發現他把何樂弗尼頭顱的角度畫錯了，因為他想畫的是被斬到一半的頭。經由現代X光測定顯示，他先畫了第一顆頭顱，然後重新放置範本，又再畫了一次，讓它呈現適度的鬆弛角度。

十九世紀末期，莎樂美的形象愈來愈富於強烈的性愛性質，以半裸、自滿、挑釁的妖媚姿態，握著她那駭人的戰利品，出現在歌舞廳、早期電影，以及古斯塔夫·克林姆（Gustave Klimt）[7]、法蘭茲·史圖克（Franz Stuck）[8]等畫家的作品中。第一次世界大戰前夕，莎樂美被視為狡猾多於聰慧、力量源自性魅力的女人。在那個年代的真實社會中，愈來愈多女性藉由追求教育、工作、平權，設法脫離她們的「合宜本性」，於是在許多藝術家眼中，莎樂美成為性愛怪獸，這個情形絕對不是巧合。莎樂美用銀盤捧著的戰利品——一顆男人的頭顱——象徵著男性面臨女性解放時可能會失去的一切。那顆頭顱代表男性的領導權、他們的權威，以及他們在智識與專業上的霸權。可是現在，女人卻把它捧在胸前，彷彿成為它的情婦，然後在近乎狂喜的復仇狀態中繼續展現曼妙舞姿。

《聖經》故事給了藝術家一個機會，設法靠想像砍掉某個人的頭。在十七世紀初期，義大利藝術家阿特米西雅·珍提列斯奇（Artemisia Gentileschi）參考卡拉瓦喬的作品，描繪出友弟德的形象，但在她的畫筆下，友弟德肌肉更發達，意志也更堅定。珍提列斯奇曾

7　編註：古斯塔夫·克林姆（一八六二至一九一八年），奧地利象徵主義畫家。
8　編註：法蘭茲·史圖克（一八六三至一九二八年），德國象徵主義畫家。

被她的指導老師——藝術家阿戈斯提諾．塔西（Agostino Tassi）強暴，因此有些藝術史學者認為她所畫的友弟德具有自傳性質：繪畫給了她機會報復強暴者，她在畫布上砍下對方的頭，藉此表達她的憤恨。確實，珍提列斯奇畫中的女人襲擊何樂弗尼時展現的肢體力量，使卡拉瓦喬描繪的場景幾乎顯得只是古怪滑稽。

執行虛構的斬首處決可以在幻想層面上提供的自由當然不僅止於此。假如砍頭可以是一個奇思異想，那麼何不切斷自己的頭呢？許多藝術家確實這麼做了。他們用畫筆描繪自己被斬斷的頭，在作畫過程中凝視自己的眼睛。盧卡斯．克拉納赫（Lucas Cranach）[9]、克里斯托凡諾．阿洛里（Cristofano Allori）[10]、卡拉瓦喬、艾德瓦．孟克（Edvard Munch）[11]、保羅．高更（Paul Gaugin）[12]都曾在他們的藝術作品中砍自己的頭。有些人把自己畫成何樂弗尼，有些是畫成施洗者約翰；卡拉瓦喬把自己描繪成滴著血的歌利亞（Goliath）頭顱，由青年大衛（David）以幾乎懊悔的態度高舉在手中。比較常見的情形是男性藝術家把自己描繪成妖媚女人的犧牲品。阿洛里把他的情婦畫成友弟德，他自己的頭則是何樂弗尼；孟克把自己描繪成倒在血泊中的施洗者約翰，莎樂美則化約為幾束髮捲，性別不明。這些都很難解讀為對男女激情所下的快樂註腳。法國超現實作家喬治．巴塔耶（George Bataille）主張藝術「誕生於一個無法癒合的創傷」，意指殘害是藝術作為的先決條件。同時，藝術也使永恆的創傷成為可能。斬首的意象為藝術家開啟一個空間，在那裡跟自己的

9 編註：盧卡斯．克拉納赫（一四七二至一五五三年），文藝復興時期德國畫家。

10 編註：克里斯托凡諾．阿洛里（一五七七至一六二一年），義大利佛羅倫斯肖像畫畫家。

11 編註：艾德瓦．孟克（一八六三至一九四四年），挪威表現主義畫家。

12 編註：保羅．高更（一八四八至一九〇三年），法國印象主義畫家。

心魔角力、冥思自己的必死命運。

✠

西奧多．傑利柯（Théodore Géricault）創作了一些藝術史上最撼人的斷頭畫作。他的油畫《斷頭》（*Têtes coupées*，斯德哥爾摩瑞典國立博物館典藏）及《斷頭處決男的頭顱》（*Head of a Guillotined Man*，芝加哥藝術博物館典藏）都是殘酷得毫無保留的作品。頭顱擺在血跡斑斑的白布上，其中一顆嘴巴開啟、雙眼睜大，彷彿對自己的死亡感到震驚。在這些細膩程度驚人的作品中，傑利柯傳達出一種對精確性已經到執迷不悟的迷戀。

圖10 《斷頭》，西奧多．傑利柯，一八一八年。

傑利柯是在一八一八年末或一八一九年初創作這些畫，當時他的年紀是二十七歲。同一時期他正在畫《梅杜薩之筏》（*The Raft of Medusa*），那是一幅規格將近五公尺乘以七公尺的油畫，他為此特地在巴黎胡勒郊區（Faubourg du Roule）[13]租下一間安靜的大工作室，在那裡閉門造車。《梅杜薩之筏》描繪的是一八一六年七月法國海軍艦艇「梅杜薩號」遇難後，一群倖存者在木筏上漂流的情景。他們在大西洋海面一共漂流了十二天，一百四十七名遇難船員中只有十五人存活，其中五人在獲救後數個月間陸續死亡。梅杜薩號的故事是一個關於飢餓、脫水、食人、瘋狂的可怕傳奇，在一八一六年末被報導出來以後震驚法國社會。隨後在整個一八一七年間，船長在失職及棄船的罪名下接受軍法審判，吸引輿論的密切注意。

梅杜薩號海難事件給了年輕的傑利柯一個大顯身手的好機會，奠定他做為藝術家的名聲。那是一個當代發生的新聞事件，充滿身體與情感上的戲劇張力，緊緊抓住民眾的想像，並成為他為巴黎美術沙龍創作大型繪畫的素材。傑利柯開始準備繪製一幅巨大的油畫，而由於他是個絕對理想主義者，他仔細研究了故事的所有面向。他致力收集書籍和剪報；他拜訪海難倖存者，並與他們結為朋友，其中包括設計救生筏的木匠，這名木匠特別為傑利柯按比例製作了一個模型；他也設法研究死亡在人體上產生的效應。事實上，傑利柯等於是將他的工作室變成了停屍間，他從附近醫院收集到一些屍塊，並研究它們的腐爛

13 譯註：位於現在的巴黎第八區，凱旋門以東一帶。

過程，到後來連他最親近的朋友幾乎都不敢踏進他的工作室一步。

傑利柯的工作室位於波戎（Beaujon）醫院附近。在這裡，他可以研究垂死病人的身體退化情況，以及死亡者的身體。他跟護士及醫學院學生達成協議，讓他可以參觀醫院解剖室，並將截斷的身體部位帶回工作室。據推測他應該是把那些腿和頭顱偷渡出醫院，因為在當時，掘墓和解剖只在醫學專業範圍內被允許。膽子小的人難以承受這類活動。一名醫學院學生記得他第一次進波戎醫院解剖室的情景：

……這座人肉屋，散落各處的肢體，面目猙獰的頭顱，半開的頭蓋骨，令人作嘔的臭氣，腳下踩的血泊……無不把我嚇得跳窗逃出講堂，我用最快的速度逃走，喘氣跑回住處，彷彿死亡及它的恐怖儀隊緊追在後。

這就是傑利柯研究受創屍體結構並據以繪成素描的地方。他也會到巴黎的殯儀館參觀，在那裡，無人認領的屍體會被放在大理石板上供人觀看。

現在聽起來很不可思議，但在十九世紀的巴黎，殯儀館是最受民眾歡迎的公共景點之一，它甚至出現在湯瑪斯．庫克旅行社（Thomas Cook tour）[14]的市區觀光行程中，每年有一百萬人到那裡參觀。一家報紙宣稱：「在巴黎，無論是本地人或外地人，我們很難找

14 譯註：湯瑪斯．庫克是十九世紀英國人，原本是櫥櫃製作工匠。他在一八四一年成立湯瑪斯．庫克旅行社，是當今旅遊業鉅子湯瑪斯．庫克集團（Thomas Cook Group）的前身。

到有誰不曾到那裡朝聖。」殯儀館內裡有一間空間寬敞、燈光明亮的「展示廳」，訪客可以在那裡隔著大型玻璃窗看到裸裎的屍體（只在私處蓋了一塊布），而每當其中一具屍體引起媒體注意——例如漂在河上被找到的小孩——數以千計民眾就會親自去看。因此，傑利柯對死人的好奇本身並不算不尋常，儘管他的專注探究確實使他與眾不同。

在數個月期間，傑利柯把全副心力灌注在這個題材上，不斷嗅聞、觸摸、感受身體創傷及腐化作用的真實面貌。他詳細研究木筏漂流故事的所有細節，並且跟他要畫的人物一樣與死亡共處。他把頭髮剃光，與社會隔絕，只讓一小群親近友人到工作室拜訪他，並設法請人帶食物到那裡給他。在那段自我隔離的時間中，他創作出他的斷頭系列畫作。

過去這些畫作曾被認為是《梅杜薩之筏》的預備習作，雖然並沒有任何頭顱被納入這幅巨作的最終構圖，而且這幅畫中的所有人物，包括屍體在內，都是依據活人模特兒畫出來的。與其說是預備習作，傑利柯的斷頭作品似乎應該是他為了探索斬首在情感及身體面引發的後果而做的私人練習，因為它們從來不曾公開展示。這些作品與他在人類苦難及其極限方面的深層思索有關，同時也顯示他決心實際體驗他即將描繪的一切。

傑利柯的頭顱繪畫跟他的斷肢練習作品一樣，都受到許多藝術史學者的關注，不過這些畫拋出的問題多過它們提供的答案。不同於他為《梅杜薩之筏》所做的其他練習畫，這些畫作都是完整實現、經過仔細構圖的藝術作品，但它們也充滿矛盾與曖昧。這些寫實得令人心驚的畫作一部分是想像的作品，因為至少有一幅所謂斷頭畫其實是按照一名活人模特兒畫成的，而且就連那幅真正依據斷頭（那顆頭源自一名在比塞特爾被斬首的小偷）畫成的作品也含有一些額外的細節，例如鮮血，這些元素一定都是他自己加的，因為頭顱的血在傑利柯作畫前一定早就流光了。這一切都表示，儘管這些畫寫實得不可思議，而且誕生自創作者對解剖室的著迷，但它們絕對遠遠不只是人體解剖結構方面的練習。這些畫作也代表某種冥想，巧妙詮釋斷頭台在法國社會中的黯黑存在。或許傑利柯用畫筆為模特兒斷頭的舉動是一種嘗試，他希望藉此全面明瞭那把「國家剃刀」的恐怖。

傑利柯在畫頭顱時赤裸裸地呈現血淋淋的頸幹，甚至將它往前推向觀者，使觀者無處可躲。他的細節刻畫清楚得幾乎無法原諒，但他也非常注重斬首死亡造成的情緒效應，因為他似乎畫出處決程序的不同時刻：以《斷頭》為例，他畫的一顆頭顱表現斬首引發的焦慮，另一顆女性頭顱則顯示殘酷處刑結束之後那宛如睡眠般安詳的死亡圖像。傑利柯想表達的訊息是曖昧的：他是在譴責斷頭台的恐怖，還是陶醉在那種恐怖之中？

我們幾乎可以確定傑利柯反對死刑。他的好幾個朋友和客戶是自由派政治組織基督道德會（Société de la Morale Chrétienne）的成員，該組織致力推動廢除死刑，而且藝術史學者認為傑利柯很可能也支持這項運動，不過他的畫作本身政治色彩並不濃。例如我們可以看看十五年後賈克—雷蒙．布拉斯卡薩（Jacques-Raymont Brascassat）描繪的人物——即將成為刺客的吉烏賽普・費耶斯奇（Guiseppe Fieschi），跟傑利柯的作品相比，這幅畫的政治意涵就非常明顯。

費耶斯奇在一八三六年被送上斷頭台，因為他參與一場暗殺法國國王路易腓力（Louis-Philippe）[15]的陰謀。布拉斯卡薩把費耶斯奇被斬斷的頭畫成一幅肖像，他畫的頭豎立在布料上，雖然上面有血跡，但被切斷的脖子掩藏在布料底下，幾乎完全看不見。頭顱沐浴在來自上方的光源中，表情雖然顯現挫敗，但也充滿尊嚴。他看起來幾乎算是安詳。布拉斯卡薩也畫出斷頭台，位於費耶斯奇頭顱後方的陰影中。一排血紅色題字呈獻給這位被處決的激進人士，與賈克—路易・大衛（Jacques-Louis David）[16]獻給馬拉（Marat）[17]的題詞有異曲同工之妙，並將費耶斯奇定位為政府壓制下的烈士。簡言之，布拉斯卡薩將他畫筆下的斷頭做了整理，並設法向觀者保證，在他選擇的駭人題材背後，有一個深具意義的政治理念。傑利柯沒有為他的觀眾提出這樣的保證。他畫的人物都是無名氏，而且都不知何故遭到凶狠摧殘。

傑利柯不對他作品中的恐怖做解釋，而是彷彿在那種恐怖中流連。他的繪畫都經過仔細布局，並以戲劇化的燈光襯托。男性及女性的頭顱從黑暗的房間中冒出來，並排斜倚在墊布上，令人聯想到死亡的囍床。在其他畫作中，彷彿沒有關節的手臂和腿在溫暖的光線中優雅交織，暗示著具有性愛意味的擁抱。傑利柯打斷我們的期待，因為我們的震驚而歡

15 編註：路易腓力（一七七三至一八五〇年）在法國七月革命（一八三〇年）後即位，在左右翼黨派間採行中間路線，後因施政不當引發二月革命（一八四八年），被迫退位。
16 譯註：賈克—路易・大衛（一七四八至一八二五年），法國新古典主義重要畫家。
17 譯註：尚—保羅・馬拉（Jean-Paul Marat，一七四三至一七九三年），法國醫生、政論家、科學家。法國大革命爆發後，馬拉成為激進的政治家及記者，當選國民公會代表，並參與起義推翻吉倫特派統治，建立雅各賓專政，不久後在自家浴缸中被一名吉倫特派的女刺客刺殺身亡。

喜。他的畫作比較恣縱，在這點上反映了那個時代的氛圍。傑利柯不是唯一受生死的黯黑事實所吸引的藝術家。在十九世紀初期的法國，恐怖是很大一門生意。廉價的恐怖小說成為暢銷書，陰森的劇場表演吸引爆滿的觀眾。蠟像博物館中的「恐怖展覽室」，以及以骨骸或屍體起死回生的意象為號召的魔幻燈籠秀，無不吸引大批群眾，更不用說那些展示於市立殯儀館的「真品」，或經常在運作的斷頭台，這些都能創造大批觀眾。傑利柯的斷頭及殘肢畫作與這種對恐怖的迷戀有關，不過他的作品也會將這種迷戀拋進人類生死的嚴酷現實中，藉此加以嘲弄。

儘管有種種政治意涵、醫學影響、情感牽扯，儘管傑利柯的這個創作主題無可避免地存在於當時的法國社會文化中，而且受到歡迎，但無庸置疑，最令傑利柯陶醉的因素是苦難所蘊含的美學。他會成為一位浪漫主義運動的英雄人物絕對不是偶然。他畫罪犯、瘋子、病患、窮人和死人。他在別人不忍卒睹或瞠目結舌的地方看到了美。他的一位朋友西奧多・勒布杭（Théodore Lebrun）記得自己在傑利柯創作《梅杜薩之筏》那段時間見到過他。當時勒布杭患有黃疸，這個疾病把他整得可說是不成人形，驚恐的民眾在街上看到他甚至會趕忙把門關上，但傑利柯卻告訴勒布杭：「你好美啊！」並請他擺姿讓他畫一幅肖像。勒布杭發現他「在這個到處尋找死亡色彩的畫家眼中顯得很美」。

傑利柯認為傷殘之美比古典美感更真實、更有意義、更具張力，儘管現在我們看得出他的作品可以冠冕堂皇地在古典傳統中占據一席之地。在《梅杜薩之筏》這幅畫裡，我們看到身強體健、肌肉線條栩栩如生的勇士奮力解救一群消瘦悲慘、在瘋狂與死亡邊緣掙扎的落難者。這些使《梅杜薩之筏》廣受好評的英雄人物，正凸顯出傑利柯在古典美學上的造詣。當時很少有人探討傑利柯作品的傳統性格，無論是喜愛他的藝術或討厭他的藝術，幾乎所有人都把他視為革命派創作者。以古典學派守護者自居的尚—奧古斯特．多明尼克．安格爾（Jean Auguste Dominique Ingres）[18]認為《梅杜薩之筏》令人驚駭。「我不想跟《梅杜薩之筏》或任何其他那些跟解剖房有關的圖畫沾上邊，那些畫把人畫成屍體，一味展現醜陋、可怖。不！我不要那些東西！藝術無論如何都必須是美，必須只教給我們美。」相形之下，傑利柯的朋友及精神傳人歐仁．德拉克魯瓦（Eugène Delacroix）[19]看了幾幅他的人體解剖練習畫作之後，就畢生無法忘懷；在他眼中，那些畫「超凡絕頂」，無疑「應該被理解為『美』的最佳論據」。

✠

傑利柯畫斷頭的故事很容易成為被人誇大渲染的題材。先前我自己就已經把他在一八一九年租的畫室描述成停屍間，在我之前，無數其他作家也曾這麼比喻。但今天碩果僅存的這類畫作描繪的只有一顆斷頭（他畫了好幾次）、兩根截斷的手臂及一條腿。原本想必

18 編註：尚—奧古斯特．多明尼克．安格爾（一七八〇至一八六七年），法國新古典主義畫派領導人。

19 編註：歐仁．德拉克魯瓦（一七九八至一八六三年），法國浪漫主義畫家，他和尚—奧古斯特．多明尼克．安格爾間的辯論曾撼動整個法國畫壇。

有更多。一八二四年他的畫室出售時，有一本目錄列出一組包含十幅畫的「人體各部位」習作，這可能代表有其他一些他以肢解過的人體為題材的習作已經散逸。現存的幾張剝皮屍體素描畫看起來可能是在解剖室完成的。傑利柯的第一位傳記撰寫者夏勒·克雷芒（Charles Clément）——他也是最常被引述的一位——提到他的畫室中有「為數眾多的屍體」、一顆他保存了十五天的斷頭，以及他的朋友們嚇得不敢去看他的事。然而，在當時的巴黎，死亡卻是生活的一部分。那是一個充滿汙穢與疾病的城市，許多居民因為戰爭或貧窮而身體傷殘。在那座城市裡，每星期都有殘酷的斷頭處決在喧鬧的群眾眼前公開執行，死人屍體也很容易找到。

此外，不只有傑利柯試圖與死人建立更親近的關係，在他工作室的燭光下，亞歷山大·柯蘭（Alexandre Colin）、夏勒—艾米爾·尚瑪丹（Charles-Emile Champmartin）這兩位年輕藝術家多次在旁一起描繪斷肢。尚瑪丹在那段期間自己也畫了一幅斷頭——《死亡之後》（*After Death*），直到不久以前，這幅作品都被歸為傑利柯的創作。在他們那群畫家中，有一位奧古斯特·哈菲（Auguste Raffet）據說從一家軍醫院拿到一名年輕士兵的頭，然後花了好幾天「從每個角度畫它……時而插在木樁上，時而擺在托盤中。」這些人都為藝術創作而蒐羅死人屍體。斷頭台不斷運作，對生活在那種環境下的人而言，斷頭令人厭惡的程度或許顯得比今天低，就算只是略低一些。

歷史學者經常像我一樣，在解釋傑利柯的畫作時讓人覺得彷彿它們的創作者需要獲得「平反」，彷彿我們需要向自己證明，傑利柯雖然執意畫死人的屍塊，但他本人非但不是個敗德者，而且與此相反，是個勇敢而不尋常的藝術大師。今天，死人的遺體通常被掩飾在大眾目光之外，但藝術家依然比一般人更有可能想跟死人混在一起。況且，傑利柯當年只是在私底下畫那些人體解剖習作，而奎恩之流的當代藝術家卻完全是因為他們的「驚駭藝術」（shock art）而名滿天下。

一九八一年，在英國里茲的一個太平間裡，達米恩．赫斯特（Damien Hirst）在一顆被切斷的頭顱旁邊擺姿讓人拍照。那時他只有十六歲。那是一名禿頂男子的頭顱，他的身分至今依然沒有人知道；頭顱置於金屬桌上，赫斯特彎身湊近它，臉頰與它非常接近，幾乎可說跟死人摩頭擦臉，就這樣被拍進畫面。面對鏡頭的赫斯特笑容滿面、洋洋得意，但後來他回憶起來時，覺得他的愉快中也夾帶著恐懼。那是一種叛逆青春的震顫心情：

> 那是我和一個死人的頭。被切斷的頭。在一個太平間。人的頭。我十六歲……如果你仔細看我的表情，其實我是在說：「快啦快啦，趕快拍。」那是一種擔憂。我想要秀給朋友看，但我沒辦法把所有朋友帶過去，帶進那個里茲的太平間。我簡直嚇壞了。我是在笑，可是我很怕他會忽然張開眼睛，然後「嚇！」的一聲。

即使還只是個少年，赫斯特已經能夠以高超技巧發揮他那種令人驚駭的力量。當時他想讓他的朋友們刮目相看；十年後，他把這張照片印在鋁板上，以《與死人頭顱同在》（*With Dead Head*）為標題，進行限量發行，這時的他已經透過最初幾次個展，為自己在當代藝術界奠定名聲。他天生具有一種本能，知道怎麼製造衝擊。

在這張照片中，我們看到赫斯特厚臉皮地開了個粗鄙玩笑，而這也讓我們不禁質疑自己的假定。就像傑利柯，赫斯特也操弄了觀者的嫌惡之情：我們一方面反感，一方面卻不由自主地受到吸引。《與死人頭顱同在》代表著充斥在赫斯特整個創作生涯中的許多主題：生與死之間的模糊邊界；解剖、腐化、保存等過程；厭惡與恐懼的極限；醫學

圖11　《與死人頭顱同在》，達米恩．赫斯特，一九九一年。

及科學介入所引發的社會效應；自我放縱、幽默和爭議能夠感動我們的力量。

考古學者莎拉・塔洛（Sarah Tarlow）形容這幅圖像是一種「權力的濫用」，它「違反了那些經常處理死人屍體的人的所有專業標準」。儘管赫斯特的題材是個無名氏，但他的樣貌清晰可辨，而且從來不曾允許赫斯特創作這個「麻木不仁而且充滿剝削性」的作品。

那天赫斯特到太平間是為了畫人體解剖結構，他正在透過繪畫學習生命與死亡。

我年紀很輕的時候就想知道死亡是什麼東西，我到太平間去，看到那些屍體，我覺得很噁心，我心想自己也會死，感覺真可怕。然後我一而再、再而三地回到那裡，我開始畫它們……那種感覺就像我在抱著它們……而它們只是一些死屍。死亡被移到稍稍比較遠的地方去了……死亡的概念其實……當你真的面對著那種東西——那種種影像——它就被移到別的地方去了。

赫斯特在適應死人。他帶著青春少年的豪勇做這件事，而那種豪勇持續感染他的創作：「那些人並不在那裡，那裡只有這些**物體**，看起來馬的像透了真人。所有人都把手放進對方口袋，胡鬧一場，對著人頭『嘩！』一陣……但它真的**不在那裡**，又被推移到不知哪兒去了。」赫斯特是否已經完全成功地物化死人，以至於他根本不再需要把他／它們看成人？或者，他那些失敬的玩笑只是一種企圖，用來掩藏自己在情感上的脆弱？他說他很怕斷頭會恢復生命，這彷彿又像在證實，那終究不只是一個物體或玩物。

做為一個藝術作品，《與死人頭顱同在》可以被詮釋為一種征服的意象，但做為一張照片，它也記錄著一個少年愛耍酷的時刻——畫面上那個十六歲男孩明目張膽地在追求一件他認為非常光榮的事。赫斯特到太平間學習如何畫畫。既然他一而再、再而三地回到那裡畫死人，想必在他的創作工作中，一定也有一些比較安靜的時刻讓他冥想。臨摹死人屍體必然是一場複雜的情感之旅。

藝術家蘿拉．佛格森（Laura Ferguson）進駐紐約大學醫學系創作，並在那裡開設繪畫課，供學生及教職員參加。談到繪畫工作時，她說：「必然有很多事情會發生——那是極為深刻的經驗。一個人在畫畫時，他必然是在表現自我，無論他是否喜歡如此。有某種東西會從你身上跑出來，特別是當你在描繪一具屍體或屍體的某個部分。在某個層面上，你必然是在處理情感。」其他一些藝術家在談論畫死人屍體的經驗時，也提到那不只是一種觀看的方式，也是一種認識的方式。繪畫是一種與死者同在的方式。它必須包含一種凝視的強度，以及藝術家在很長一段時間中必須保持聚精會神。赫斯特的照片在幾秒鐘時間內就產出，但想必他創作繪畫時必須花比較多時間，而且必須以不同方式集中心智。「我們花很多時間跟我們在畫的物體或東西達到交感，」佛格森表示：「到後來我們會用一種更深層的方式認識它，那是在解剖它或在書裡看到它時無法達到的境界。」

進駐加州大學聖地牙哥分校醫學院進行創作的喬伊絲·卡特勒─蕭（Joyce Cutler-Shaw）將畫死人的工作描述為「透過移情作用，用眼睛與創作對象達成的擁抱，它在瞬間就透過手部轉碼出來。」那是一個冥思的過程。她還指出，當年傑利柯致力克服的技術性挑戰，在今天仍持續困擾著以死屍為創作題材的藝術家──例如死亡和睡眠該怎麼區分。卡特勒─蕭談到人死之後身體的重量和浮力之間的差別，她也說死亡跟生命一樣，是一個隨著時間改變的過程，屍體會變得僵硬，然後開始分解腐爛，不然就是做防腐處理，供後續醫學研究之用。當藝術家進入解剖室創作，這類技術性問題都會縈繞在腦海中。

✠

赫斯特的《與死人頭顱同在》呈現出一幅恐怖的肖像，肖像主體是真實的──也是死去的──血肉，而當他做出這件事，當他將一具屍體的頭顱暴露出來，他也嘲弄了太平間及解剖室最普遍的原則之一。在醫學實驗室中，屍體的頭部通常會用好幾層紗布包起來，身體部分相形之下則成為密切端詳和探索的焦點──彷彿把平常的肖像主從顛倒。在解剖室中工作的學生經常假定包裹頭顱的紗布是用來保護他們的感受和屍體的尊嚴，因為如果從頭到尾都不會看到那張臉，拿刀切割人類遺體也許會比較簡單。但是，把人頭包裹起來的做法也有一些重要的實際考量。學生會花許多個月解剖同一具屍體，但頭部和頸部的皮肉非常細緻，很快就會變乾，容易損壞。包覆材料可以保護頭部，不過，在這麼做的同時——無論這個做法是不是刻意的——屍體的身分也被掩藏了起來，這有助於把一個「死去的人」轉化成適合做科學研究的「標本」。如果人頭是寶貴的，那麼這就強調出謹嚴低調的作為在這種不帶感情的環境中有多麼必要。

藝術一直存在於解剖室中，今天的醫學藝術家跟攝影師、放射線技師、電腦科學家一起工作，設法呈現從外科程序到病理學標本之間的所有細節。在比較早期的年代，繪畫是人體解剖工作中不可或缺的一環，因為解剖師發現的結構非常複雜，只有透過繪畫才能加以記錄及傳播。「繪畫科學」與「解剖藝術」之間的分野向來非常難以界定。一個非常著名的例子是雷奧納多・達文西（Leonardo da Vinci），他小心翼翼地從好幾具屍體取下「非常細小的肉塊」，藉此讓自己熟悉人體形態。達文西在描述他這個工作時承認，其他藝術家可能會因為覺得噁心而不願涉足這種事，或者會害怕「在半夜跟一些被肢解、剝皮，看起來非常嚇人的屍體共處」，要不然就是缺乏技術或耐心。用解剖學方式畫死人的身體是非常勞神費勁的工作，而達文西的見解在今天依然跟他所處的十六世紀時一樣合乎實際。藝術家首先必須穩定自己的情緒，然後他還得動員他的所有能力，並且聚精會神。

醫學藝術家是依據特定規格創作，為了某個實際目的挑選、釐清醫學資訊，但過去二十年來，醫學院教職員工間也出現愈來愈多優秀藝術家。講師們發現藝術課程不只讓學生的觀察技巧更敏銳，也能平撫人體解剖造成的情緒負擔。驚奇與嫌惡的感覺不斷流動起伏，這是研究「大體解剖」（gross anatomy）時產生的雙重反應。學生學習如何在訓練過程中掌握並控制這些情緒，醫學系也開始鼓勵學生以創意方式——比如上寫作課或繪畫課——表達情感，藉此幫助他們管理情緒。

人體某些部位對學生而言特別具有挑戰性，因為這些部位很難物化。屍體的手部、生殖器和頭部是經常被舉出的例子，因為它們不容易解剖。一名學生寫道：「頭部、臉部和頸部太有**人性**了。」解剖人頭使我們必須直視我們的工作性質，因為無論書本上寫了什麼理論、醫院裡立了多少規則、屍體上包了多少布料，我們正在切割的死人畢竟在不久前還是個會微笑、會思考、活生生的人。一項針對一所醫學院的創意計畫所做的研究顯示，學生的繪畫作品經常省略屍體的手部和臉部。一名學生在創意寫作課中描寫他是如何過濾醫學知識，同時刻意「忽略手部和臉孔」。另一名學生曾經以一位還在世的癌症患者為題材作畫，她寫道：「我把她的臉畫得好像消失在一張張揉皺的診療報告中，彷彿這樣我就可以把她看成一個你必須用目光穿透的科學物體。」她把那個臉孔描繪成某種缺席的存在，而把它覆蓋住的做法等於是默認了它的力量。

另一些學生決定在藝術課堂上畫出解剖過的人頭和頭骨。蘿拉・佛格森的一位學生麥可・馬洛尼（Michael Malone）畫了一顆被剖成兩半的頭，作品標題是《遺棄》（*Abandon*），這個作品後來被刊登在紐約大學刊物《廣場》（*Agora*）。死人的頭顱被剝皮、切開並置於長椅上時，可以成為令人難以抗拒的藝術題材，跟它還活生生時一樣。繪畫也促使學生學著將他們的病人思考為具有生命史的人。一名學生表示：「我變得比較習慣把病人看成各有各的生活的獨立個體。」另一名學生則表示他「體會到我們可以把病人的情感和自己的情感畫進同一幅畫」。學生可能會把切斷的頭顱畫出來，也可能完全省略創作對象的頭部，但無論他們用哪種方式表現，藝術都為死人賦與了一個空間，使我們能從一堆森冷的人體解剖標本中感受到他們的「在場」。

不過話雖如此，解剖室首先還是一個工作地點，因此還是有一些實際面向的考量。當某個藝術課的學生決定畫一顆斷頭，那可能只是因為那個星期剛好有一顆斷頭可畫。當一個經驗老到的死人觀察者看到解剖頭顱，他可能不會有任何評論。有一次我針對喬伊絲・卡特勒—蕭畫的解剖頭顱提問，她只是這麼回答：「它們是加州大學聖地牙哥分校解剖教學課程收藏的解剖模型，是從真人身上切下來保存的。它們跟原來的身體之間沒有關連。我是在人體解剖實驗室裡發現這些東西的，我覺得非常好奇，於是產生強烈衝動想把它們畫下來。」卡特勒—蕭這番話說明了解剖室那種夾帶務實與驚奇的特質。對門外漢而言，一系列「跟原來的身體之間沒有關連」的人類頭顱可以在實驗室中被「發現」，這個事實

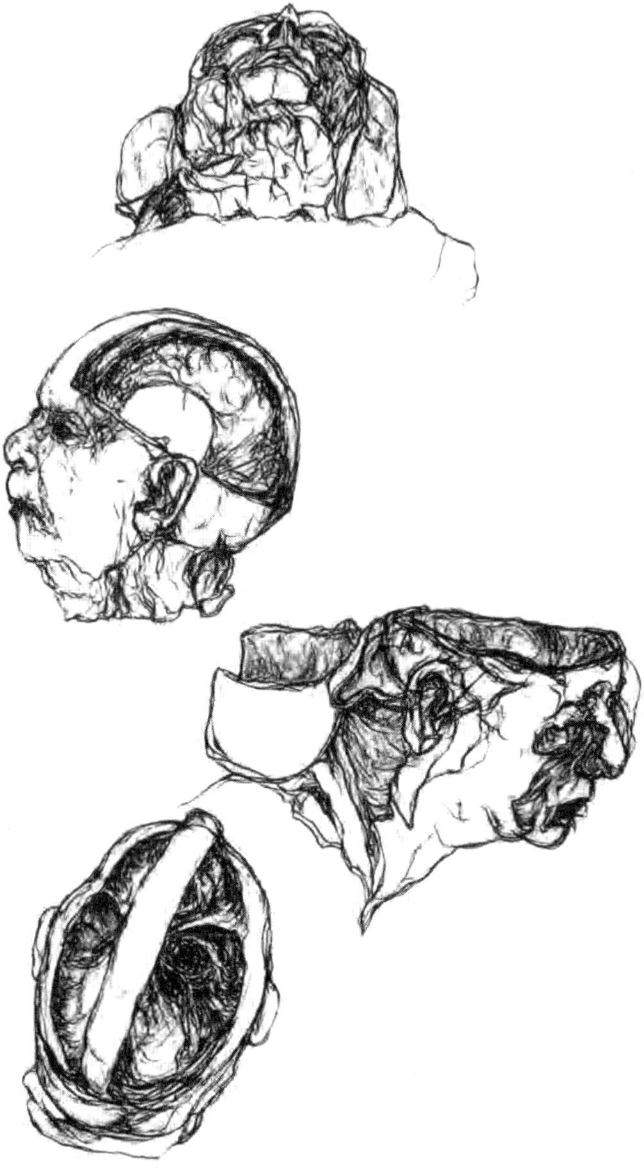

圖12　解剖頭顱，繪圖，解剖教學教材，喬伊絲．卡特勒—蕭製作，美國加州大學聖地牙哥分校，一九九二年。

跟那些頭顱本身一樣令人匪夷所思。

✠

藝術家處理剛切斷不久的人頭這種題材時，有時會碰到一些極為不可思議的事，兩百多年前的瑪莉．格羅霍茲（Marie Grosholtz）——即後來世人所稱的杜莎夫人（Madame Tussaud）——就是一個例子。杜莎夫人三十多歲時生活在巴黎，當時正值法國大革命期間，她以斷頭台上的犧牲者為樣本，創作蠟像。杜莎夫人成立的蠟像展示館以展示革命時期的人頭出名，雖然她也用活人模特兒創作，但一部分樣本是在人死以後才被送到她的工作室。根據她後來的記述，巴士底監獄暴動發生後，典獄長貝納．荷內．德洛奈（Bernard René de Launay）侯爵及巴黎商會主席[20]賈克．德弗雷賽勒（Jacques de Flesselles）遇害，成為法國大革命最早的犧牲者。他們的頭顱被插上木樁示眾之後，很快就被人取下來送到杜莎夫人的沙龍，她坐在展覽廳台階上，把血淋淋的頭顱擺在膝上，就這樣描繪他們的臉部表情。她還宣稱，她的友人羅伯斯比被斬首後，他的頭顱很快就從斷頭台被送到她那，然後她也是這樣把人頭放在膝上，進行蠟像製作。另外，她記得馬拉遇害後，巴黎警察隊把她請到事發現場，然後她「在最痛苦的情緒激盪之下」塑造馬拉的臉部蠟像，那時馬拉還躺在浴缸中血流如注，身體依然溫熱。後來法王路易十六及王后瑪麗．安東尼

20 譯註：在法國大革命以前的舊政權時代，商會主席負責統籌所有行會及主持市議會，其地位相當於後來的市長。

（Marie Antoinette）在斷頭台上喪命，他們的死亡面具也是由杜莎夫人所製作。

杜莎夫人有可能在這些故事的細節部分加油添醋，藉以強調她的作品的真實性，但她確實很習慣在工作上接觸到人頭。法國藝術家賈克—路易·大衛和艾田—尚·德雷克呂茲（Etienne-Jean Delécluze）[21]於一八〇〇年代參觀杜莎夫人的蠟像沙龍時，她向他們展示一個櫃子，裡頭存放的都是著名革命人士的頭部蠟像，其中包括羅伯斯比。當初包裹羅伯斯比被砍爛的下巴的繃帶也放在那裡。據說大衛端詳那些作品好一陣子以後，說了一句：「真的很像，做得很好。」

杜莎夫人的蠟像作品確實非常精確，而且她的創作速度極快，總能在相關事件發生後迅速將蠟像陳設在她的展覽沙龍，因此她很快就聲名大噪。她不斷更新展覽內容。她經常刊廣告徵求私人委製工作，活人或死人她都願意處理，而且她向顧客保證死人會得到「最精確、栩栩如生的外觀」。與此同時，她的員工會出席法院開庭，繪製素描、做筆記，與當局協商購買受審犯人的衣物及個人物品，這樣一來，犯人被送上斷頭台處決以後，很快就可以成為她的展品。杜莎夫人的「恐怖屋」（Chamber of Horrors）受到廣大歡迎，有些犯人甚至會在被處決以前先把他們的衣服捐給她的展示館。

杜莎夫人提供了一種「不名譽的不朽」，這是她的展覽最大的特點之一。她讓她的創作對象在死後有了新生命，儘管是用蠟來塑造。斷頭台使那些人變成物品，杜莎夫人則以

21 編註：艾田—尚·德雷克呂茲（一七八一至一八六三年），法國畫家與藝術評論家。

藝術家身分，透過她的技藝將一絲生命帶回給他們。杜莎夫人把這個工作做得有聲有色。她在英國辦展，展示法國革命人士的頭顱蠟像，並採用燭光照明。她的展覽使英國民眾非常著迷，因為他們對正在海峽對岸的法國發生的事深感興趣。參觀者來到這裡，可以親眼看到最有名的一些法國大革命犧牲者，體驗某種親臨現場的感受。杜莎夫人的「恐怖屋」很快就納入許多惡名昭彰的罪犯蠟像，讓付費民眾看個夠。她第一次使用英國斬下的人頭創作，是在愛德華・德斯帕被處死的時候。德斯帕是一名愛爾蘭軍人，他因為在一八〇三年圖謀殺害英國國王喬治三世而遭判死刑。他的頭給斷頭台上的官方執法人員製造了不少麻煩，他們經過一陣砍劈和扭拉之後，才終於讓他斷了頭。德斯帕的遺體被送到他的朋友那裡以後，杜莎夫人突然造訪，要求他們讓她把德斯帕的頭做成蠟像。作品完成以後，以藍色調燭光展示出來，杜莎夫人蠟像館的參觀人數隨之暴增。

✠

杜莎夫人的創作發想是「活死人」的假象，這個概念使她大舉獲利。藝術家繪製肖像、畫斷頭，或同時進行這兩件事時，他是在具體與想像之間畫界線。肖像作品需要創作者透過想像，跳進創作對象的「靈魂」；斷頭雕塑則需要創作者藉由想像躍過死亡的邊際，或者至少跳到深淵邊緣。

有些藝術家——例如卡拉瓦喬——似乎執意拉扯生與死之間的痛苦邊界，透過他們的藝術作為保持邊界開啟，藉此探索其中的空間。十八世紀結束之際，斷頭台的處刑速度否決了那個空間，使它無法再用肉眼分辨，於是其他一些藝術家，例如傑利柯，開始設法靠想像進入那個空間。剛被切斷的頭顱雖然已經失去生命，但似乎還隱約抓著生命。它看起來比骷顱頭殘忍，也比較有活力、有生氣，但它終究已經屬於另一個世界。如同莎樂美的女僕，我們不忍觀看，但卻又不由自主地往前湊近，面對面直視那個人的命運。

傑利柯、杜莎夫人、赫斯特、奎恩，他們在追求真實性的過程中使用血和肉，致力讓他們創作的形象逼近真實。藝術可以讓我們獲得某種看待死亡的觀點，但藝術也可能瓦解那個觀點，重新使出打擊力道。通常藝術作品為真實事件提供了令人心安的框架，但這幾位藝術家卻在實驗如何移除那個框架。赫斯特曾經呼應奎恩的「終極肖像」概念，提到他想要「創作更真實的藝術」。藝術可以推擠生與死之間、現實與創意表現之間的界線。然而，藝術表現終究缺乏他們都在追求的那種真實性，在這個前提下，「真實」肖像的概念是荒謬的。

在這個問題上，馬克·奎恩的看法是這樣：「我也認為，用我的血和我的身體來打造出完全的『自畫像性』（self portrait-ness），這個企圖之中也夾帶了某種反諷的因子，也就是說，縱使雕塑作品是我的形體，而且使用的質材出自我的身體，但對我而言，它只是凸顯出真正活著的人和構成那個活人的質材之間的差異。」用最極端的質材——被斬斷的人頭——來創作或許具有邏輯性，但那不會是肖像，因為那裡面沒有錯覺、沒有生氣、沒有藝術家平日貫注在其技藝中的任何本領。死人的頭顱甚至不再是那個人，無論我們多麼希望它還會是。觀察斷頭台的人無法相信頭被切斷以後就死了。他們會看到那些頭顱還在抖動，他們相信它們還有視覺，還可以感受周遭的世界，但沒有人知道他們的見解對不對，因為沒有人曾經成功地跟被斬斷的頭溝通（儘管不是沒有人嘗試這麼做——這點我們隨後就會看到）。

如果科學無法讓一顆被斬斷的頭恢復生命，那麼這裡就是藝術家展現力量的所在。藝術可以實現我們所有最晦暗的衝動，它可以讓那些徘迴在地獄邊緣幽微處的猛獸劫後重生，不管這麼做會造成什麼樣的後果。於是，藝術家一直受到斷頭的吸引，原因就是它拒絕被迫靜止不動。任何醫學院學生都會告訴我們，把一個人做成一個物品是極其費勁的事；藝術的凝視則提供了空間，讓那些標本能夠在非常不同的舞台上重新發聲。那個舞台——無論是畫布、解剖桌或神位——為我們跟那些異化物體的互動提供框架，替它們的存在提供合法性，並且能夠賦與它們更大的發聲權，遠遠超過它們生前所享有的聲音。

第五章

力量強大的頭顱

POTENT HEADS

每年七月第一個星期天，在愛爾蘭首都都柏林北郊的德羅赫達（Drogheda），數以百計的天主教徒跟著盧德聖母教堂的聖髑隊伍，往一英里外的聖彼得教堂行進，到那裡參加一場特別彌撒。這個行進儀式是為了紀念聖奧利佛・普蘭基特（Saint Oliver Plunkett），這位聖徒於一六八一年受難，死後成為象徵愛爾蘭和平及和解的主保聖人[1]。行進隊伍包括教區主教、紅衣主教、教宗騎士、市長、市議員等，他們身上都穿著顏色鮮豔的禮服。在隨行的風笛樂隊奏出的音樂聲中，地方宗教及平民團體成員舉旗前進，遊行陣容還包括朝聖者和其他加入慶典的民眾。隨後，在聖彼得教堂的彌撒典禮上，他們會坐著跟聖奧利佛的頭顱一起禱告，這位聖人的頭顱就保存在教堂內一座以黃銅與玻璃打造、美侖美奐的神龕中。

普蘭基特的頭顱已經有超過三百三十年歷史，保存狀況非常良好。他的皮膚乾燥呈褐色，眼睛閉起、眼眶下陷，鼻子緊縮變小，不過頭上及下巴還有一些毛髮，他的嘴巴微開，露出一組整齊完好的牙齒。儘管普蘭基特的頭顱應該是在他死後不久就獲得防腐保存，而且

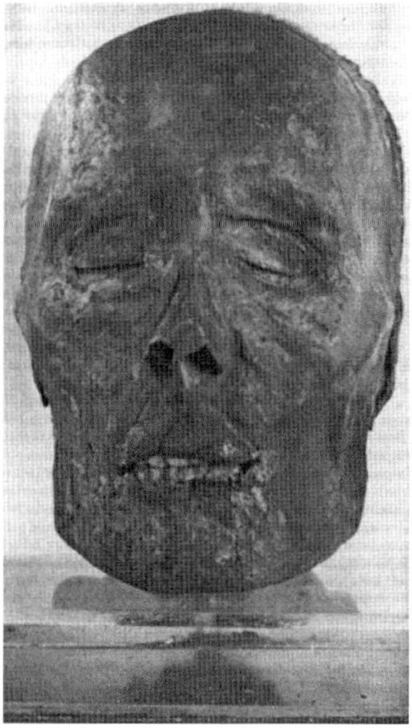

圖13　聖奧利佛・普蘭基特的頭顱。

1　編註：主保聖人是指針對某人、某團體或某項活動的守護聖者。

近年來教會也投資了不少金錢和時間維護它，但長久以來，這顆頭顱的絕佳保存狀態一直被視為它的奇蹟特質之一。

長期展示人類頭顱的工作必然附帶某些實務上的責任。一九九〇年時，德羅赫達的教區神父請愛爾蘭國家博物館的典藏專家檢查普蘭基特頭顱的狀況。專家們發現玻璃櫃內濕度太高，導致聖人皮膚出現微小結晶，以及過去數十年間不時發生的小蟲感染問題。專家分析頭顱狀況期間，教堂決定請人幫這個聖髑製作新的神龕。教堂的首要要求是安全性、可見度、可親性和維護上的方便，這些考量就一個宗教機構而言似乎顯得相當庸俗，但從聖物保存的角度來看，教堂的角色與博物館其實相當類似，都有義務為參觀民眾好好保管文物。普蘭基特的頭顱必須獲得安全保存，同時又要容易讓民眾看到，方便他們向聖人請願。每年有成千上萬民眾來到這裡瞻仰木乃伊般的普蘭基特頭顱，其中大部分來自歐洲、美洲及澳洲，但他們不見得是天主教徒。有鑑於此，教堂決定讓聖髑有個新家，而且，除了上述的重要實際考量之外，教堂當局也希望改善聖髑在「禮拜儀式及美感」等各方面的環境。

像普蘭基特的頭顱這種神聖而且顯然力量非常強大、足以吸引全球各地民眾前來拜觀的物品，當然值得被安置在一座能向天主教社群宣揚其重要意義的神龕中，而且那個地方應該適度地莊嚴宏偉。新的神龕在一九九五年設置完成，包含一座黃銅及玻璃打造的燈台造型展示櫃（讓參觀人士可以從所有角度看到聖人頭顱），櫃體置於石材基座上。一座高達九公尺的細長哥德式小尖塔將燈台頂端連上教堂屋頂。普蘭基特的頭顱置於寶石鑲嵌的黃銅聖物櫃中，那是在一九二一年——也就是普蘭基特獲宣福[2]的隔年——製成的。四周牆面上是文字鑲板，內容敘述聖人的生平與死亡事蹟。看到這一切以後，沒有人會懷疑奧利佛．普蘭基特在聖彼得教堂和整個天主教會的身分認同、乃至愛爾蘭民族意識中扮演的核心角色。

✠

情況並非一直如此。事實是，普蘭基特被斬下的頭顱引起的關注遠遠超過頭顱主人生前受到的注意。就連天主教歷史學家也同意，普蘭基特的人生相對上並不出色。不同於其他死後留下頭顱的聖人——其中最有名的是義大利錫耶納的聖加大利納（Saint Catherine），她的頭顱保存在聖多明我聖殿（Basilica di San Domenico）——普蘭基特沒有奇蹟般的慧見。他沒有撰寫過神學宣傳手冊，也不曾參與教宗政治。儘管他努力工作，致力領導受內部衝突及外部迫害夾擊的教會，但他的生活中並沒有太多成分會導致他走上殉道之路，而且他受難的情況雖然悲慘，但並非絕對獨特。

普蘭基特只是十七世紀末宗教迫害的一群無辜受害者之一，這些人在被揑造出來的教

2 編註：是天主教會追封已過世者的一種儀式，用意在於尊崇其德行，認定其信仰足以升上天堂。經過宣福禮後，此人可享有「有福者」（Blessed）的稱號，其位階僅次於「聖人」。

宗陰謀（Popish Plot）[3]所引發的反天主教狂潮中遭到犧牲。普蘭基特曾在阿馬郡（Armagh）擔任十年的大主教，在那段時期，他被捲入天主教不同修會間的爭端。在戰爭肆虐的愛爾蘭，他的工作處境非常艱難，但他無疑是個負責能幹的主教，在那個天主教會乃至整個愛爾蘭都陷入不安與騷動的年代，他創下舉行最多堅信禮的紀錄，並且有效推行宗教包容。然而儘管如此，他與其他神職人員之間的互動經常非常尖酸，有些人指控他專橫霸道，不過也有人強調，在神職人員的內部紀律完全失序的情況下，堅實的領導格外重要。一六七九年，他所屬的天主教會中一些報復心強的人檢舉他，導致他受審判，先是在都柏林，後來是在倫敦。在倫敦時，他成為教宗陰謀的最後一名被害者。事實上，他是歷史上最後一位因為信仰而在泰伯恩死刑台上喪命的天主教徒。

跟那些年間被捲入風波的許多其他天主教徒一樣，普蘭基特是以無辜者的身分遇害，但這些犧牲者的命運跟封聖與否沒有任何必然關係。普蘭基特最受後人推崇的一點是他在面對死亡時表現出來的泰然自若。他在半年的寒冷冬季中被單獨監禁，只能靠貧乏的囚糧勉強維生，但他依然執意每星期齋戒三天，而且所有時間他都在禱告。他的平靜心情流露在他的書信中。他寫信給他過去的祕書：「我在十五日被宣判死刑，但我沒有任何恐懼，也沒有因為這件事而失眠，一刻鐘都沒有。」在最後兩星期的生命中，他的處決日期被延後了三次，不過在他殉難那天早上，他以穩定的字跡簽署了信件，紐蓋特（Newgate）監

3　編註：此事發生於一六七八年，部分天主教徒被指控陰謀毒殺當時的英國國王查理二世，擁立約克公爵繼位（後來的詹姆斯二世），造成大批天主教徒遭到審訊、處刑。

獄的典獄長則在報告中提到，普蘭基特睡了一晚好覺之後，「彷彿去參加婚禮般若無其事地」前往死刑台。他發表長篇演說，寬恕所有指控他的人，然後一邊唸禱詞，一邊從容就義：「上帝啊，我將我的精神交付於祢手中。」

據說普蘭基特的高尚舉止令劊子手深受感動，於是他設法先讓普蘭基特斷氣，才開始將他開膛剖腹[4]，然後他又讓死者的朋友把他的身體各部位帶回去做紀念。這類說法都相當千篇一律，而在他被處決之後的那些年，圍繞著普蘭基特的遺體陸續又出現一些常見的傳說。說在他死了以後，他的頭在死刑台上被砍下來丟進火裡，他的一位朋友伊莉莎白・薛爾頓（Elizabeth Sheldon）趕去把它搶救出來，將頭與兩條前臂一塊帶回家存放。最初幾年觀察到那顆頭顱的人都說它聞起來有甜美的香氣，在頭顱被關在錫盒中三四年後，這個現象必然是一種神蹟。這時他的遺體早已被肢解、埋葬，但根據某些記載，當後人把他的遺體挖出來時，發現它已經在墳墓中自行組裝成原狀。

經常有人說神聖的身體會反抗自己的腐化，不僅如此，偶爾還會出現它們在墳墓中對抗已經斷頭的遭遇。西元八七〇年，聖艾德蒙（Saint Edmund）國王遭斬首殉道，後來有人發現他在棺木中的身首已經接合，除了脖子上有一圈細細的紅線之外，沒有任何致命傷口的痕跡。民眾發現他的身體以後，無論怎麼嘗試，都無法把他的頭部跟軀幹分開。另外有些記載顯示十世紀愛爾蘭國王布萊恩・勃魯（Brian Boru）於一〇一四年在克隆塔夫戰

4　譯註：普蘭基特的罪名是叛國，按當時英國法律處以「拖行、問吊、分屍刑」。

役（Battle of Clontarf）中遭到斬首，但後來他的屍首卻又恢復原形。

✠

近年來，天主教會傾向與所謂「魔法」聖髑的傳說保持距離，只將神聖遺體單純視為思念與祈禱的場域。德羅赫達的教堂中關於聖奧利佛的摺頁說明指出他的頭顱保存良好，但不是說這個現象代表他的肉身有如神蹟般不會腐化，而是把它視為一個見證，代表他殉道之後，歷年來照顧這個聖髑的人所擁有的信仰與好運。不過普蘭基特獲封聖是相當晚近的事，也就是一九七五年，而這使他成為七百年以來愛爾蘭出現的第一位新聖人。在黃銅與玻璃箱中保存完好的普蘭基特頭顱多年來獲得無數民眾瞻仰，因此當然有助於動員支持力量，促使他晉升聖人的行列。假如他的頭顱沒有獲得防腐保存，也沒有展示在德羅赫達的教堂，在那裡殷勤地將信徒的願望轉達給上帝，這位普蘭基特大主教很可能只會是歷史教科書中的某個人物。

十八世紀期間，普蘭基特幾乎被人遺忘，但十九世紀末期時，兩本他的傳記問世，隨後在二十世紀初期又出現一些更通俗的書籍，介紹他的生平事蹟。拜一小群他的支持者之賜，他在一九二〇年獲宣福。當時他的頭顱已經擺在德羅赫達的一處修道院超過兩個世紀。隔年，他的頭顱被移置到鎮上的教區教堂，因為那裡比較方便民眾拜觀和崇敬。

然後在一九三三年間，「有福者奧利佛．普蘭基特封聖祈禱會」（League of Prayer for the Canonization of Blessed Oliver Plunkett）成立，該會會員致力於向廣大信眾傳揚普蘭基特的生平事蹟，他們努力促使信徒前往德羅赫達的普蘭基特神龕朝聖，並鼓勵天主教徒趕緊祈禱上帝賜與奇蹟恩典，讓他得以滿足條件，成功封聖。他們也積極散發宣傳資料、撰寫布道文章，以及簽署請願書。

由於在普蘭基特能夠成為聖人以前，必須有兩個重要奇蹟能直接歸諸於他的介入，因此德羅赫達的普蘭基特頭顱聖髑成為封聖運動的核心元素。[5] 二次大戰以後，封聖運動工作人員用一．五便士的價格把碰觸過普蘭基特頭顱和臉部的小布片賣給信徒，藉此收集活動所需資金，他們也請信徒回報任何「透過有福者奧利佛的介入而獲賜的恩典」。虔誠的教徒回報的神蹟包括普蘭基特頭顱散發的甜美香氣，以及它臉上的「可愛」五官，他們宣稱「一代又一代的高尚教養及文化薰陶共同形塑出那優美的太陽穴，雕塑出那精緻的鼻子和嘴唇」。根據一九七〇年代阿馬郡大主教托馬斯．歐費伊（Tomás Ó Fiaich）的說法，德羅赫達儼然成為「全國信奉有福者奧利佛的中心地」。

不過一九五八年普蘭基特賜與的神蹟，是發生在距離他的頭顱放置地德羅赫達很遠的地方。那時義大利拿坡里的一名女子生了無藥可救的重病，她臨終時，來自愛爾蘭多尼戈爾（Donegal）的修女卡布里妮．奎格利（Cabrini Quigley）徹夜向有福者奧利佛祈禱，請

5　編註：經過宣福禮的有福者，在出現過兩次神蹟，經過教會進一步確認其資格後，就可以舉行封聖儀式，宣布承認這個人為聖人。

他幫助治病，結果普蘭基特真的介入賜福。第二天早上，女子的病況竟然違反醫生的預測，她恢復了意識，不久後就完全康復。普蘭基特封聖運動在一九六九年再次獲得激勵，「有福者奧利佛・普蘭基特十字軍運動」（Blessed Oliver Plunkett Crusade）在愛爾蘭成立，並開始舉辦年度活動「德羅赫達神龕七月朝聖」，吸引成千上萬信徒到普蘭基特的頭顱前祈禱。一九七二年，封聖運動聲勢更加浩大，拿坡里聖蹟獲羅馬天主教廷認可，幾年後普蘭基特正式獲封聖人。

普蘭基特死後，伊莉莎白・薛爾頓將他的頭顱及手臂存放在家中許多年，在她之後，持續有眾多追隨者相信他的頭顱具有強大力量，足以在天主教社群中凝聚支持。不管薛爾頓是把普蘭基特的身體部位視為聖物或單純的珍玩，重要的是她有先見之明：她寫了一張鑑定書，由她和主任醫師共同簽名，藉此證明她那珍貴收藏的來源。這張文書目前保存在德羅赫達的聖彼得教堂。

在超過三個世紀的時間中，普蘭基特的頭持續向世人施展它的力量。它有效形塑了教會對普蘭基特的看法，無論是對於他這個人，或者是對於他在愛爾蘭人和天主教徒的意識中，從大主教到主保聖人的地位演變。一六四九年間發生多起英國人屠殺愛爾蘭人的事件，其中發生在德羅赫達的屠殺極其有名[6]，由於普蘭基特的頭顱就安置在德羅赫達，它便自然而然成為愛爾蘭民族主義的象徵之一。而由於普蘭基特在愛爾蘭歷史上充滿宗教分

6 編註：一六四九年英國內戰期間，克倫威爾率軍進入造反的愛爾蘭，同年九月，克倫威爾屠滅了德羅赫達全城的居民。

裂、衝突以及政治壓迫的時代中致力奉獻，他在天主教會內部也成為代表和平與和解的主保聖人。

在普蘭基特成為聖人之前，他的頭顱早就已經聲名遠播。二十世紀期間，成千上萬的朝聖者來拜觀。許多紅衣主教及教區主教都會到普蘭基特的頭顱前面祈禱，其中包括後來成為教宗保祿六世的蒙第尼（Montini）紅衣主教，他在一九六一年拜訪德羅赫達，十多年後普蘭基特封聖時，他以教宗身分擔任典禮主持人。從各種發展看來，在推動普蘭基特封聖的長期運動中，他最重要也最堅貞的支持者可說就是他自己的頭。教會長年挹注資源，維持這顆頭顱的展示，讓它保有良好的狀態，以及莊嚴肅穆的居所。這樣的慎重對待無疑為普蘭基特帶來某種威望，而這一切確實要歸功於他的頭顱。

✠

一旦人體的某個部位獲得防腐處理，並被保存在地面以上一段時間，而不是像正常情況那樣回歸塵土，它就會逐漸發展出自己的身分，甚至抗拒自己被埋葬的命運。入土為安原本是再自然也不過的事，但此時這個可能性卻變得愈來愈遙遠。即使在普蘭基特封聖以前，他的頭顱就已經為自己在社群中找到一個位置，為自己建立一些重要的關係，無論是做為修道生活的一部分，或在比較晚近的時期在德羅赫達教區扮演公共角色。普蘭基特的頭顱成為社會的一分子，並要求世人持續照顧它、呵護它。由此可見，時代環境能夠把一顆斷頭——某個人的屍體留下的一個血淋淋的部分——轉變成宗教生活及俗世生活中一個受到重視的參與者。民眾不僅接受普蘭基特的頭顱這種東西存在，他們甚至似乎無以抗拒地受到吸引——當身體的某個部位沒有按照一般方式埋葬，而且被展示出來，它有可能展現格外強大的力量。

今天，成千上萬的基督徒會在聖人的頭顱前面祈禱，這些頭顱存放於歐洲各地教堂中，並且經常被安置在珠光寶氣的聖髑櫃中。聖阿格尼絲（Saint Agnes）的頭顱保存在羅馬聖梯小堂（Sancta Sanctorum）[7]的一個銀盒裡。聖彼得（Saint Peter）及聖保羅（Saint Paul）的頭顱據說在附近不遠的拉特朗聖若望大殿（Basilica of St John Lateran），藏在高高的祭壇某處。聖塞巴斯提安（Saint Sebastian）的頭顱也在羅馬，保存在四殉道者（Four Crowned Martyrs）教堂。聖加大利納的頭顱成為義大利錫耶納的重要「觀光景點」。聖露西（Saint Lucy）的頭顱被保存在法國中部布爾日（Bourges）的主座教堂。聖海倫納（Saint Helena）的頭顱位於德國特里爾（Trier）[8]主座教堂的地下室。聖伊華（Saint Ivo）的骷髏頭被安放在法國布列塔尼地區的特雷吉耶（Tréguier）大教堂。這些人的頭顱都已經在墓穴以外的人世間生活很久，未來想必不可能輕易讓人埋回土中。

這些頭顱之中最有名的是聖加大利納的頭。聖加大利納死後四年，她的頭在一三八四

7　譯註：全名為「聖老楞佐至聖堂」（Chiesa di San Lorenzo in Palatio ad Sancta Sanctorum）。

8　譯註：特里爾是基督教在阿爾卑斯山以北建立的第一個主教教區，也是現今的德國境內最早建立的城市。

年從遺體上被切下來，跟她的食指一起從她去世的地方——羅馬——送回她的家鄉錫耶納，然後就一直安放在聖多明我聖殿。自從她在一九三九年獲封為義大利主保聖人，後來又在一九九九年成為歐洲主保聖人，每年舉行一次的聖加大利納慶典可說愈來愈華麗盛大。跟德羅赫達的聖奧利佛慶典一樣，聖加大利納慶典也包括遊街行進，隊伍中有地方官員、重要神職人員，以及軍人代表、政府部會首長等。行進結束後，彌撒儀式於教堂內舉行，聖加大利納的頭就位於側面的一座祈禱堂中。聖加大利納的手指會隨著隊伍遊街，並由來訪的紅衣主教透過它為錫耶納、義大利及歐洲賜福。偶爾加大利納的頭顱也會被拿出來遊街，例如二〇一一年紀念她封聖五百五十週年的時候。一年到頭，來自世界各地的訪客不斷湧進聖多明我聖殿，拜觀她那包裹白紗、置於銀質聖髑櫃的木乃伊頭顱。

這類聖髑可以讓保存它們的地方名揚四海，因為它們吸引信眾朝聖，並連帶創造經濟及政治上的益處：被神聖化的人體部位既能鼓舞各國王公貴族前去拜觀，也會促使百姓開設酒館食肆。傳說故事會描述聖人如何自行決定到哪裡去，彷彿藉此

圖14　義大利錫耶納的聖加大利納頭顱。

凸顯聖人對當地繁榮發展帶來的貢獻，以及他們與當地居民之間的強力連結。許多故事描繪聖人在受斬後帶著自己的頭顱前往最後埋葬的地點，例如聖德尼（Saint Denis）[9]從巴黎蒙馬特的斬首現場捧著自己的頭，一邊誦經一邊走了將近十公里路才倒下安息。據說蘭斯的聖尼卡修斯（Saint Nicasius of Rheims）被處斬時正在誦讀《聖經・詩篇》第二十五篇，但人頭落地後還一直唸到第一百一十九篇。根據查證，共有超過一百五十個殉道者帶著自己被切斷的頭顱前往選定地點的故事在民間流傳。

聖加大利納不是提著自己的頭到錫耶納，不過有一個說法是她從旁協助負責搬運她的頭的人。根據這個版本，聖加大利納的追隨者於一三八〇年代將她的頭顱祕密運送通過羅馬市街時，遭到市區保安搜索，但當保安人員打開承裝加大利納頭顱的袋子時，他們卻只看到滿滿的玫瑰花瓣，於是行旅人馬得以順利通過。據說加大利納用這個方式表示她同意離開羅馬，因此她的頭顱屬於錫耶納就更理所當然。她的頭顱不是唯一一個自行決定命運的人頭。據說波維的聖儒斯特（Saint Just of Beauvais）的遺體在一〇三〇年代中期從法國奧塞爾（Auxerre）運往瑞士普費弗斯（Pfäfers）時，忽然在通過瑞士弗盧姆斯（Flums）教區邊界之際出現神蹟，遺體固定不動。顯然聖儒斯特決定留在那裡，於是當地教堂請人打造聖櫃承裝他的頭顱。此後的數百年間，無數信徒會到這座小鎮朝聖，敬奉這個著名的聖髑。

9　譯註：聖德尼是三世紀時的巴黎主教，在羅馬迫害基督徒期間遭斬首。他最後倒下的地方被人建成聖德尼大教堂，後來那裡成為法國國王及王后的埋葬地。聖德尼被尊奉為巴黎及法國主保聖人。

如同德羅赫達，在錫耶納和弗盧姆斯，聖人的頭顱也創造了許多財富。宗教聖物活化了社區，激發人民開創宗教、經濟及藝術事業，其中當然包括安放聖人頭顱的祈禱堂，這些神聖殿堂無不金碧輝煌、美侖美奐，令置身其中的虔誠信眾激動不已。腐化作用隨時威脅著聖髑，但耀眼奪目的聖物櫃有助於遏阻這種自然作用的力量。當聖髑是一團皺縮暗褐的腐敗有機物，如果把它裝進金光燦爛的寶物箱，安置於輝煌宏偉的公共聖殿，民眾在這種安靜肅穆的場所中，自然會感到心生敬畏。就像德羅赫達的聖物櫃，錫耶納和弗盧姆斯的這些藝術傑作也為來訪的朝聖者創造出一種情境，讓造訪者在其中面對面崇敬那個來自過往榮光的神聖人物。

在某些情況下，聖人遺體會被包覆在一具替代用的金質軀體中，彷佛它是從天堂顯靈來到世間。中世紀時，許多聖人頭顱被供奉在雕工精美的「上身聖髑櫃」中。聖儒斯特的上身聖髑是在十

圖15　聖儒斯特的上身聖髑。

五世紀末期的瑞士用銀和銅打造並鍍金而成，這個聖髑的驚人之處在於它呈現聖人捧著自己頭顱的景象。聖儒斯特遭到羅馬保安斬首時年僅九歲，他的父親找到他時，他就是這樣捧著頭顱。故事描述男孩把他的斷頭交給父親，要他把頭拿給母親菲莉西雅（Felicia）親吻。當菲莉西雅接到兒子的頭顱並親吻它，她就成了第一個敬奉聖儒斯特聖髑的人。

令人訝異的是，這個上身聖髑表現的並不是聖儒斯特緊緊抓著自己的頭：他的頭彷彿是透過自己的能量懸浮在他的胸前，而他的手彷彿只是為頭顱提供一個外框。幾乎無庸置疑，這就是神蹟力量集中顯現的地方。聖人雙眼半闔，聖體彷彿並非完全在場，首級顯得超脫凡俗，神聖力量於焉籠罩周遭。這顆斷頭顯得既生氣勃勃又虛無縹緲，彷彿源自來世的耀眼聖觀。聖物櫃把人類遺骸化為藝術品，形塑出挑戰生死界線的展示文化（在距離我們比較近的時代，我們也可以看到一些優秀藝術家在俗世範圍內進行性質類似的創作）。

如同聖儒斯特把自己的頭呈獻給母親，讓她親吻敬奉，這位聖人的上身聖物匣在設計上充分確保了這個特點，因此他在弗盧姆斯一直能發揮吸引信眾的力量。聖物將信徒拉進聖儒斯特的敘事中，引導他們敬奉他，請求他們親吻他，藉此讓他們成就他的身分，鞏固他主宰死亡的能力。這裡面也有一些實際面的考量，因為比起親吻木乃伊般的人頭，親吻人造聖物比較安全也比較討喜。從十二世紀開始，無數聖人乾癟皺縮的身體部位陸續被裝進精美華麗的容器，以保護他們的脆弱體質，有時聖髑本身的美感甚至與承裝它的聖物匣的外觀品質呈反比。

十六世紀初，荷蘭神父德西德里烏斯・伊拉斯謨斯（Desiderius Erasmus）[10]到英國坎特伯里拜觀托馬斯・貝克特（Thomas Becket）的遺骨時，他寫到金碧輝煌的神龕那種催眠般的眩惑效果：「其大無比、有些甚至大過鵝蛋的珍稀珠寶，使一切顯得閃亮耀眼。有些修士敬肅地站立一旁。外罩一移開，我們都虔敬崇拜。」伊拉斯謨斯心蕩神馳，但他的一名同行旅伴認為貝克特的聖髑（包括一隻手臂的遺骨以及一些汙穢的破布）噁心至極，以至於當聖髑來到他面前時，他不但無法獻上親吻，還「充滿嫌惡地」退縮。從這個小故事不難看出，就算聖物是一堆嚇人的腐化人類遺骸，富貴華麗的神龕還是能在它的周圍創造出莊嚴肅穆的氣氛。黃金的用意就在眩惑，朝聖者想必是揉著眼睛離開這種地方，因為天堂勝景般的寶物使他們目眩神迷。

華麗的神龕具有動人力量，能夠撩撥他們的情感。訪客甚至會瞠目結舌，彷彿他們窺進了天堂，感受到它的神祕力量。光彩奪目的神龕和安放其中的聖髑模糊了生死間的界線。這些遺骨沒有完全死亡，因為某種心靈的生命力依然在那裡蕩漾，並形塑著芸芸眾生的生命。

✠

10 編註：伊拉斯謨斯（一四六六至一五三六年），著名人文主義思想家和神學家，為北方文藝復興的代表人物。

能在死後繼續施展影響力的人不只有聖人。罪人也有療癒的能力。中世紀時，聖人的身體和罪犯的身體可說是最常被肢解並長途運送的人體，因為民眾會試圖攫取死者的生命力。

死刑犯通常是在健康狀況良好時忽然被處決，他們經常相對年輕有活力，因此他們的身體被認為比老死或病死的人擁有更多的力量。他們的骨頭、毛髮、皮肉讓許多人趨之若鶩，各式各樣的故事描寫圍觀民眾在死刑台下拚命翻揀，設法拿到一小塊片刻前還在上方木板上呼吸的犯人喪命後的溫熱死屍。指尖、牙齒、耳朵、衣物碎片，甚至吊索的紗線、火刑堆的柴灰，都保留了一些死去者的生命力量。

跟教堂一樣，藥房裡通常也會存放一些人類骨頭或經過防腐處理過的遺骸，這些東西都被認為有助於恢復健康。人體的任何部位都派得上用場，即便是一小片指甲或一滴血，都可能創造奇蹟，但人頭遺骨所含的力量特別強大。人類頭骨效用深遠，它被當成「一種特殊藥品，可以治療……大多數頭部疾病」——這是一名藥劑師在一六五七年寫下的文句。十六世紀著名瑞士醫生帕拉塞爾蘇斯（Paracelsus）相信，一個人被吊死以後，他的「生命精神」會「往前衝到頭骨邊緣」。只要死亡是忽然發生，那些精神就會被關在頭顱中，彷彿它們受到突襲，沒有時間逃跑。

帕拉塞爾蘇斯開的藥方包括被斬首者的血，用它來治療癲癇，頭顱及頭骨則與痙攣的治療密切相關。一名德國醫生約翰·施洛德（Johann Shroeder）建議將驟死年輕男子的腦部、皮膚、血管、神經及整個脊柱搗爛，然後把這個混合物放進清水和薰衣草、牡丹等花朵中，蒸餾數次得藥，用來治療癲癇。據說一六四八年去世的丹麥國王克里斯汀四世曾經用一種粉末治療癲癇，粉末的成分之一取自罪犯的頭骨。這類藥方在數世紀間非常普遍，以至於劊子手的工作項目之一就是應付那些在旁焦急等待「領藥」的病人。即使在一八六〇年代的丹麥，還是有文獻記載「癲癇患者群集站在死刑台周圍，手上拿著杯子，準備在屍體還在抖動時立刻接鮮血來喝。」

許多人相信所謂「交感作用」（sympathetic action），因此人頭經常會被用來治療頭部疾病，例如頭痛、瘋狂等。十八世紀末期，在法國某些地區，被吊死的人的頭顱經常被拿來做藥丸，據說這種藥能夠治療「瘋狗咬傷」。用骷髗頭盛藥喝也被認為可以使健康復原。一五六〇年代，有些在倫敦橋示眾的叛國者頭顱被一群在皇家鑄幣局工作的人當做藥杯，他們患的病是砒霜中毒，症狀包括頭痛、暈眩等。病患用清潔過的頭骨裝藥喝，不過其中許多人後來還是一命嗚呼。

帕拉塞爾蘇斯建議用死人頭骨上長出來的苔蘚（地衣）治療痙攣和「頭部疾患」、接合傷口，他的根據是：死亡之際釋放出來的「生命精神」會從頭骨轉移到開始在頭骨表面生長的苔蘚上。由於頭骨上長出苔蘚的情況相當罕見，因此這種藥方更顯得彌足珍貴。頭骨苔蘚似乎在英國和愛爾蘭成為特別受歡迎的藥方，因為這些國家的罪犯被處決以後，屍體經常被展出示眾，直到肉質開始腐爛、骨頭上開始長出東西為止。一六九四年間，有報導顯示倫敦的藥店會銷售長出苔蘚的頭骨，價格從八到十一先令不等，依頭骨大小及苔蘚生長量而定。

頭骨苔蘚可內服也可外用，還可以做成護身符隨身攜帶，或與其他成分混合成複方藥（蜂蜜、動物油脂、人血、亞麻籽油，甚至廄肥或煮過的蠕蟲，都可以丟進混合藥劑中）。一六〇〇年代末期的新英格蘭醫生愛德華・泰勒（Edward Taylor）寫道：「死人頭骨上的苔蘚與空氣接觸後具有良好的接合作用。具止血功能。有些人說，如果把它握在手中，它會像施魔法般讓手密合起來。其他骨頭上生長出來的苔蘚也有類似功能，不過效果沒有那麼強。」同一年代，法蘭西斯・培根（Francis Bacon）在倫敦撰述時也提到，頭骨苔蘚對止血非常有效。有些報導顯示民眾在石頭上培養苔蘚，然後讓它蔓延到罪犯的頭骨上，用這個收成賣錢。實際上，藥房為了維持穩定供應量，很可能把頭骨上長出來的任何東西都拿來入藥，甚至會用一些不是長在頭骨上的東西。

這種藥品在整個十七及十八世紀期間受到廣泛使用，當時「木乃伊」——即經過防腐處理，用來製作處方藥物的人體遺骸——銷售業在歐洲非常蓬勃。從骨頭、血液、皮膚到脂肪，人體的每一個部位都有醫藥用途。製作「木乃伊」的方法很多，根據描述，成品是堅硬的黑色樹脂狀物質，聞起來有香味，但嘗起來是苦味。肉質部分會重複做許多次乾燥處理，也可能浸泡在葡萄酒中，或噴灑沒藥，直到它的顏色變黑或不再發出臭味。完整的年輕屍體最受青睞，尤其是健康狀況良好就被處死的犯人。有些人推薦紅髮男性，因為據說他們的血液品質比較好。由於藥用木乃伊在中古時代廣泛流行，贗品應運而生，內行人都知道要買色澤亮黑、氣味清香的產品，不能買含有很多碎骨頭和泥土的木乃伊。某些早期的人體解剖專家還發現，賣人體脂肪和身體各部位可以讓他們賺取優渥的外快，做為解剖研究基金。

不過，並不是所有人都喜歡這種「醫學性食人主義」。有一名評論家認為吃人肉是非常可憎的事，並表示應該把所有商店中的木乃伊拿出來慎重埋葬。他寫道：「我認為人類頭骨不但只是沒有任何價值的乾燥骨頭，而且是我們自己這個物種遭到凌辱，變得骯髒、腐臭的結果。把這種東西吃進身體顯然非常低劣，連神話故事裡的食人族看到都會嚇得發抖。」儘管如此，「木乃伊」直到二十世紀都還曾出現在歐洲的某些藥局。德國的藥學手冊及目錄在一九〇〇年代初期還把木乃伊列為銷售商品之一，每公斤價格是十七馬克又五十芬尼，雖然其中大部分可能都是假貨，也許只是混了一些碎骨頭濫竽充數。

✠

翻開人類歷史，大多數時候活人都會往死人身上尋找一點魔法，這個現象並不令人驚訝，因為死人的身體確實引人入勝。如果放著屍體不管，它會變硬、發臭、滋生疾病。從十五世紀末期到十八世紀末期，墓園是具有強大力量的地方。窮人通常被埋在大坑中，其中許多人甚至只是稍稍用泥土覆蓋。墳墓經常被人掘開，然後任憑屍體暴露在空氣中腐化，因此墓園中的土壤被認為會「吃肉」，而且具有超自然力，這點不足為奇。

尤有甚者，生與死之間的界線並不清晰，而且當時的人很難真正知道人是在哪個時間點死亡：傾聽心跳或拿一塊玻璃測試呼吸，都不是萬無一失的檢測方法。人失去意識時看起來可能像是死亡，然後又會「奇蹟般地」恢復生命。活人世界跟未知的那個「來生」，使死亡和埋葬之間那段時間特別充滿意涵及潛在的力量。許多故事描述死人從睡眠狀態中醒來，死者親友則經常會擺出食物及飲品，以備萬一親愛的人復活，可以馬上有東西吃。「軟屍」——沒有顯現屍僵現象的屍體——特別令人恐懼。由於無法清楚知道一個人的靈魂是在什麼時候離開身體——是死亡的那一刻，還是要等到最後審判時？——因此靈魂留在世間糾纏活人是一個必然的可能性。而且死亡會造成奇異的身體變化，屍體腐化則會造成有害的效應，種種因素加起來，我們就不難明白，為什麼因為某種原因而繼續流傳在活人世界的死屍，能夠施展相當的影響力。

在剛死去的人的新鮮屍體周圍會瀰漫著一股強有力的氣氛，這可以解釋為什麼那些似乎能抗拒腐化作用的身體部位顯得最具力量——因為這些部位一直處在生與死之間那個載荷狀態，彷彿它們在抗拒死亡，設法繼續抓住生命的能量。今天的人依然會談論奧利佛·普蘭基特或錫耶納加大利納的頭顱保存狀況有多麼好。從前被插在各地城門及橋梁上示眾的叛國賊頭顱因為經常腐化得很慢，因此也激發出一些與奇異超自然力有關的故事。

在倫敦，叛國者的頭顱經常會以煮半熟處理，使它們具有減緩腐化作用的能力，乍看彷彿超自然奇蹟。一五三五年羅徹斯特（Rochester）主教聖約翰·費雪（Saint John Fisher）被處決以後，他的頭顱在紐蓋特監獄經過半煮熟處理，然後被「插在木樁上」展示於倫敦橋。當時正值盛夏，頭顱在那裡待了兩星期，但看起來不但完全沒有腐化，反而「變得一天比一天新鮮，連他活著的時候都不曾有那麼好的氣色。」費雪的臉頰泛出粉紅色澤，當他從尖樁頂端俯視底下來來往往的倫敦市民時，彷彿隨時都可能開口對他們說話。

老百姓將費雪死後驚人的健康狀態視為一種神蹟，反映出他的清白、神聖，以及願為信仰犧牲性命。費雪的頭顱吸引高度關注，結果在橋面上造成壅塞，大批民眾擠在他的頭顱下方，馬匹和車輛完全無法通行。最後頭顱管理員接到命令，把那個惹出麻煩的東西丟進泰晤士河，交通才終於獲得紓解。

在費雪主教的時代，像他的頭顱所蘊含的那種彷彿來自另一個世界的力量必須加以管制，無論管制方法是丟進泰晤士河、裝入瓶中當做藥品銷售，或安放——也可以說是禁制——在富麗堂皇的神龕中供人敬拜。只有在獲得成功管制或在特定文化脈絡下被賦與定義清晰的位置，這些被斬斷的頭顱才能在人類社群中擁有真正的彈性和韌性。聖人的頭顱被納入宗教生活的紋理中。它們獲得體制化，受到信仰體系的保護，置身於個人的奇思異想無法觸及到的地方。一個特定的位置被騰出來給它們，相關祈禱儀式隨之形成，而許多頭顱，例如聖奧利佛或聖加大利納的頭顱，光憑本身的特質就聲名遠播。教會會以其收藏的人類遺骨為號召，設法成為朝聖的地點；聖人的慶祝日成為基督教年曆中的正式節日；與聖髑有關的神蹟故事一一出現。現在，製作精美的指南、摺頁、文字說明牌向訪客解釋它們所代表的意義。這一切都表示，即使到了二十一世紀的今天，無論在教會內部或在俗世中，這些變成木乃伊的人類頭顱依然很少受到質疑。

特別值得注意的是，一個人的頭顱留在地表上愈久，它被埋進地裡的機率就愈低。不管是一顆老朽了、長了苔蘚的罪犯骷顱頭，或一顆裝進聖物匣的聖人頭顱，它們都已經不只是死人的頭顱，同時又稱不上是死人的頭顱。隨著光陰流逝，它們逐漸乾癟變形，看起來愈來愈不像人，而愈來愈像東西。它們變成身價不凡的文物，具有自己在經濟及信仰層面上的影響力，而這些跟它們陰森晦暗的形成歷史沒有太大關係。

現在的世界已經不再有任何無遠弗屆的文化傳統足以形塑凡人與聖髑之間的互動，而時代的變遷也早已淡化人類對聖髑產生的感覺。這些乾燥得無以復加的物品對許多參觀者而言猶如異形，幾乎不能算是被切斷的人類頭顱。它們在外觀上的損毀樣貌使我們不知如何反應。參觀錫耶納聖多明我聖殿的觀光客事後在網路上分享遊歷心得時，就算提到聖加大利納，他們也是以不帶情感的方式描述，比如「滿古怪的」、「相當令人驚奇」、「動人」、「實在有點嚇人」等。諷刺的是，用玻璃和黃金打造的華美神龕雖然旨在加強朝聖者對聖髑的反應，但它也可能反而讓許多現在去拜觀聖髑的俗世觀光客，更強烈地感受到某種情感上的超然甚至漠然。巧奪天工的展示櫃把參觀者保持在安全距離外，而且聖髑所在的教堂氣氛莊嚴，受某些特定行為規範的約束，因而會凸顯「屬於那裡的人」和「不屬於那裡的人」之間的分割。在許多方面，聖人的頭顱是臨界的物體，而由於它們被保存在一種幽冥的狀態中——放在濕度受控制的玻璃展示櫃裡，介於今生和來世之間——它們顯得更具韌度。

✠

在英國薩福克郡（Suffolk）的薩德伯里（Sudbury），有一個人的頭顱被安放在一座教堂中做為聖物，但他並不是聖人。賽門・薩德伯里（Simon Sudbury）的頭顱被他的支持者放在那裡，很可能是因為他們希望有一天他會被封聖，而雖然這件事從來不曾發生，他的頭顱卻獲得妥善保存，今天我們可以在聖葛雷哥利（St Gregory）教堂聖衣室的一處壁龕中看到它。這只是一個死人的頭，觀光客習慣把它看成歷史文物，而不是神聖遺骨。小學生會在歷史課校外教學時來看賽門．薩德伯里的頭，這位坎特伯里大主教、英國上議院大法官在一三八一年的農民起義期間遭到一群憤怒的暴民斬首，因為他向老百姓徵收人頭稅，引發強烈不滿。薩德伯里既不是聖人也不是罪犯，他的頭顱是在廣義上被視為聖髑，也就是說它見證了歷史中的一個重要時刻。基於這個理由，它能夠象徵某種生根於十六世紀，但在隨後兩百年間才慢慢開花結果的改變，也就是「聖髑」這個詞彙逐漸失去它的神聖光環。

賽門．薩德伯里於一三八一年遭斬首，那時是中世紀宗教聖物交易的盛期。根據地方上的傳說，薩德伯里的支持者把他的頭從倫敦橋上的木樁取下，祕密送到他家鄉的聖葛雷哥利教堂，或許他們認為這個紀念物有朝一日將能證明它是不會腐化的聖人肉身。但不同於奧利佛．普蘭基特，薩德伯里的頭顱不曾成為組織性封聖運動的對象；它反倒成為地方民俗的一部分、教會遺產的一部分，甚至可以算是室內裝潢的一部分。然後，在教堂中安身立命六百餘年之後，薩德伯里的頭顱開始向科學界訴說它的祕密。

薩德伯里有一家稱為「未來展望」（Future Vision）的基督教慈善機構，經常與地方上的學校合作。二〇一一年間，這個機構請鄧迪大學（University of Dundee）的鑑識人類學者根據賽門．薩德伯里的頭顱遺骨，進行臉部重建。頭骨被送到貝里聖艾德蒙茲（Bury St Edmunds）的醫院，在那裡進行了一系列電腦斷層掃描，然後透過電腦模型軟體，在資訊空間中去除頭骨上的肉質。這個虛擬頭骨被轉化成薩德伯里真正頭骨的精確三維模型，再據以執行黏土重建。工作人員以青銅及樹脂鑄造出三個薩德伯里頭顱，一個送給坎特伯里市議會；一個送給聖葛雷哥利教堂，在那裡跟原來的頭骨一起展示；第三個重建頭顱則由「未來展望」收存，做為教材之用，藉以向學生說明賽門的生平事蹟、這座教區教堂的歷史，以及臉部重建這門科學。

於是薩德伯里的頭顱成為貨真價實的「二十一世紀聖物」。頭顱搭配有透過科

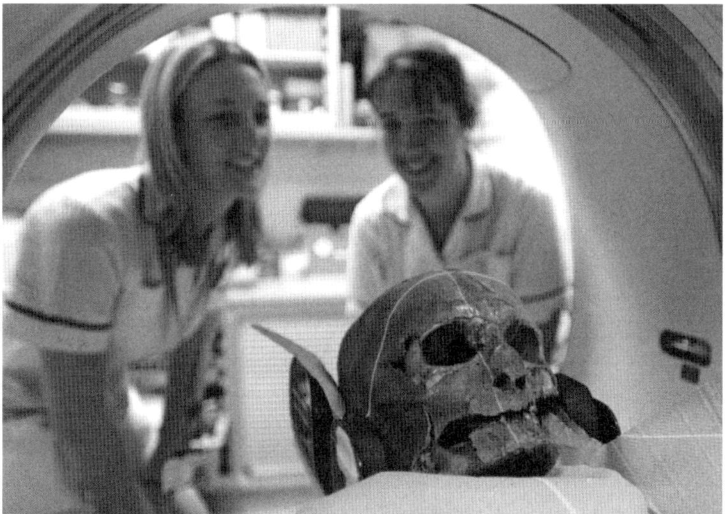

圖16　英國貝里聖艾德蒙茲的西薩福克（West Suffolk）醫院的工作人員將賽門．薩德伯里的頭顱置放於電腦斷層掃描機中，二〇一一年三月。

學模型製成的「上身聖物」，吸引民眾前往這座英國國教教堂參觀，並由一家基督教慈善機構教導小朋友人體解剖和鑑識人類學。它的存在更凸顯出奧利佛．普蘭基特的頭顱在意涵上確實屬於中世紀的範疇。薩德伯里的頭顱證明俗世遺物也能引發多采多姿的活動、聚集興致高昂的民眾，這點絕不輸於任何聖髑。二〇一一年九月，薩德伯里的重建臉孔正式露面時，這項計畫獲得廣泛的媒體注意。記者附帶提到這項重建工作對地方史及國家歷史的貢獻，但報導重點擺在薩德伯里臉孔公諸於世這件事。這個「科學上的投胎轉世」本身就是一個新聞話題。從腐化的有機物質到以貴重金屬鑄成的光榮與不朽，這個奇蹟般的轉化雖然應該歸功於科學家而不是神職人員，但它所帶來的驚奇感受卻是相同的。

奧利佛．普蘭基特和賽門．薩德伯里的頭顱都留存得夠久，因而有機會變成新的東西。它們是時光的旅行者、來自另一個世界的訪客；它們對過去而言彷彿是異鄉人，對現在而言也是。歲月的流逝使它們完全乾枯變黑、面目全非，逐漸使它們具有考古文物的地位，在喚醒我們的激情的同時，也誘發我們的學術好奇。拜教會提供的保護之賜，它們成為眾人崇敬的焦點，儘管它們的外觀狀況相當嚇人。由於它們「年高德劭」，它們得以掌有自己的空間，並逐漸累積各種**死後的**新身分。它們「人」的成分少了一點，「物品」的成分多了一些，成為自成一格的價值體，擁有新的權力與新的政治機制。它們跟從前一樣繼續主宰我們的注意力，而在這個俗世化的時代，我們觀看、冥思的性質從神性的奇蹟轉移到電腦模型製造的奇蹟，這點幾乎一點也不讓人意外。

許多經過防腐保存的人類身體不屬於教會，但卻能累積神祕力量。舉例而言，共產政府都知道死人比他們在世時更有能力吸引群眾。列寧（Vladimir Lenin）、胡志明和毛澤東可能是當今世界上依然可以看到的政治木乃伊中最著名的例子，多年以來，有數以百萬計的人願意去排隊瞻仰他們。列寧在一九二四年去世之後，他的遺體一直展示到今天，中間只有一兩次短暫中斷。現在他成為令人尷尬的政治問題，因為經過這麼長久的時間，無論是把他埋葬或者繼續展示他，這兩種想法都同樣惹人爭議。拜一群防腐工作人員鍥而不捨地努力，確保列寧在科學技術範圍內盡可能達到不會腐化，他早已成為矛盾的化身——共產主義的「聖人」。就在不久前，在一場關於未來如何處置他的國會辯論中，一位共產黨員甚至還提出警告，表示絕不可以干擾他，以免使國家受到詛咒。

像列寧這麼受尊崇的政治領袖在死後不可能被人砍下頭顱，但無可諱言，許多著名人士的屍體沒了腦袋，因為他們的追隨者想要保有他們的白淨頭骨，以資紀念。把人的頭顱切斷是一種褻瀆的行為，但凝視他們的頭顱卻可以是一種崇敬的舉動。貝多芬（Beethoven）、莫札特（Mozart）、舒伯特（Schubert）等作曲家都因為粉絲的熱情而丟了頭顱。一七九一年莫札特死後，他的遺體跟其他十五個人一起葬在維也納聖馬克（St Mark）教堂的貧民墓園。教堂司事發現這是向音樂天才表達欽佩的大好時機：他在莫札特被埋葬以前，悄悄在他的脖子上繞了一圈金屬絲。一八〇一年墳墓例行性地重新打開時，司事找到脖子上圍了金屬絲的那副骨骸，然後把那顆頭顱偷走。一八六三年，也就是貝多芬和舒伯特死後三十五年，愛樂之友會（Society for the Friends of Music）把他們的骨骸挖了出來，以便進行例行性的墳墓整修。可是當棺蓋打開以後，會員們無法遏制想要拿走頭骨的欲望，後來這兩位偉大作曲家被悉心埋回墳墓，但身上已經缺了頭顱。

「天才的骷髏頭」這個概念在十九世紀達到高峰，當時的頭骨科學儼然成為天才的懲罰，因此有錢人死後，它們的屍體經常用嚴密的磚砌結構保護在墳墓中，藉此遏阻頭骨收集者。十七世紀英國作家、博學家湯瑪斯·布朗（Thomas Browne）早在一六五八年就寫出許多人的心聲：「屍體讓人從墳墓裡揪出來，頭顱讓人做成湯碗，骨頭讓人做成菸斗，成為我們敵人的玩物，這些都是悲慘而可憎的事。」諷刺的是，儘管他對這個現象有強烈的負面觀感，一八四〇年時他自己也逃不過頭骨被挖走的命運。他的頭骨在接下來七十五年間被保管在諾福克及諾維契醫院博物館（Norfolk and Norwich Hospital Museum）。作家、音樂家及政治人物的頭骨經常被人挖出來展示在私人圖書館或公共博物館，這些地方都是安靜冥思的場所，在這方面與教堂性質類似。在漫長的歲月中，著名人物的頭骨被當做智性能力過人的物質證據，但無法對他們的天賦提供任何解釋。事實上，天才的頭顱與聖奧利佛、聖加大利納或聖儒斯特的頭顱有很多共同點，這些俗世遺骨也成為眾人崇敬的對象，並使諾維契之類的地方名揚四海。

一八九〇年代，諾維契醫院博物館拒絕將布朗的頭骨交還給教區教堂重新埋葬，院方堅持俗世崇拜的重要性超過宗教儀式。醫院理事會發文寫道：「這樣一個在本博物館中受到尊敬地維護及保護的遺骨，不宜被視為只是一個珍玩閒置於此。相反地，它將有助於讓參觀民眾注意到——並且提醒他們——這位偉大學者及醫生的貢獻。」假如布朗的頭骨被重新埋進教堂的聖壇底下，想必它將難以吸引醫院的訪客，更遑論為他們帶來啟蒙。

在許多世紀中，最大規模的人類遺骨展示是由教會所進行。這些展示品不只有聖髑，平凡百姓的遺體時常也會被肢解，排放在藏骸所或納骨堂中，以便為日益擁擠的墓園節省空間。不過，最近三百年來，科學機構積極聲張他們處理屍體的權力，因此教會在這個既汙穢又神奇的業務領域失去了主控權。在十七世紀的藥店中，人類頭骨是最有價值的資產之一，它們可說為後來這方面的偉大科學收藏開啟了先河。但是，雖然教會和國家不再是唯一從死亡劇碼中擷取力量的機構，人類頭骨從來不曾失去它的尊榮地位。頭骨一直是收藏家的珍貴物品，無論它的力量屬於神聖、公民或科學的範疇。

當教會決定把人的屍體肢解並移置於納骨堂時，許多神學家強調人的埋葬地點是由他的頭顱所標示，不管身體其他部分埋在哪裡。在藏骸所中，頭骨經常被挑出來存放，並標上死者的名字。這些頭骨經常安放在特製的木盒中，有時甚至會以精美彩繪呈現姓名、日期及花圈圖樣。這類做法在某些地區一直持續到十九世紀乃至二十世紀，例如奧地利的哈爾施塔特（Hallstatt），那裡的藏骸所以彩繪頭骨聞名。在歐洲各地無數納骨堂中，人類頭骨從地面到天花板，鋪滿整個牆面。

這些實踐方式的動機或許有所演變，但在接下來幾個世紀間，其中許多做法被收集頭骨的科學家所採納。在博物館典藏中，如同在藏骸所，頭骨代表整個人，頭骨會例行性地被貼上標籤、寫上文字，保存在盒子或展示櫃中。如果某個人物被認為特別重要，他的頭骨會跟其他人的頭骨分開展示。不管在哲學、原理或美學等層面有什麼差異，人類頭骨做為收藏品的地位數百年來一直歷久不衰。

由於各種物理及哲學因素，頭骨得以抗拒腐化。頭骨結構緊密，抗壓性強，具有迷人美感，而且拜獨特的臉部五官之賜，它可以代表它曾經隸屬於的那個人。正如賽門・薩德伯里的古老頭骨，它們誘使我們玩弄再生轉世的遊戲，想像它恢復皮肉之後的模樣。頭骨的持久性使它能完全拋去從前的屬性，打造全新身分和新的社會連結。這樣演變的結果是，頭骨留存得愈久，它就愈不可能被丟棄或重新埋葬。頭骨的強大在於它具有無與倫比的力量，足以將民眾匯聚起來，使他們朝某一個共同目標攜手邁進。當我們想到所謂「力量強大的頭顱」——千百年來因為奇蹟般的療效而受朝聖者景仰、受藥房重視的人類頭骨——我們可以看到從前與現在的主流思考之間有多麼大的差異。無論是做為聖髑或科學標本，人類的頭顱和頭骨在今天依然擁有強大的力量，而它們之所以到現在還存在於許多地方，必須歸功於英國維多利亞時代的人們，他們帶著戀物癖般的興趣，收藏數以千計的人類頭骨，相較於歷來其他社會，真可謂前無古人，後無來者。

第六章

骷髏頭

BONE HEAD

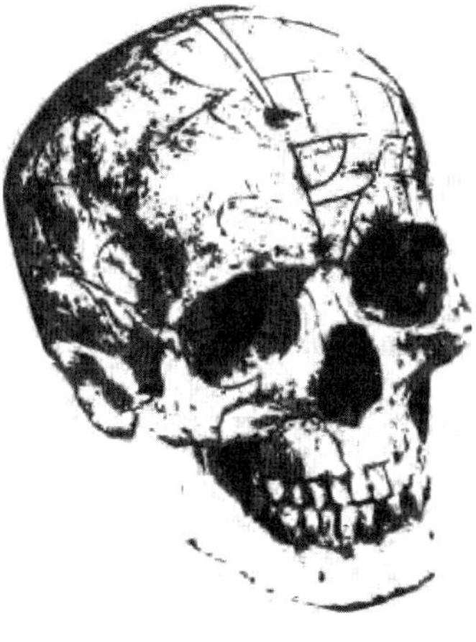

一八〇九年，奧地利作曲家約瑟夫．海頓（Joseph Haydn）去世埋葬以後沒幾天，一名急需用錢的掘墓者就趁著月黑風高，挖出他的遺體，切下他的頭顱，把它包在破布中，交給站在一旁的出資者。這位黯夜商人名叫約瑟夫．羅森鮑姆（Joseph Rosembaum），他是海頓的一個朋友。他捧著海頓的頭穿越墓園，準備坐進等在外頭的馬車，但他忍不住好奇，一邊走一邊就把破布翻開，仔細端詳這位死去朋友的臉。時值六月，海頓的肉已經在腐化，他的腦部也開始腐臭。那臭氣令羅森鮑姆招架不住，他憎惡地嘔吐，但身體上的反感無法阻止他想占有海頓頭顱的欲望。他知道只有忍受生物性腐敗的噁心事實，他才可能得到他的獎賞——珠圓玉潤的音樂天才頭骨。於是，羅森鮑姆的馬車往維也納醫院的方向揚長而去。

羅森鮑姆強迫自己在旁觀看人類頭顱轉變成歷史文物的過程，那骯髒汙穢、不堪入目的第一階段：拿他錢的醫生剝除海頓臉上的皮膚和肌肉，然後清空他的腦殼。「那個景象令我畢生難忘，」羅森鮑姆後來寫道：「解剖工作持續了一個小時，腦部的體積非常大，而且是味道最臭、最恐怖的部分。我堅持撐到最後。」海頓的頭部組織被丟進醫院的焚化爐燒毀。接下來的骷顱頭製作工作是把頭顱泡在石灰水中去除油脂並使骨頭變白，這個工作耗時數個星期，羅森鮑姆不得已只好把朋友的頭顱託付給醫生，回家思考如何設計展示櫃，好讓海頓的骷顱頭有個好地方可以存放。

醫院人員把完工的海頓頭骨還給羅森鮑姆時，他驕傲地把那顆純淨白皙、光滑圓潤的頭顱擺進玻璃櫃。那是個方形高櫃，以深色木材打造，設置於階梯式底座上，並附有簡單的圓珠裝飾頂蓋。展示櫃內有一個玻璃圓罩，骷髏頭就擺在裡面，櫃上則擺了一把優美的木製七弦琴，象徵音樂天賦。羅森鮑姆的七弦琴是否是在援引希臘神祇奧菲斯（Orpheus）[1]的故事？奧菲斯靠著琴聲平安進入冥界，設法營救心愛的妻子歐莉蒂絲。羅森鮑姆的黑暗任務也帶有闖入冥界般的意味，而驅使他的動力是他對音樂的熱情，以及他對海頓做為作曲家的崇拜之意。他也把他所愛的對象從腐爛的陰間挽救了出來。如果那把七弦琴指涉的確實是奧菲斯，可能還有其他象徵意涵在此運作。在奧菲斯神話的一個版本中，奧菲斯的身體被特拉斯和馬其頓的女人扯開後扔進海中，他的頭也就這樣丟了。後來奧菲斯的頭顱漂浮在梅雷斯河（Meles）[2]上被人發現，看起來充滿朝氣，而且還在哀傷地唱歌。頭顱被埋葬的地方建立起一座神廟，成為眾人朝聖的神示所。

海頓的頭顱在羅森鮑姆的家成為一種神龕。頭顱安放在特別製作的櫃子裡，有如博物館標本或文物般展示給精心挑選的來賓欣賞，具有尊崇的意味。它成為一個音樂的象徵，代表這位偉大音樂家傳承給後世的遺產。看到它的人並不認識海頓，就連喜歡說自己是海頓朋友的羅森鮑姆，他跟海頓也不算親近，他愛慕海頓公眾成就的程度超過對海頓私人癖好的熟悉。這顆頭顱不能算是他個人用來紀念海頓的物品，而是一種對海頓在專業上的成

1 譯註：奧菲斯是由阿波羅與掌管史詩的繆思女神卡利俄珀（Calliope）所生，音樂天資超凡入化。小女仙歐莉蒂絲傾醉於七弦琴音，投入少年懷抱。婚宴中，女仙被毒蛇噬足而亡。痴情的奧菲斯衝入地獄，用琴聲打動冥王哈得斯，歐莉蒂絲再獲生機。冥王告誡少年，出地獄前不可回首張望，但奧菲斯忍不住轉身確認愛妻是否跟隨在後，結果歐莉蒂絲墮回冥界。奧菲斯死後，七弦琴化成蒼穹中的天琴座。

2 譯註：梅雷斯河流經小亞細亞古城斯密納（Smyrna，即現在的伊茲密爾〔Izmir〕），因與古希臘吟遊詩人荷馬的生平及創作緊密相關而聞名。

功所做的致意。它證實也提升了海頓的知名度。羅森鮑姆的做法放大了海頓性格中的某個面向，同時掩蓋了其他的面向。這顆頭顱等於是一個經過全面修整，留給後世憑弔的人。

✠

十九世紀期間，一股收藏人類頭骨的熱潮席捲歐美，而羅森鮑姆是這個門派最早的弟子之一。他醉心於研究人類頭顱的「新科學」，也就是所謂「顱相學」（phrenology）。他對顱相學的興趣促使他決定盜取海頓的頭顱，儘管處理死人屍體帶有潛在的風險，而且在實務面上非常噁心。他很可能上過維也納知名顱相學者法蘭茲・約瑟夫・嘉爾（Franz Joseph Gall）講授的課，這位學者在十八世紀末期助長了頭骨收集的風潮。嘉爾「頭骨學說」（Schädellehre）的立論基礎是：一個人的性格可以透過研究他的頭顱來讀取。他辨識出二十七種人格特徵，並宣稱這些特徵——包括記憶、語言能力、狡猾、驕傲、機智、堅定等——都位於腦部特定區域，而且具體烙印在頭蓋骨上。嘉爾認為，一個人的性格就刻畫在他的頭骨隆凸之中。這個理論相當吸引當時的人。

嘉爾是一位非常傑出的講師，而他總是坐在他收集的大量頭顱之間向聽眾授課。他會在桌上擺出一排排人類和動物頭骨、傑出人士上身像、石膏塑像以及彩色蠟製人腦模型，牆壁上則掛了頭部的大型說明圖表。嘉爾討論某個人的虛榮心或色彩感時，會把他的骷顱頭拿起來，指出頭蓋骨上因為那些特質而發展得特別突出的部位。如果他能拿到新鮮的頭顱標本（動物頭顱為主，偶爾也有人頭），他的助理會在聽眾面前解剖腦部。嘉爾的講授在維也納逐漸出名，後來名聲還擴及整個歐洲北部，學員來自社會各階層，

圖17　法蘭茲．約瑟夫．嘉爾在他存放大量頭顱及人頭模型的典藏室引導五名同僚進行顱相學研討。彩色蝕刻版畫，羅蘭森（T. Rowlandson）創作，一八〇八年。

從觀光客、商人、外交大使到學術界人士，可謂無所不包。他結合醫學術語、視覺教具（當時聽眾中親眼見過解剖的人少之又少）以及動人口才，使聽講者如癡如醉。上完一堂課以後，聽眾會排隊請嘉爾研究他們的頭。這是科學被賦與心靈力量的結果——科學家總是比你自己更認識你，而這要歸功於銘刻在你頭顱外形上的各種祕密。

不多時，顱相學就橫掃歐洲北部，造就出數以百計的愛好者。根據歷史學者羅傑·庫特（Roger Cooter）的描述，到一八二六年時，「頭顱熱」已經「像黑死病般蔓延……從底層廚房到頂層閣樓，〔英國的〕所有社會階層都趨之若鶩。」他把這個現象比喻成「一個智識型菌菇或紅花菜豆品種」。某個到倫敦訪問的人發現，在倫敦街頭遊走時，「到處可以看到有人展售供顱相學研究所用的人體上身雕塑及鑄形，景象相當驚人。」商店外面經常擺了人頭的鑄造模型，價格只要幾先令。興致勃勃的收藏家會買下一系列代表不同特質——慈善、好鬥、機智等等——的頭顱鑄形，甚至花錢請人鑄造一個自己頭部的模型。倫敦最成功的顱相學相關商品業者詹姆斯·德維爾（James de Ville）聲稱，他可以用不到七分鐘的時間幫客人做出精確的頭部鑄模，而且這個過程對客人造成的不適程度極低；然後他會據以製作頭顱鑄形，用於「顱相學研究，或當成家族紀念物」。

顱相學書籍經常成為暢銷書。蘇格蘭顱相學家喬治·康布（George Combe）的著作《人類的構造》（*The Constitution of Man*）到一八六〇年的累積銷售量達到十萬冊，超過達爾文（Darwin）《物種原始》（*Origin of Species*）的早期銷售成績——累計到十九世紀末為五萬冊。在《人類的構造》一書的銷售高峰期，只有《聖經》、《天路歷程》（*Pilgrim's Progress*）[3]及《魯賓遜漂流記》（*Robinson Crusoe*）的銷量超過它。羅伯・路易斯・史蒂文森（Robert Louis Stevenson）[4]本人也曾提到顱相學於一八二〇年代初期在愛丁堡受歡迎的情形：「法律系學生跟淑女們交際時，先聊拜倫（Bryon）的詩作和蘇格蘭小說，然後告訴她們他非常相信顱相學」——這則軼事的含意是說，顱相學知識有助於提升一個人在上流社會的地位。每個稍具規模的城市和許多小鎮都成立了「顱相學學會」，會員聚會時會討論罪犯、著名思想家或當地瘋子的頭。顱相學的題材具有娛樂性，同時又以學術研究自居，加上它發展出「動手做」的實務取向，因此成為一門極其強大的學問，深深吸引那些希望提升自己的社會階級的人，許多參與者來自中下階層，或者以商貿、手工藝為業。到了一八三〇年代中期，在英國「三不五時就會看到機械工人在操作他的專業器具時談論〔顱相學〕」。因此我們無須驚訝，當時講師和「專家」如雨後春筍般冒出，四處販售各種訓練課程、圖表、課本、頭顱解讀等。

✠

會像羅森鮑姆那樣在三更半夜忍不住衝動跑去挖掘死屍的狂熱愛好者很少，不過每個

3 編註：英國基督教作家約翰・班揚（John Bunyan）的著作，是一首寓言詩，曾被翻譯為兩百多種文字。

4 譯註：羅伯特・路易斯・史蒂文森（一八五〇至一八九四年），蘇格蘭小說家、詩人與旅行作家，英國新浪漫主義文學代表人物之一。舉世聞名的著作包括《金銀島》（*Treasure Island*）、《騎驢旅行賽凡山》（*Travels with a Donkey in the Cévennes*）等。

上道的顱相學家都需要收藏一些骷顱頭。畢竟顱相學家視自己為科學家，而科學家當然必須處理物質證據。蒐集資料非常重要。

嘉爾對骷顱頭的胃口逐漸變得人盡皆知，於是大人物們開始擔心自己頭骨的安全。十八世紀奧地利天主教神父、耶穌會士及詩人米迦勒・德尼斯（Michael Denis）為此修訂遺囑內容，以免他的頭顱最後變成嘉爾的公開講座裡的展示物。有些顱相學家發現他們的頭骨收藏讓他們一炮而紅。當喬治・康布開始對顱相學產生興趣時，他決定從倫敦訂購一些石膏鑄造的頭骨模型，其中每個都要能說明一種不同的性格類型。鑄形被裝在兩個大型運糖箱裡運來，康布急切地扳開木蓋，取出鑄形擺在客廳地板上，可是「它們看起來都那麼白，而且樣子一模一樣」，他開始擔心自己永遠無法看出它們之間的差別。他一邊罵自己神經病，一邊想趕快把那批一模一樣的鑄形藏起來，當這件事不曾發生，但這時已經來不及了。他的朋友們早就知道消息，他們對這批貨興致勃勃，「成群結隊地趕過來看」，並問他一大堆問題，他只好設法回答。不久以後，康布在閣樓展示這批收藏，而由於想一窺究竟的人很多，他不得不把展示活動限制為每星期兩次，其他時間則請他的姊姊珍陪客人參觀。康布的石膏鑄形收藏使他獲得矚目，他很快就成為英國最有名的顱相學家。

顱相學之所以受到大眾喜愛，大部分要歸功於宣傳者的技巧。最具說服力的顱相學家會在科學權威的表象和劇場表演般的戲劇效果之間取得平衡，無論是在台上向一群民眾解說，或在頭顱量測時那種比較私密的場合。

顱相學家經常不願意透過通信方式，或根據某個人的頭顱鑄形提供性格量測結果，原因很簡單，跟研究對象面對面時所能獲得的資訊比較多，而且量度及觸摸一個人的頭顱對實測者而言確實是非常迷人的經驗。解讀頭顱時，要用捲尺和測徑器量度整體大小及形狀，然後顱相學家會用指尖柔軟部位測定頭蓋骨的「地貌」，手指滑過整個頭皮，測量頭部不同區域之間的距離。每一個「器官」輪流受檢測，同時顱相學家會一直跟客人說話，解釋各種不同官能以及它們之間的關係。顧客有時可以另外花錢買文字報告，而且現場當然會準備一些圖表、手冊、瓷器上身像等，讓顧客買下來留念。

✠

顱相學的吸引力一部分來自它的新奇，因為大腦科學在當時依然是個無從解釋的謎。嘉爾將人類的心智扎實地定位在人類的大腦中。他在這點上的堅持被傳承了下來：今天，心理作用通常被認為發生在大腦內，大腦也早已被視為人類的情感中樞，與心臟、腸等內臟截然不同。其他臟器只是人體的部件，由反射作用所支配，並且可以跟人的自我分離，但大腦卻成為心智的同義詞。做為「感覺、想法、情感、激情的來源」，大腦被嘉爾大肆宣告為自我的根源，他的理論受到前所未見的廣大民眾支持。

嘉爾斬釘截鐵地認為每個人的個性都是一種有機物質，也就是大腦。大腦可以被視做自然界的一部分，透過觀察進行實證研究。「人類性格的科學」是個革命性的概念。根據嘉爾的理論，心智是人體的一部分，若要有效揭開它的奧祕，必須仰仗的不是哲學家或神學家，而是樂於把手弄髒的科學家。這個意思是說，腦部那些看起來像是胡亂盤捲起來的迴圈完全不是偶然造成的結果。每一個迴圈都有它的特定功能。在這個面向上，嘉爾也為現代科學留下無法磨滅的痕跡，因為自此以後，大腦功能定位（cerebral localization）確實成為神經科學的主流思維。大腦看起來或許像義大利通心粉，但那堆柔軟的構造其實是「亂中有序」。

因此，大腦是理解心智的關鍵，而研究大腦最方便的方法——無論你的研究對象是活是死——就是找出心智在人的頭骨上造成的衝擊。人類的頭骨比大腦容易研究。嘉爾是一名醫師，在維也納總醫院接受訓練期間，他有很多機會解剖大腦，後來他又到維也納精神病院為病人進行類似的死後解剖手術。經過這些磨練，他的解剖技術已經非常高超，但大腦非常難纏，它在解剖過程中會解體，不容易維持形狀。一旦大腦被移到人體外，它就變成軟趴趴、不成形狀的一團物質。相反地，骷顱頭堅硬耐久，可說是無懈可擊的研究對象。如同羅森鮑姆的實際體驗，骷顱頭可以隨意搬動、長年保存，而且在視覺上比較吸引人。於是，像他這種頭骨收集者陣容日益龐大。

十九世紀期間，人類頭骨成為科學收集及科學探究的骨幹。嘉爾和他的追隨者將人類頭顱褒舉為人的智識、情緒、道德和社會中樞，現在如果有人想把這種力量歸諸於人體的任何其他部位，似乎都是無法理解的事，無論心臟、胃臟或手部，它們扮演的都只是次要角色，陪襯著頭部這個主角。顱相學將「人類心智」這個抽象概念帶到新的高峰，無怪乎那些新興專業階層——中低階級背景出身的年輕醫生和律師——對顱相學這股運動趨之若鶩，因為人生能為他們提供的資源遠不及他們的蓬勃野心所需，因此他們只能仰仗大腦的力量。這是一門帶來憧憬的科學。人的頭部含有一切重要而有意義的因素，沒有任何東西被遺漏。

尤有甚者，這一切意義都被整理得服服貼貼，顯現在頭部表面。人類的天性清楚展現在那裡，所有人都可以看到，它不再是深不可測的奧祕，而是立即可測可知的東西。顱相學似乎揚棄了盲目信仰及迷信，為人類自我的解析工作帶來新的視野，建立在理性智識和實證觀察之間的平等基礎上。頭顱涵括人類自我的各種官能，而正如顱相學家會仔細整理排列他們收藏的頭骨和鑄造品，這些官能也被井然有序地整理在頭骨的表面。每一個官能都有它的相應位置，鑲嵌在穩如泰山的階層秩序中。

當時的研究結果非常容易預測而且令人莞爾，例如「愛慾」（Amativeness）——亦即性愛激情——的位置是在頭部背面的頭骨最底部，而「個體性」（Individuality）——與數字、秩序、比較等抽象推理有關的能力——則位於「高處」，在頭部的正面中央位置，也就是前額裡側。比較「低級」的本能，例如好鬥、鬼祟、破壞性、貪得無厭等，簇集在同一隻耳朵附近。比較「高尚」的理想，例如希望、崇敬、慈善、靈性等，則又不出意料地被「提拔」到頭骨頂端。勇氣、友情、父母之愛的位置相對偏低，希望、驚奇、機智的位置則非常高。這套解釋毫不曖昧地提倡智識及教養方面的人格屬性，並對後世造成深遠影響。由於人類的頭顱在「種族外貌定性」（racial profiling）領域日益成為學術探究的核心要素，來自所謂「較文明社會」的人類被認為擁有比較大而且高聳的頭顱，而所謂「較原始社會」的人類則被視為頭顱比較低而且寬闊。後者幾乎毫無疑問必然是「眉毛低」（lowbrow）的人——庸俗低粗、缺乏文化水準，對智識性的追求沒有興趣。

✠

許多學術界人士對顱相學敬而遠之，他們認為這門學問是披上科學外衣的算命術。到了十九世紀中期，顱相學已經失去大眾的公信力，但由於顱相學家不遺餘力地推動人類頭顱的研究，因此它的影響力依然繼續發揮。從顱相學登上研究舞台開始，人類頭顱就成為人類身分認同科學的基石，無論演化生物學或臨床心理學，它在所有相關領域中都非常重要。十九世紀期間，由於數不清的科學家對顱相學提出的原則感興趣（縱使他們可能不苟同它的實踐方式），顱相學相關理論持續存在於學界後來對人類頭顱的研究，特別是在「種族」這個敏感主題方面。

一八五〇年代時，人類頭骨已經成為人類演化及種族多樣性的相關學術論辯中不可或缺的一環，但主流科學家並不將它視為頭顱主人人格的物質印記，而是認為每個人類頭骨，都是由眾多類似頭骨形成的廣大種群中的一個特定變體。在十九世紀後期的探討中，人類頭骨逐漸成為種群差異的指標，而不再代表個體性格特徵的差異。有些頭骨可能比其他頭骨「典型」，但整體而言，同一種群的成員——無論這是指同一族群、同一性別，或同等的智識能力——會有大小和形狀類似的頭骨。

這裡面的挑戰是如何得到數量足夠的頭骨，以精確標定不同群體間的界線。墨西哥人的頭顱通常是比阿根廷人的頭顱大還是小？這些人的頭顱跟來自印度尼西亞或巴布亞新幾內亞的頭顱相比，又有什麼區別？為了回答這些問題，科學家需要大量標本。十九世紀末期出現大規模收集頭骨的現象，因為數量大有助於做出有效的統計。包括美國法伍勒（Fowler）兄弟及英國的詹姆斯·德維爾在內，過去幾位顱相學家曾經收集數以十計的顱骨，但到了這時，一個人如果自詡為專業人頭科學家，收集數以百計、乃至數以千計顱骨等於只是他的基本功。新一代「顱骨測量家」不僅如其名所示，從事顱骨測量工作，而且是測量數目龐大的顱骨。

十九世紀中期，顱骨學被捧為人類自然史研究的基石，所有「最好的」解剖學及自然史博物館都有相當可觀的人類頭骨收藏，而且相關人士普遍認為有必要進一步擴大收藏。頭顱依然是人的本質所在，但現在，隨著科學家紛紛投入種族差異的歷史研究，每個人、每顆頭顱，都在這個大規模分類作業中成為標本。

這裡面的假設就它最基本的層面而言，與顱相學的假設類似，只是種族特徵被假定存在，而且取代了原來假定的人格特徵。頭顱小，大腦就小，而大腦小，心智就比較原始，因此科學家在測量和整理頭骨時，相信他們同時也在測量及整理不同的人類族群。顱骨學的基本前提是：人類在智識、文化及身體上的差異可以化約為一組測量數值，然後置於一個線性尺標中。人類頭顱的隆凸凹陷方式依然有其重要性，但整體大小和形狀才是這個架構中的真正定位標準。

一八五〇年前後數十年間，「種族」的概念變得與人體的具體外觀緊密相關，探討人類外貌也成為科學研究中的顯學。教育、宗教及氣候只是人類多樣性的「奇妙原因」，骨骼和身體才是鐵一般的事實證據。若要確立一門「人類科學」——當時許多人確實非常關切如何讓與人類有關的研究展現科學上的憑據——首先必須讓它奠基於物質證據和夠科學的調查方法。接下來幾十年間，學界致力蒐集所需資料（也就是死人屍體的各個部位），為這門人類科學建立基礎，並設法辨明資料詮釋的最佳方式。

在找出世界各地人類之間的相似及差異時，所有人類骨頭及身體部位都非常重要。胸部、肩胛骨、手部、腳部、腹部、骨盆的造形，以及皮膚色調、頭髮質地，都必須仔細記錄並比較。一代代的研究會拿到色調卡之類的色彩圖表，做為旅行研究時的輔助工具，讓他們能夠設法將一個人的皮膚色調與手上的色卡進行比對。不過，這些色彩及大小方面的屬性都不像人類頭骨的特徵那樣受強調。約瑟夫・巴納爾・戴維斯（Joseph Barnard Davis）可能是收集過最多頭蓋骨的學者，他曾說：「人類的顱骨比起其他因素絕對是鶴立雞群」——同時代許多其他學者都認同這個觀點。過去，顱相學家為人類頭顱打造了獨特地位，並據以建立他們的學術名聲；曾幾何時，顱骨學家翩然登場，做著同樣的事。

✠

從實際觀點來看，頭骨擁有許多特質，使它值得推薦給有興趣探究科學的人。一名維多利亞時代醫生——詹姆斯・艾特肯・梅格斯（James Aitken Meigs）指出，頭骨「易於處理及保存，能夠方便地經手、測量，從不同觀點衡量，並相互比較。」頭骨非常適合當標本，因為它體積小，而且質地堅硬扎實。它比全副骨骼緊密，因此相對容易運送，同時它又比頭部所含的組織成分持久，可以放在博物館展示好幾百年。頭骨有驚人的耐壓能力，原因之一是它的形狀，但這也是因為頭骨不同於長形骨骼，不含骨髓成分。此外，頭骨被視為「最具特徵」的人體部位，因為不同頭骨之間有各式各樣的差別，足以體現人與人之間的差異。它的各種縫隙、孔穴、隆凸、凹洞，都構成統計學家夢寐以求的資料。

人類頭骨很容易供人做各種測量，因為它是一個中空的三維物體。它包含內部及外部，讓人既可以量度骨骼本身，也可以研究腦部的容積和形狀。眼窩、乳突、顴弓，以及形形色色的突出和開口，都是分析記錄的絕佳材料。頭骨的高度、深度、寬度有許多不同計算方式，因此，量度結果的關聯性如何判定，成為顱骨學家之間不斷爭論的議題。

在那個年代，科學家進行研究工作的出發點是自然界必將臣服於他們的探究，他們相信地球上的生命是由一些法則所支配，而人類掌握了那些法則的鑰匙；斷定科學價值的標準是人是否能置身於他所測量的世界之外，不受任何既定成見左右，只觀察手中擁有的證據。在這樣的思想氛圍中，骷顱頭成為最完美的研究標本。骷顱頭具有獨特性，充滿韌度，幾乎從不變化，它讓人類相信他們處理的是無庸置疑的事實。踏上一個探尋某種「規則手冊」的旅程，設法藉由這套規則來解釋頭骨之間的驚人差異，這是一個令人難以抗拒的邀約。無盡的變異性之間必定存在某種共同的樣式，只等著世人走出去收集相關資料。

在一八五〇年之前，歐洲地區已經出現一些規模非常大的人類頭骨收藏。顱骨學鼻祖——一位名叫約翰．弗德利希．布魯門巴赫（Johann Friedrich Blumenbach）的德國醫生在十九世紀初期收集了兩百四十五個人類頭骨，這些收藏保存在哥廷根（Göttingen）大學。位於英國肯特郡查特罕（Chatham）的軍醫博物館（Army Medical Museum）典藏了六百個來自七十個不同部落和民族的顱骨。喬治・康布於一八二〇年成立的愛丁堡顱相學學會收藏了來自大英帝國各地的「民族頭顱」。然後還有詹姆斯・德維爾和嘉爾的驚人顱相學收藏。前者包含一千八百個頭骨及石膏鑄形，不過一八四六年德維爾過世之後，這些頭骨逐漸被瓜分，流失到不同地方。後者目前主要典藏在奧地利的巴登（Baden）和巴黎的人類博物館（Musée de l'Homme），一共有三百五十個頭骨和鑄形。

醫學界的收藏沒有例外地包含人類顱骨。約翰・杭特（John Hunter）在十八世紀末建立了大規模的比較解剖學收藏，為英國皇家外科醫學院的醫學典藏奠定基礎。這個收藏包括為數眾多的人類頭骨，由杭特依據複雜程度加以整理。他鼓勵他的醫學學生照做，於是在十九世紀初期，解剖學校、教學醫院、學術社團及大學開始更有系統地進行解剖學收藏，逐漸建立出一個人類骨骼及人體部位收藏網路，其中頭骨占了一大部分。內科及外科醫生經常在自家展示他們的醫學收藏，但愈來愈多醫學院和醫院決定出資興建專屬博物館，展示日益龐大的人體標本資料庫，包括正常標本和病理標本在內。對十九世紀中期連番出現的許多新學術領域的研究人員——包括解剖學家、醫生、動物學家、考古學家、民族學家、自然學家等——而言，頭骨深具探討價值，因此無論研究者屬於哪個國家或學術機構，收集頭骨的風尚在整個學術界不斷延燒。

人類頭骨的美學特點相當突出，促使學者將它們排成線形序列。最初的顱骨收藏家，包括杭特及布魯門巴赫，是以成排方式展示頭骨。布魯門巴赫稍微提過這種做法的視覺力量，他寫道：「當頭骨排放在同一平面，從上方及後方觀看……頭骨的種族特性……立即而清楚地躍然眼前，將這個觀點稱為一種垂直尺標並不為過。」杭特將顱骨按照從猿猴到人類骷髏頭的順序排列。雖然這些學者並沒有提出任何關於人種優劣的主張，但他們的頭骨收藏似乎是按照線性方式排列，而且將頭骨排成階級、人種性質序列成為科學界的普遍做法。奧地利人體解剖學家約瑟夫・西特爾（Joseph Hyrtl）收集了一百三十九個骷髏頭，後來在一八七四年由費城穆特博物館（Mütter Museum）收購。今

圖18　西特爾的頭顱典藏，展示於美國費城穆特博物館。

天這些頭顱依然展示在那裡，置於原有的木櫃中，從地板到天花板成排整齊陳放，各色人類頭骨在一整個牆面上露齒而笑，這個景象在當時的醫學博物館及大學想必非常常見。

西特爾把這些藏品運到費城時，貨運車廂上的每一個箱子都置放於枕頭上，而且整堆貨物周圍都設有護欄，足見他對他收藏的頭骨非常自豪，而且非常關心它們的安全。事實上，西特爾的收藏只是歐洲地區眾多收藏之一。顱骨成為收藏品的比例遠大於人體其他部位，以巴黎人類學學會為例，一八八〇年時，它一共已經收集到一百三十副人體骨骼，兩千個經過乾燥處理的人體部位，以及四千個骷顱頭。這些科學標本以類似納骨所的戲劇化方式陳列，彷彿在頌讚理性科學凌駕於個體之上的力量，同時為人類戰勝死亡的概念呈現新的觀點。

✠

收集骷顱頭最早也最熱衷的人士之一是美國的薩謬爾・喬治・摩頓（Samuel George Morton）。摩頓是賓州大學解剖學系教授，他在一八五一年去世以前，一共收集了超過一千兩百個人類頭骨。史蒂芬・傑伊・戈爾德（Stephen Jay Gould）[5]曾冷言冷語地指出：「朋友（和敵人）們把他那棟大藏骨屋稱為『美利堅各各地（Golgotha）[6]』。」摩頓收集的頭骨有些來自戰場，有些是監獄和濟貧院（workhouse）[7]管理人員送給他的，有些從美

5　譯註：史蒂芬・傑伊・戈爾德（一九四一至二〇〇二年），美國古生物學家、演化生物學家、科學史學家及重要科普作家。

6　譯註：各各地是耶路撒冷附近的一座山，也稱Calvary，意譯為「髑髏地」。根據《聖經》記載，耶穌在那裡被釘上十字架。

7　譯註：濟貧院也稱勞動救濟院，是英國於十七到十九世紀期間用來救濟窮人的設施，窮人在那裡從事低粗的工作，換取免費食宿。

洲原住民的埋葬場劫掠而得，還有些出土於世界各地的考古挖掘場地。他的大量頭骨收藏不但沒有使他被認為是怪人而遭邊緣化，反而在科學界為他帶來名譽和尊敬。瑞士自然史學家路易．阿加西茲（Louis Agassiz）於一八四六年訪問摩頓以後，在寫給他母親的信中提起：「想像一個六百顆骷髏頭的收藏，其中大都是印第安人頭骨，來自過去及現在居住於整個美洲大陸的所有部族。沒有任何其他地方有這樣的東西。光是為了看這個收藏，就值得專程到美國一趟。」

摩頓致力以立方英寸為單位，測量那些骷髏頭的相對容積。一開始他是用篩濾過的白芥末籽充填骷髏頭，後來改用直徑八分之一英寸的鉛粒，因為他認為鉛粒比較可靠。他收到骷髏頭以後，都會把它清洗乾淨，塗覆清漆，然後進行測量。碰到不尋常的骷髏頭時，他會在書房裡花好幾個小時、甚至好幾天觀察它。他的觀察力據說近乎先知的程度：每當一顆沒有任何辨識記號或標籤的古老頭骨送到他那裡，他會對著它冥思好幾天，然後宣布結論。「先前他從沒見過腓尼基人頭骨，他也不知道這顆骷髏頭來自哪裡，但他認為腓尼基人頭骨就應該是這個模樣，所以它不可能是別的地方的骷髏頭。」果不其然，六個月以後，他收到一封說明文件，上面寫著：頭骨的發現地點是馬爾他的一處腓尼基人墓。

摩頓出版兩本書介紹他的收藏，並詳細說明他的頭骨容積研究結果。不過即使是這麼大規模的收藏，比起來自英國的另一位同好——約瑟夫．巴納爾．戴維斯的收藏，還是黯然失色。摩頓和巴納爾・戴維斯各生於一八〇〇年前後一年，兩個人隔著大西洋各自追隨他們的熱情，他們是歷史上最貪心的顱骨測量家。巴納爾・戴維斯累積了數量驚人的頭骨——高達一千七百個。他把這些骷顱頭堆放在他位於史塔佛夏（Staffordshire）郡市集鎮薛爾敦（Shelton）的住所。一八八〇年間，他把這批收藏賣給皇家外科醫學院，因為這個學術機構感覺「這些收藏應該予以完整保存，不宜讓它流向海外。」巴納爾・戴維斯的收藏被視為「有史以來，以私人名義累積的頭骨中最豐富也最有價值的收藏。」

巴納爾・戴維斯擁有的頭骨多到工作人員花了整整十二個月，才把全部頭骨從薛爾敦運到位於林肯客棧原野（Lincoln's Inn Field）的皇家外科醫學院。那些骷顱頭在他的住所一路堆到屋椽。為了準備讓骷顱頭搬家，他開始進行整理分類，經常像個獵人般在閣樓中搜尋，設法找出被放錯位置的頭骨。他的閣樓裡擺滿櫥櫃，櫥櫃裡裝滿人類骨骼，而且有時他必須把鎖頭撬開，因為鑰匙早已消失得無影無蹤。不過即使他這樣賣力追蹤，最後還是有一百顆骷顱頭的來源無法考證。

與這個龐大的整理打包工程周旋一陣子以後，巴納爾・戴維斯決定舉白旗投降，花錢請一名瓷器包裝業者來幫忙，確保每顆骷顱頭都用紙包妥，並置於乾草鋪設的小窩中，然後才堆入木箱，由鐵路公司派員收取，運到附近的火車站，裝上開往倫敦的列車。最後一箱貨品送走以後，巴納爾・戴維斯感到無比孤單。他的房子想必忽然彷彿變成兩倍大，感

圖19　皇家外科醫學院的一名女傭正在清理人類頭蓋骨典藏，二十世紀初期。

覺空曠寂寥。「現在我變得形單影隻，不再擁有我的收藏，」他向皇家外科醫學院典藏主任寫道：「我覺得落寞，整個人彷彿解體了。」現在他唯一的希望，就是他剛揮別的那些骨頭（除了數以百計的頭骨之外，還有十四副帶有關節的完整人體骨骼）在新家能受到妥善照顧，並獲得詳細建檔管理。

✠

身為一名醫生，巴納爾．戴維斯在收集頭顱方面可說是不擇手段。一名醫師同儕約翰．貝鐸（John Beddoe）記得他「基本上就是把別人的頭看成潛在的骷顱頭」。根據貝鐸的記述，有一次巡查醫院時，他把巴納爾．戴維斯介紹給他的一位病人。那是一名來自杜布羅夫尼克（Dubrovnik）[8]的船員，他差點溺斃，獲救後被送到布里斯托皇家醫院（Bristol Royal Infirmary），貝鐸負責治療那人肺部的壞疽。巴納爾．戴維斯立刻受到好奇心的驅使。他告訴貝鐸：「你很清楚那人恢復不了；他死的時候，請你記得幫我護好他的頭，因為我還沒有收集到來自那一帶的頭顱。」幸好巴納爾．戴維斯的診斷太過一廂情願，船員大難不死，後來完全恢復健康。鬆了一口氣的貝鐸事後不禁幽了一默：「他把頭扛在自己肩膀上，回赫塞哥維納去了。」

這就是頭骨收集的真實寫照。收藏家必須跟醫生和護理員聊天拉關係，並安排從醫院

8　譯註：亞得里亞海岸著名港都，位於今天的克羅埃西亞。

解剖室、市立殯儀館、監獄或精神病院將頭顱運出去的相關事宜。身為頭骨收藏家，巴納爾・戴維斯和摩頓都懂得運用工作上的廣大人脈。別人印象中的摩頓「風度翩翩，使旁人不禁受他吸引，彷彿被兄弟之情的繩索所牽動」，而這種個人特質想必為他的專業成就帶來關鍵性的助益。根據歷史學者安・法比安（Ann Fabian）的統計，共有一百三十八人將人頭或頭骨貢獻給摩頓的收藏，而且那些人來自許多不同社會階層，有醫護人員、政府官員、傳教士、軍人、探險家，甚至委內瑞拉總統。巴納爾・戴維斯也如出一轍，他仰賴朋友或同僚寄（或賣）給他這些收藏品。其實在這個巨大累積工程的最前線，遠遠超過摩頓和巴納爾・戴維斯的朋友圈的日常活動範圍，有一些人在各種可疑情況下交涉人頭和頭骨的取得事宜。歐美各地博物館收集了數以千計的人類頭骨，但在幾乎每一顆骷顱頭背後，都有一個與交易、詐騙、壓迫或耍花招有關的故事。

從「原始國度」收集頭顱可能相當直截了當，因為地理和文化上的距離——在某些情況下還包括殖民官僚體系這個助力——使得無數災厄幾乎不受注意地發生。少數時候，當地人民會接受收藏家對人頭的要求，例如一名俄國探險家在一八八〇年代旅行到非洲中北部贊德人（Zande）居住區時，就這樣順利取得人頭。他在收集當地動植物的過程中，決定把人類頭骨也納入收藏，於是他發布「一條指示，要求取得漂白頭骨，只要出現恰當的時機。」他的運氣不錯，提出請求時，當地剛好發生鄰近社群的衝突事件，因此很快就有人送來「恐怖禮物」：三大籃人頭。他把人頭短暫埋葬以後，就把它們運回俄國清洗。

比較常見的情形是，收藏家對死人屍體的興趣會遭受當地人的反抗。在許多地方，民眾開始舉行祕密葬禮，使來自歐美的盜屍人莫可奈何，有些搜尋頭顱的收藏家甚至開始擔心人身安全。摩頓的人脈網路中有一位名叫約翰·柯克·唐恩森德（John Kirk Townsend）的鳥類學家，他宣稱有一次他在奧勒岡州的一處美洲原住民埋葬地盜墓時，冒了很大的生命危險。他寫道：「在我們國家，要取得印第安人頭骨是相當危險的工作。原住民對你非常嫉妒，你在他們的陵墓附近流連時，他們會非常仔細地觀察你，要是可憐騎士膽敢干擾他們的神聖遺骨，很可能立即遭到血腥報復。」

當地人民抵抗貪婪的外來者時，頭骨收藏者通常就只好在月黑風高時偷偷摸摸地行動。摩頓的一名友人是殖民地官員，他在埃及盜墓，並寄給摩頓一百多個頭骨。他在信中提到，那帶給他「一種卑鄙無賴的快感，我在讓死人復活這行做的種種實驗絕對可以讓你捧腹大笑。」用這種方式把偷屍活動輕描淡寫成蠻勇冒險不算少見，在許多故事中，旅行收藏家確實會在夜裡偷襲戰場或埋葬場，以盜取頭顱。一八九〇年代，劍橋大學的艾弗瑞德·寇特·哈頓——也就是第一章中提過的那位後來到婆羅洲和托列斯海峽收集顱骨的人類學家——住在愛爾蘭西部時，有一次他在半夜造訪一處廢棄教堂。他的好奇心獲得回報——他在教堂牆壁的某個凹處找到一些顱骨；但忽然間有兩個人從附近走過，使他不得不將掠奪品藏起來，稍後他回到等著送他返回住處的船上時，也得在船夫面前躲躲藏藏。英國人類學家查爾斯和布蘭達・瑟利格曼（Charles and Brenda Seligman）夫婦於一九一二年在蘇丹東海岸進行研究，某天傍晚太陽下山時，他們前往一處古戰場，然後開始「悄悄地用我們的楊杖把地面弄鬆，取出頭骨。」他們不敢拿圓鍬挖更多頭骨，不過天黑以後他們返家時，手上還是提了十一個頭骨。

人頭可能在任何我們想像得出的情況下取得，其中有些情況合法，有些則是非法。巴納爾・戴維斯的人脈會送給他被處決罪犯的頭顱，或來自醫院解剖室的頭骨。他擁有一個女孩的骷髏頭，是在龐貝古城的一處地窖中發現的，那女孩頭上還戴著網紗。他也有十個萬那杜（Vanuatu）[9]人的頭骨，這些人在他們家鄉的醫院死於痢疾，後來主治醫師把他們的屍體挖出來，切下他們的頭顱，清理成頭骨，貼上識別標籤，然後寄送到英國給他。他還有曼徹斯特濟貧院住民的頭骨，是當地外科醫生送的。也有肯特郡建設新鐵道時在開挖現場出土的古代頭骨。這些頭顱各個都有自己的故事可以訴說。骷顱頭原來的主人還包括一名緬甸仰光的竊賊、一個在香港遭處決的中國海盜，以及一個澳洲塔斯馬尼亞（Tasmania）居民，這人被懷疑在某天夜裡偷羊，結果遭管理員開槍打死。

然後還有一些頭顱出自沙場上陣亡的人。對十九世紀的收藏者來說，軍隊顯然是人體部位的豐富來源，摩頓就是一個絕佳的例子，他仰仗美軍軍官的程度遠超過其他類型供應

9　譯註：一九八〇年建國的太平洋西南部群島國家。

者。摩頓死後，美國印第安戰爭成為穩定的供應源，大量人頭被用為建立種族理論的資料。一八六八年間，美國軍醫處長甚至發布正式備忘錄，籲請軍醫為美軍醫學博物館收集美洲原住民的頭骨，以便建立更有系統的收藏。他非常強調「量」這個部分：頭愈多愈好，因為這個收藏旨在「對大量北美洲原住民種族的頭骨進行量度，協助人類學的進展。」

這是已知唯一一次美國政府正式參與人類顱骨收集工作，而且獲得的結果相當驚人。美軍醫學博物館在一九〇〇年時已經取得大約三千個頭骨，其中兩千兩百個頭骨在一八六九年間從史密森學會的典藏中心移送到那裡，當時一輛輛馬車運送顱骨通過美國首都的情景想必令人大開眼界。多年間，美國的軍醫在戰場上取得頭顱，在軍營或醫療營帳中切下數以百計美洲原住民的頭，有時他們也會直接從墓地挖出頭骨。

在世界各地，軍人最容易遇到原住民，也最有可能把他們殺害，因此不足為奇，所有重要的解剖學收藏一部分都要歸功於軍中的士官兵。這不是簡單的工作，許多美國醫生都抱怨過他們在搶奪屍體時必須承受的艱困和危險，其中一個重要原因當然是當地社群會想盡辦法阻止他們做這件事。另一方面，軍人心裡知道他們做的事不應該，所以他們會對同袍隱瞞他們的行為。有個人描述過一個非常尷尬的情景：他因為某種原因，不得不讓部隊知道他在營區伙房裡煮人頭。另外有一次，一名《舊金山紀事報》（*San Francisco*

Chronicle）記者驚駭地看到營區的一個帳篷已經變成解剖室，裡面有一張鋪了橡膠布的桌子，一大桶水，琳瑯滿目的外科器具——這些設備的目的是切下他們最近殺害的莫多克（Modoc）部落原住民的頭，然後送到華府去。

✠

無以數計的醫生切下死人的頭顱，清出頭骨，解剖他們的遺體，清理他們的骨骼，然後把人體各個部位進行裝瓶、防腐保存、貼識別標籤，就這樣建立起人體收藏。他們通常是把這套程序應用在最貧窮、最沒有權力的社會組成分子身上，原因很簡單，這些人的家人沒有錢或其他社會資源為死者舉行安全的葬禮，於是遺體就很容易落入醫生手中。

有時候中產階級的人會把大體捐給科學研究機構。十八及十九世紀期間，要求死後驗屍的情形逐漸普遍，這經常是為了讓醫生研究某個特定疾病，但他們會小心避免大體受損，做完檢驗後也會仔細修補，讓死者體面地安葬。人體解剖是另一回事，而且在歷史上還帶有刑罰的意味。被解剖的屍體做過醫學檢驗之後，變得面目全非，然後被扔進沒有標示的掩埋坑，或隨著醫院的垃圾丟棄。就算這些被解剖的屍體獲得適當的安葬，通常也沒有人會掩飾它們遭受的破壞。收藏家如果要仰賴私人捐贈建立完善的人體部位收藏，他得等上很久很久，因為很少有人會同意在往生之後受到這樣的對待，特別是當時多數人都認為大體完整是靈魂順利過渡到來生的關鍵。

由於捐贈者少，醫學院及科學收藏對屍體的需求又高，維多利亞時代的醫生選擇阻力最小的途徑，收集罪犯、瘋子、窮人、敵人、叛徒、奴隸和外國人的遺體，以滿足他們的需求。在今天的研究性收藏中，這些類別的「無名死者」的數量依然有成千上萬。

有史以來，死者如果看起來沒有家人朋友，經常就會成為從事科學解剖及人體保存的藉口。一八三二年的英國人體解剖法案及接下來幾十年間在美國通過的類似法案，允許對「無人認領」的死者進行醫學解剖。於是，數以千計的窮人走上成為科學收藏的路，因為他們沒有錢在他們的教區墓園買下安身之地。這些人不見得真的孤苦無依，但由於親友付不出喪葬費用，所以還是等於「無人認領」。在許多情況下，有能耐讓死者逃過解剖刀的終究不是家人，而是錢，因此這些沒錢的窮苦人家往生後，往往被當做實驗物品處理，受對待的方式彷彿他們全然無親無故。十九世紀期間為醫療機構提供屍體的專業劫墓者為了避免屍體被辨認出來，會小心翼翼地把所有衣服和個人物品留在墳墓中，因為無名屍難以追蹤，家屬比較不可能認屍。

在美國，無名墳墓及「陶人田野」（potter's field，即公家出錢埋葬死者的地方）是最受偷屍人青睞的目標，因為那裡的「居民」至少在象徵層面上已經被家屬和社會遺棄。其他可靠來源還包括自殺者的遺體，因為他們沒有權利葬在基督教墓園。基於相同原因，貧民所和濟貧院也為科學研究提供數量穩定的死屍。非裔美國人的墳墓經常位於獨立的墓園中，因此經常成為盜取目標。在一個種族隔離的社會中，黑人的遺體遭竊幾乎不會引起中上層階級的注意，而且他們的家屬也幾乎沒有力量對抗。

當年許多學術界人士相信非裔美國人及所謂原始民族幾乎不能算是人類。例如薩謬爾・喬治・摩頓就認為人類的不同種族是在上帝造物時建立的，因此他們構成個別的物種，這是無法改變的事實。把外國人視為不同物種乃至次等物種的觀念，不僅使他們成為科學分析的適合對象，而且也可能在某人對他所做工作的道德意涵有所猶疑時安撫他的良知。即便友誼的建立能夠沖淡「我們」和「他們」之間的分野，但最後做決定的還是「科學」。伊西（Ishi）就是一個絕佳的案例。

伊西是一名美洲原住民，一九一一年間，他在加州北部一處屠宰場園區內被人發現。他一身落魄，骨瘦如柴，聽不懂一句英文，除了脖子上圍的一塊車用篷布以外，全身一絲不掛。媒體把他報導成北美洲最後一位野人，加州大學的人類學家則進行研究，證實他是美洲原住民雅西族（Yahi）[10]的人。他的家人朋友已經全都死去，無依無靠的他最後在飢餓和絕望交迫之下，不得不離開家鄉。他被暫時安置在位於舊金山的加州大學人類學博物館，等相關單位做出合適的安排。結果他繼續在這座博物館生活了幾年，提供有關他的族人和語言的資訊，並以門房助手的名義賺取薪水，直到他在一九一六年去世。

10 譯註：雅西族是雅納（Yana）族的四個分支之一，「雅」（Ya）在其語言中意為「人」。雅納族原居地是加州北部內華達山脈中段地區，雅西族位於最南部，與白人接觸得最早。加州淘金熱導致殖民者侵略他們的土地，使他們失去傳統食物來源，並在暴力侵略過程中人口銳減，從初期估計的四百人，到一八六〇年代伊西出生時，只剩一百人左右，隨後繼續在外來者攻擊壓迫下凋零。

伊西曾公開要求他死後不能讓人解剖他的屍體。一名典藏專家在伊西往生前幾天撰文表示：「……科學可以下地獄去。我們提議站在我們的好朋友這邊。」他還說：「此外，我無法相信這裡面會有任何實質上的科學價值……在他的例子中，最主要的好處恐怕屬於一種病態的浪漫性質。」可惜他的信寫得還是太晚了。在伊西生前宣稱是他朋友的博物館人員「在科學與情感之間做了妥協」，違背伊西的意願，解剖了伊西的遺體。他們取下伊西的大腦，送給史密森學會。執行驗屍的人自我安慰說，他們把侵入的程度降到最低，不會有一般解剖那種對大體缺乏尊重的狀況發生：至少他的大腦被保留了下來，而且沒有受到破壞。伊西遺體的其他部分獲得完整保存，送到加州一處墓園火化。由此可見，驗屍被視為一種妥協辦法，儘管這麼做違背了死者的意志。

伊西死後遺體遭到切割，正如他的身分在生前的分裂：他既是一個人，也是一個科學樣本。跟許多其他人一樣，他被認為是所謂「部落的最後一人」，他顯然沒有任何在世的親人，死後則被視為不可輕易喪失的「有價物品」。令人驚訝的是，關於某某男子或某某女子是「他們部落的最後一人」這種哀嘆之聲經常出現。外國人和少數民族經常被科學收藏者描繪成沒有羈絆的人，既沒有土地也沒有家族歸屬。這是某種挖苦式的讚美，它一方面使他們的所處地位洋溢一股浪漫情調，一方面卻也影射了他們死時的社會孤立及全然無助。許多人相信原住民會在國際貿易和殖民主義的雙重作用下迅速絕跡。諷刺的是，這種想法使收藏者更積極熱切地收集各種物件、衣服、骨骼，以供研究之用，結果反而導致他們的「搶救民族學」（salvage ethnography）變成某種自我實現的預言。

✠

頭骨收集的黃金年代是構築在這樣的信念下：頭骨與長形骨骼及肩胛骨截然不同，它保留了一個人的本質精髓。然而，博物館收藏的頭骨中，絕大多數卻完全被剝除個人身分與歷史的印記。這樣的對比充滿反諷。為達到理性探究的目的，那些骷髏頭大都特意被處理得沒有臉孔也沒有名字。骷髏頭是一種身分認同的具體標誌，而不真的代表某一個個人，因為骷髏頭同時獨一無二卻又不具人格。骷髏頭依然是某個人的臉孔，但是，由於它被剝除到只剩下骨骼結構，它顯得遙遠，彷彿來自另一個世界，因此雖然骷髏頭保有了它在眼前當下的即刻存在，它的力量卻已經被「去人格化」（depersonalized）。骷髏頭長期被視為來自來世的使者，因為它代表一個人，但那個人卻不在場。他（她）已經轉化成某種新的東西。或許這就是為什麼骷髏頭對科學家那麼有吸引力，因為它同時具有人性又不具人性。它代表的與其說是一個個人，不如說是一個群體，或一種「類型」。將皮肉從某個人臉上清除的做法不只創造出一個令人驚異的裝飾品，它也是將一個獨特的個人轉變成一個泛型標本的最有效方式之一。

博物館的收藏家所做的工作有一大部分與「去人格化」有關。正如掘墓者把屍體賣給科學機構前，會小心地把所有具識別作用的物品留在墳墓中，博物館典藏員對他們的「標本」的個人歷史也鮮少表現出興趣。伊西的例子在這方面比較不尋常，因為他超越了「泛型標本」與「著名遺骨」之間的分野（無論如何，伊西的名氣畢竟源自於他被視為他所屬「類型」的最後一員的特殊地位）。其他對人類學或解剖學有價值的個體會被標上號碼，但名字不會獲得記錄。所有送進博物館收藏的文物都會得到一個登錄編號，透過幾滴墨水的作用，被重新歸類為研究物品，以科學之名抹去他們原有的自我。

摩頓在費城自然科學院（Academy of Natural Sciences）的後繼者悉心地用墨水在他收藏的每一顆骷髏頭額頭上標註號碼和它被發現的地點，有時也標上收集者的名字。在博物館中，收集者的身分經常比被收集者的身分更受矚目。列出一串知名捐贈者的名字有助於強調該機構的聲望。假如慷慨的捐贈者被遺漏，那會是個天大的錯誤，但如果沒有人知道被研究的死人叫什麼名字，那不但沒什麼關係，甚至也可說比較方便。相較之下，一個人的年齡、性別、原居地等資訊經常會被寫在頭骨上，因為這些資訊在探討它的人口學價值時非常重要。約瑟夫．西特爾的做法比較不尋常，他為他收藏的頭骨製作標籤時，會提供更詳盡的資料，包括姓名、年齡、職業、死因等。今天，西特爾的標籤成為廣受討論的題材，正因為那些標籤非常特別，一般人只是把收藏的骷髏頭當做研究物品來處理，不會把

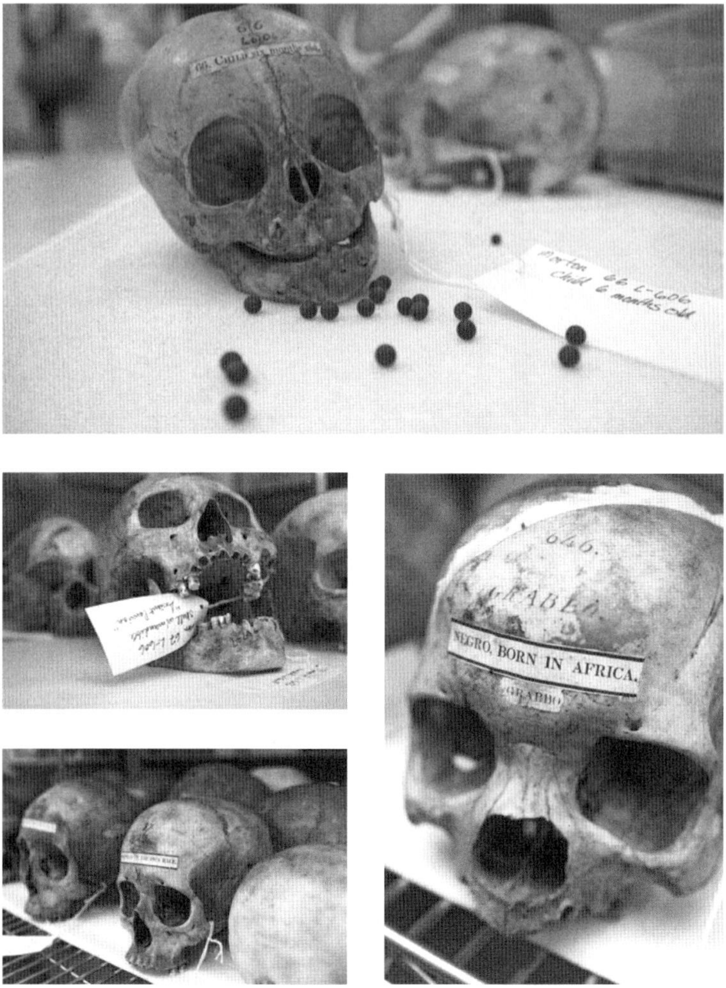

圖20　摩頓的十九世紀顱骨典藏，美國賓州大學考古暨人類博物館。

它視為人的頭，而西特爾的標籤打破了這個傾向。

將一個人的名字消弭，改成一個數字——這是人類遺骨收集者為了把屍體抽離出它與活人之間的社會關係所採用的方法之一。失去了名字，死者就與親友正式分離，親人無法把他索回，因此他便成為研究用的物品。某個人的父親或曾曾祖父就這樣化成一九〇一年以三十六歲之齡死去的一名澳洲男性。在許多案例中，這種社會抽離的程序——其實它本身也是一種「貼標籤者」與「被貼標籤者」之間的權力遊戲——其實只是一個更大的程序的延伸。如同我們先前所見，在某個人的骷顱頭被送到博物館之前很久，早在那個人的頭不見的時候，他通常就已經算是一個沒有名字、沒有家的「無名氏」。

✠

在摩頓、巴納爾．戴維斯之流領導十九世紀後期重要科學研究機構的年代，他們著眼的是以更有系統的方式累積頭骨收藏，於是，成千上萬的人類頭顱被送到歐美各地城市，在那裡讓人貼標籤、研究，然後貯存起來。然而，雖然這些頭骨收藏規模龐大，它們卻鮮少造就出關於人類多樣性的研究出版。在整個十九世紀後期，博物館典藏員鍥而不捨地加以登錄建檔，但出版詳細比較研究的例子卻少之又少，彷彿一旦那些頭骨妥善收存在安全地點、擺進某個「負有文明使命」的機構以後，就不再有什麼大用處。而且就算頭骨獲得摩頓、巴納爾．戴維斯及其他人的詳細測量與比較，所得結果也令他們感到挫折，因為要得到具體結論非常困難。

薩謬爾．喬治．摩頓陸續於一八三九年及一八四四年出版《美利堅顱骨大全》（*Crania Americana*）和《埃及顱骨大全》（*Crania Aegyptiaca*），巴納爾．戴維斯則陸續在一八五六年和一八六七年出版《大英顱骨大全》（*Crania Britannica*）及浩瀚巨著《顱骨寶鑑》（*Thesaurus Craniorum*）。這些書籍列出數以千計的頭骨、數以萬計的頭骨測量資料，其中光是《顱骨寶鑑》收錄的測量資料就高達兩萬五千條。巴納爾．戴維斯坦言：「我開始做這個工作時，想到必須用自己的雙手仔細進行兩萬五千次以上的細緻測量，就覺得很有壓迫感。」由於某種原因，或許是因為他在不斷重複的動作中培養出某種免疫力，他在測量過程中逐漸覺得工作變得簡單。他過世以後，一則訃聞指出他的「強項是在收集、記錄標本時展現從不倦怠的過人精力，而不是深刻的觀察、判斷或歸納能力。」巴納爾．戴維斯自己恐怕也會同意這點。他的主要目標似乎是建立一個可供參考的頭骨形狀資料庫，而不是一個革命性的種族理論著作。

當時有各式各樣的工具可供進行上述龐大的工程。最初，巴納爾．戴維斯用的只是簡單的捲尺、兩腳規（測徑器），和裝有固定釘的量尺，但隨著時代演進，工具也變得愈來愈繁複多樣。光看各種測量儀器接連問世，就可以知道這個題材受歡迎的驚人程度：十九世紀末期，市面上有超過六百種不同款式的頭骨測量儀器，有各種測角儀（goniometer）、顱位保持器（craniophore）、顱形描記器（craniograph）、彎角測徑器（spreading callipers）、直角測徑器（sliding callipers）、骨體測量板（osteometric board）、測力計（dynamometer）和人體測量器（anthropometer），還有頜部測角儀（mandibular goniometer）、立體測圖儀（stereograph）、測顱器（cephalometer）、圓弧測定器（cyclometer）、眶軸計（orbitostat）等等。摩頓選用的是臉部測角儀、顱形描記器（用來畫骷顱頭）、顱位保持器（用來測量顱容積），以及比較基本型的顱測量器（craniometer）和兩腳規。顱形描記器包含一大塊木板（六英尺長、一英尺寬），一端有一個台座可供放置頭骨，另一端是一個目鏡，可讓人以縮小比例觀察頭骨。不難想像，摩頓的辦公室一定很像一座擺滿碼尺和直尺的工具森林。

一八八〇年代，美軍醫學博物館的一名典藏員只是拿頭骨來實驗新的測量工具，而不是據以進行研究出版，彷彿測量本身就是最終目的。每一顆頭顱，無論那是竊賊、海盜或窮光蛋，都變成頁面上的一連串數字，最後產出的只是無數大型表格，顯示各種距離、角度和比例。

這種把人轉換成數字的衝動具有某種權威性質。無論是摩頓或巴納爾・戴維斯，乃至許多同時代的人，他們都傾向於相信種族差異自古即有，是無法改變的事實。巴納爾・戴維斯曾在撰述中提到「人類種族在本質上無法妥協的多樣性」，他們兩人也都相信混血結合產生的下一代會沒有生育能力，或至少生育力顯著降低。但顯然事實並非如此，因此摩頓後來不得不考慮放棄將生育力做為人種分辨標準的做法，不過他依然堅持不同人種構成互不相容的生物群體。摩頓和巴納爾．戴維斯彷彿將人類的多樣性視為跟骷顱頭一樣——堅硬而無法改變。他們廣泛測量人體的作為代表某種將人類歸位的企圖，設法藉此在不同人群之間

圖21　工作人員「以水測量顱腔容量」，美國華府美軍醫學博物館，一八八四年。

畫上邊界。問題是，在他們以為自己正在發現人種差異的過程中，他們其實是在促成這種差異的形成。

所有那些儀器和統計數字都為顱骨測量賦與一種科學的表象。把人轉化成數字的做法使人變得可以預測，但測量結果卻令當事者困擾，因為情況反而變得更混淆。資料中總是有例外、缺陷，而且總有一些個人或群體無法被納入他們試圖建立的拼圖中。人類的頭顱提供的終究是充滿矛盾的資訊，導致種族階層化的主流思考遭受掣肘。

摩頓出版的書籍中的有些文句，透露出他其實難以理解他試圖描繪的人類圖像有多複雜。例如他提到，他原本以為應該互不相同的族群，結果卻難以區分，使他覺得「無所適從」。摩頓也坦言他決定不要為他收藏的高加索人種頭骨計算平均大小，因為他知道其中含有大量體積較小的印度北部顱骨和埃及顱骨，會把平均值拉低。與此同時，他卻把祕魯顱骨納入美洲原住民樣本中，於是拉低了這個種族的平均頭顱大小。但當他看到某些美洲原住民的顱骨特別大，他卻完全把它排除在公布的結果之外。他沒有把性別或身高體型納入考量，因此，由於他的「黑種」樣本含有大量女性顱骨，平均數值自然比較低。祕魯顱骨和興地（Hindi）[11]顱骨都比較小，原因是這些族群的人身材本來就比較小，但摩頓將祕魯顱骨納入計算，卻把興地顱骨排除。摩頓把日耳曼人和盎格魯撒克遜人的平均值往上進位，卻把「尼格羅種」（Negroid，「黑種」）埃及人的平均值往下進位。

11 譯註：興地人即前述的印度北部高加索種民族。

類似的例子不勝枚舉。摩頓的所有測量統計結果都有這種基本問題，因為他的收藏算是雜亂建立起來的，是透過偶然的聚會和社交機會逐漸累積的結果，有些取樣族群比較大，有些則比較小，甚至小到只有一兩顆骷顱頭；有些族群包含比較多女性樣本，有些則以兒童為主。他的資料缺乏一致性，所有顱骨學家的資料也都如此，這種「材料」的本質使「系統性收集」的企圖幾乎完全無法實現。具代表性的樣本是顱骨學家的夢想，但在現實世界中，他們只能透過手中握有的有限組合提出結論，結果當然站不住腳。

另外一個顯著的問題與如何定義「種族」這個詞的具體意義有關。在摩頓的收藏中，有些頭骨的分類是根據宗教或族裔，例如阿拉伯人、塞爾特人、印度北部人、尼格羅人（「黑人」）；有些則是依據國家界線區分——阿富汗人、荷蘭人、英國人等等。更令人擔憂的是，摩頓聲稱他把「白癡」和「混血人種」排除在計算之外，但這些指稱不過強烈凸顯出他企圖界定的類別是多麼難以捉摸。一個人什麼時候應該被視為「白癡」到相當程度，必須予以排除，而做這個決定又是依據誰的權威？這種定義是絕對的不科學，而摩頓在這片亂局中勉強做出的決定，卻為「種族」這一概念的發展歷史帶來災難，因為任何種族分類法都禁不起稍微細緻的審視。定義「種族」應該依據什麼標準？是民族、地區、村莊，甚或是信仰體系？堅持這種分類到最後，還是得想辦法在某個地方畫界線，而這麼一畫，必定有許多「相似」、「同類」的人出現在界線兩邊。

事實上，人種的指稱在前述測量工作展開以前就已經被創造出來，因此實際上這個工作是在設法查出統計數字是否能呼應手中握有的頭骨類別——柏柏爾、努比亞（Nubia）[12]、愛斯基摩、阿拉伯、印度北部、非洲尼格羅（即非洲黑人）、北美洲印第安、孟加拉等等。文獻資料經常非常含糊籠統，特別是有關那些從墳墓中盜取、無意間挖出，或在戰場上撿拾的頭顱——收集到那些頭顱的人通常對當時的重要智識性議題並沒有興趣。摩頓在一八四九年就曾寫道，他「有時會收到歐洲人或非洲人的頭骨，但它們被誤認為是印第安人的頭骨；這些頭骨偶爾會在同樣的墓地中被弄混是不難理解的事，不過透過訓練有素的眼光，還是很容易可以把它們區分開來。」所以，他將人類分成不同族群的根據，其實是來源不明的頭骨。

收藏者收到頭骨時，通常頂多只能寄望會有國籍、年齡、性別等少許資訊，而罪犯的頭顱經常是顱骨收藏中記錄得最詳盡的物件。不過，跟顱相學家一樣，顱骨學家也耗費非常可觀的時間說明那些不符合他們期待的樣本。以法國人類學家保羅·布洛卡（Paul Broca）為例，他勤奮地測量了十二世紀、十八世紀及十九世紀的巴黎居民頭骨，希望會發現頭骨尺寸逐漸增加，結果他卻發現十八世紀的頭骨平均值最小，於是他只好設法證明那些頭骨是收集自某個埋葬窮人為主的墓園，並表示這個結論可以解釋測量結果為什麼不符合原先的預期。

12 譯註：努比亞是一個歷史上的區域，相當於現在埃及南部及衣索匹亞北部的尼羅河谷地。

面對這麼多頭骨、這麼多變數、這麼多測量那些不同變數的方法，當然有可能從中整理出各式各樣的論點，據以提出各式各樣的種族分類理論。在這個過程中，愈來愈多頭骨持續累積，愈來愈多測量結果相繼出現，指望透過更大規模的樣本組合，獲取更具統計學效力的結果。但是，無論他們拿到多少頭骨，情況卻不曾變得更明朗。頭骨這個研究物品雖然吸引人，但愈是研究它，它卻變得愈難以捉摸、無法分類。顱骨測量家試圖進行野心勃勃的比較工作，卻遭受被大量資料淹沒的風險。

就巴納爾·戴維斯而言，他或許稍微有意識到無止盡地追求數字，可能只會導致結果更加模糊。在他思索語言、藝術及統計是否可以在描述人類頭骨形狀方面帶來相對助益的同時，他承認「每一種調查方法和表徵模式多少都可能不夠完美、不夠充分，無法讓人全面認知到原有樣本的變化性及特殊性。」尤有甚者，他後來審訂自己的文稿時，做了「數以千計的修正」，以至於他不禁懷疑那裡面到底還有多少錯誤，使情況更加混沌不明。還有一個不斷出現的問題是正確性。無論市面上出現多少號稱精密的測量工具，量度結果卻經常無法吻合。一九一四年，美軍醫學博物館典藏員阿雷許·赫德利卡（Aleš Hrdlička）公開指出，該館出版於一八八〇年的既有目錄（包含兩千份頭骨測量資料）「多多少少不太正確」，因此用途不大。於是他開始著手建立一個比較精確的新目錄。

✠

直到今天，依然有人繼續設法取得更精準的測量結果。在摩頓和巴納爾．戴維斯之後，像他們那樣畢生致力揮舞捲尺和測徑器的學者大有人在。阿雷許．赫德利卡成為二十世紀最重要的顱骨測量家之一，在他的專業生涯中，他為估計高達八千四百個頭骨分別進行十到十六種頭顱測量。比赫德利卡年紀小四十歲的美國人類學家威廉．豪爾斯（William Howells）則為超過兩千五百個頭骨分別進行高達八十種不同測量。豪爾斯和他的夫人退休以後，在一九七〇及八〇年代期間依然繼續測量人類頭骨。

進入二十一世紀以後，大多數頭骨都已經用一種特殊照相機拍照建檔，這種相機可以使扭曲達到最小，然後將影像在一些特定的點上進行數位標示。有了這個方法，研究人員就不再單單比較個別的測量結果，而可以針對頭骨上不同點之間的空間關係進行整體比較。有些頭骨獲得掃描建檔。最具野心的掃描計畫稱為「開放研究掃描檔案庫」（Open Research Scan Archive），它的目的是為穆特博物館、賓州大學、哥倫比亞大學及美國自然史博物館典藏的所有顱骨建立一個高解析度三維電腦斷層掃描資料庫，其中包括摩頓收藏的一千兩百個頭骨，以及約瑟夫．西特爾收藏的一百三十九個頭骨。這個資料庫目前正在持續壯大中，該檔案庫將可讓研究人員比較各個收藏中來自世界各地包羅萬象的骨骼，且自始至終不必親手碰觸那些典藏品。現在，數學軟體可供計算容積、比對不同頭骨的幾何特徵，並檢測過去所做測量的正確性。

與此同時，顱骨測量學這個研究領域在應用於祖源或人種方面的探求時，依然在其有效性這個議題上不斷受到爭辯，學者們也陸續發表論文，檢測他們自己所做測試的精確度。目前，學者試圖估量個別頭骨的血統時，最廣泛使用的是豪爾斯建立的顱骨測量資料庫。這個資料庫構成電腦程式「CRANID」的基礎，這個程式使用統計學的方法，為任何一個已經根據制式程序做過測量的頭骨指定某個可能的地理來源。另一項領導性計畫——稱為「FORDISC」——也企圖以豪爾斯的統計資料為基礎，預測任何一個頭骨的來源。不過最近有人研究指出，這兩項計畫的預測正確性都非常低。威廉·豪爾斯或許不會對此感到驚訝，因為他自己針對頭骨形狀所做的研究結果使他相信，人類做為一個物種，具有驚人的均質性。他指出，種群內部的變異性顯著高於不同族群間的變異性，而任何研究如果企圖將一個特定的形態學特徵指定為種群歸屬的明確標記，它的有效性必然值得商榷。

我們很難想到有什麼比這個更全面的譴責，尤其是它出自一位畢生致力於這方面研究的專家口中。將顱骨測量當做預測工具的做法無疑困難重重。科學家比較的不是頭骨本身，而是比較頭骨的測量結果；而且，即使我們忽略那麼多測量工作中必然出現的錯誤，從事這個測量工作的不同專家選定的執行方式也因人而異。最近一項針對赫德利卡和豪爾斯的測量結果所做的比較研究顯示，只有五項結果可以互相比較，並適用於整個資料庫。此外，赫德利卡自己的測量結果在他的專業生涯中也有所改變。每個人進行測量時都可能導入誤差或不一致的因素。然後，如同豪爾斯所言，若想在人類變異性與顱骨形狀之間尋找對應關連，會遭遇一些非常真切的問題。

頭顱形狀的變異性一方面受到氣候、健康、食物等因素影響，一方面也與父母、祖父母是誰有關，而後者跟一個人現在生活在哪裡幾乎毫無關係。全球範圍內的顱骨測量變異性大約有九成會出現在特定的在地人口內部，除此之外，「地理區域」這個概念的定義從一開始就有某些問題。假如說「種族」是一個不具生物學基礎的文化建構，那麼「祖源」、「地區性」等方面的相關研究也會遭遇相同的問題，因為科學家首先必須定義出他們所研究的地理區域，然後透過測試，斷定頭骨跟他們定義的區域之間可以達到什麼程度的吻合。不同文化會用不同方式畫分世界地圖，因此地理區域跟種族一樣，也有它自己的文化歷史。可是，儘管存在著這麼多「異常值」，以及這麼廣泛被接受的理由可供懷疑在頭型與血統之間建立關連的做法是否有效，這個事實卻依然無法阻止一些人企圖透過測量頭骨，預測它的來源。

當然，合理的問題會帶來合理的答案。如果我們仔細界定標準，並使用不同測試方法互相支持，而且如果我們能設法結合來自頭骨測量的資料以及其他資訊——例如骨骼的考古學背景或基因組成等——顱骨測量可以是一個有用的工具。此外，頭骨可以為我們提供許多探悉人類處境的重要觀點，因為，就像人體內的所有其他骨骼，頭骨的形成也牽涉到我們的成長過程，我們的健康、營養、環境、家庭照顧，以及我們受到過的任何身體創傷、損耗和醫學介入。但是，比起任何我們現在可能針對一個人的死因或他的主食而提出的特定問題，過去的科學家對頭骨產生強烈興趣的理由卻更加深邃。

✠

過去一代代顱骨收藏家們的「祕密成就」不僅只是一種奪取戰利品的表現。在他們企圖將世界人類進行分類的宏大野心中，他們經常威嚇了世人，而現在我們的博物館中那些規模龐大的人類遺骸收藏，無疑是以一種令人汗顏的方式，提醒我們正視存在於歷史中的壓迫和不平等。

過去三十年來，愈來愈多原住民社群要求讓他們死去的祖先回歸故土，他們希望為那些祖先舉辦適當的葬禮，使他們能永遠安息。英國及美國已經實施一些新的法律，規制人類遺骸在博物館中的處理方式，而無論在全國或機構層級，相關指導原則也獲得修訂，以便促成人體樣本典藏機構與死者後代之間的協商。同時，基於尊重死者的考量，有些博物館已經將許多人體遺骸移出展覽廳，並以不同方式為其舉行「葬禮」——包裝在不含酸的紙和泡棉中，存放在涼爽、黑暗、寂靜而肅穆的環境中，遠離公眾的刺探目光。

近年來，來自世界各地的死人頭顱、骨骼、身體部位陸續被歸還給那些人的後代。在此舉出少數幾個實例：頭骨從倫敦被運回托列斯海峽，從伯明罕送回加州，從愛丁堡回歸澳洲。一名迦納國王在一八三八年遭荷蘭殖民者處死，他的頭顱長期保存在荷蘭萊頓（Leiden）的一座醫學博物館，但已在二〇〇九年歸還給迦納。二〇一一年九月，柏林醫學歷史博物館收藏的二十個頭骨被送回納米比亞。這些頭顱在第一次世界大戰前夕被運到德國時，被完整保存在甲醛中，皮膚、頭髮都完好無損，但一九二〇年代陸續進行的解剖實驗導致最後只剩下頭骨部分。史密森學會在二〇〇〇年把伊西的大腦交回給他原屬部落的遠房後代，讓大腦跟骨灰重聚，一起安葬在故鄉。那個地區是現在的雷定村（Redding Rancheria）和彼特河部落（Pit River Tribe），居民決定不公開伊西的最後安息地，讓它成為永遠的祕密。

多年前，世界各地原住民族的祖先開始被做成「標本」時，他們失去了與活人世界之間的連結。現在，他們的後代子民重新建立起那些連結。數以千計罪犯和濟貧院住民的頭骨目前大都維持原狀，因為沒有性質類似的活人社群可以認領它們。不過在義大利的杜林，許多人開始呼籲讓隆布羅索博物館（Lombroso Museum）典藏的罪犯頭顱和頭骨獲得合宜的安葬。切薩雷．隆布羅索（Cesare Lombroso）是一位十九世紀義大利醫生，在他設法為犯罪行為建立生物學理論的研究生涯中，他一共收集了四百個頭骨、大腦及頭顱蠟像，其中許多是從監獄太平間取得，而且沒有經過死亡罪犯家屬同意。隆布羅索博物館的決定是讓這批收藏保持原樣，藉以見證它的建立者在科學史方面的貢獻，但這項論辯或許象徵著一件事：無論人類遺骸的來源為何，世人對它的態度正在轉變。

紐西蘭的毛利人已經展開非常大規模的運動，設法讓經過防腐保存的祖先頭顱回歸故土。二〇〇三年迄今，超過七十個「妥伊摩科」（經過防腐保存的紋面頭顱）已經分別從瑞典、瑞士、英國、丹麥、澳洲、蘇格蘭、阿根廷、法國、夏威夷、荷蘭、愛爾蘭、加拿大、美國及德國的展覽地點被送回威靈頓的蒂帕帕博物館（Te Papa Museum）。目前蒂帕帕博物館已經收藏了一百二十個妥伊摩科，但據估計，還有至少一百個妥伊摩科流落在世界各地的博物館或私人收藏中。

在奧克蘭博物館和威靈頓蒂帕帕博物館，毛利人的遺骸不像其他館藏文物那樣獲得編號或入藏登錄，因為館方沒有將它們視為博物館文物。它／他們是祖先，做為祖先，他們被存放在博物館的一個獨立區域，安置在受過祝聖的貯藏庫「瓦希塔普」（wahi tapu）中，只有「卡依提亞齊」（kaitiaki）管理員，可以進入那個管制區，而且參拜那些死者時必須遵守適當的儀式。今天，博物館典藏人員會按照原住民社群的希望，在這些故人的安放區域中謹守禮儀，例如要跟死者說話，穿合宜服裝，只在特定時間拜訪，或請附近辦公室的同僚保持安靜等。隨著世人開始獲得禮敬故人的空間，博物館的定義本身也開始產生變化。

第七章

解剖頭顱

DISSECTED HEADS

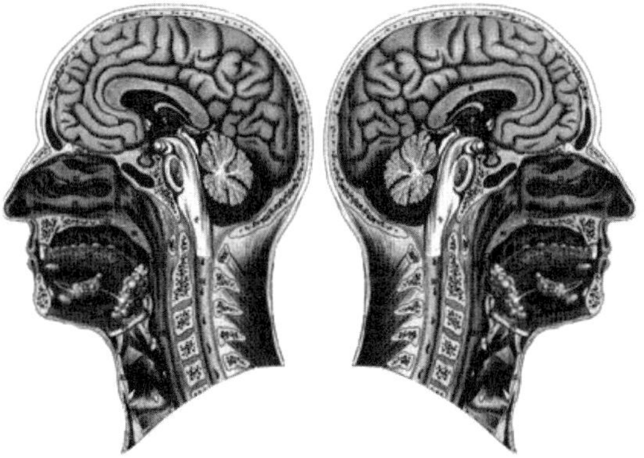

比爾・海斯（Bill Hayes）在為一本書做研究期間，曾經參加一堂加州大學洛杉磯分校的解剖課。某個時候，一位授課老師從一個溼答答的特百惠（Tupperware）容器中取出一個「半頭」。海斯這樣描述當時的情景：「達娜把帶了手套的手伸進去，拿出一個我只能用『恐怖』來形容的東西：一顆被切斷然後在中間剖成兩半的頭顱，一個內側外露的人頭側影。」達娜取出那個半頭，清澈的防腐液沿著那死去男性外露的大腦、喉嚨及切斷的頸項往下滴流，這時兩名學生把頭轉開。達娜把頭擺在桌面的一條毛巾上，臉部朝下。

那堂課上的是人類如何吞嚥食物。海斯聽著學生們討論舌頭、吞嚥機制、作嘔反射（gag reflex）等人體複雜精細的結構特性，開始覺得那顆半頭陰森恐怖的程度逐漸降低，最後他甚至發現它有某種屬於它的美感。「比起我們在腹腔部分經歷的冒險，半頭顯得乾淨俐落，幾乎沒有油脂，看起來彷彿經過仔細的包裝處理。每個部分都有專屬自己的小空間。很難想像那裡面怎麼還容納得下頭痛這種東西。」

課堂結束時，海斯甚至自願把半頭放回保鮮盒。他邊放邊用片刻時間凝視那人的臉，思索著他的長相，以及他可能擁有過什麼樣的人生。那人有著淺色的濃密眉毛，看起來應該是八十多歲。「或許他曾經是個罪犯，也可能是個醫生的。」海斯發現他在探索那個死人的頭顱結構時，可以不必否定屍體的人性成分。他不需要把那頭顱完全「客體化」，一樣可以把它當成物品（「客體」）來處理，將它包在紗布中，擺回它專屬的保鮮盒內。「我忍不住產生一股敬畏之情，心想：『**這曾經是一個人呢！一個會思考、會做夢的人。**』」

✠

解剖人的頭顱是相當費勁的工作，必須非常細膩且精準。我們得用鋸子把脖子鋸斷，把皮膚從臉部翻開，在雙眼之間把頭剖成兩半，在頭蓋骨四周鑿挖，然後把它鋸開，取出大腦。這個過程又臭又髒又複雜，而且很難辨識臉部和頸部的所有微小結構，更不用說還得應付以這種方式處理人體所帶來的情感考驗。有些學生覺得噁心、驚恐，彷彿經歷揮之不去的夢魘；也有人很生氣自己必須做這件事。儘管如此，許多學生卻體驗到一種極其強烈的驚奇感，即使面對如此殘酷的屠宰景象，依然不禁讚嘆人體之美。

人體解剖課教學生透過觸覺感受大體的肉體性。學生學習人體造形的質感、形狀、結構，以及它們之間的相互關連。他們學習骨骼、筋腱、肌肉、神經的機械作用。他們探索特定條件如何影響身體的不同部位——循環系統、神經系統、呼吸系統、免疫系統……等等。這些都是人體解剖課的教學目標，但這裡面還有其他一些功課。學生也要學習如何不帶情緒地執行情緒性的任務。他們會說，要設法「對看到的東西聳聳肩」表示不在乎，要「去除敏感度」，要跟手中的工作「保持距離」。他們必須學習如何管理屍體（或說病人）的雙重性質——既是人也是物體。一名學生這樣說明：「把一個屍體的頭顱切成兩半時，你不能去想他曾經是一個人的事實，他曾經活過、愛過，曾經有性行為、跟別人親吻、他的舌頭曾經吻過某人等等，你必須把自己隔絕在這種想法之外。」

人體的某些部位使人很難不去想到自己正在對屍體做的事。頭部、手部、生殖器經常被認為是特別具挑戰性的解剖部位，而研究也顯示，學生上這些課時，感受到的壓力傾向會增加，因為這些是人體中最具人性、最個人、最私密的部位。它們更容易提醒學生，他們在做的事具有破壞性，而且他們眼前的大體在解剖實驗室以外的世界中具有其他的意義。在這些時刻，屍體重新變成了一個人。頭部、手部和生殖器幾乎是在邀約學生透過一具死屍的物質形態，看見自己的敏感，看見自己的脆弱人性。面對死去捐贈者的個人特性，他們發現自己的人格被投射回自身，於是他們明白自己也「只不過是個人」而已。

人體看起來不像人體時，情況就比較簡單。通常大體會被包裹在保護性的紗布和壽衣中，只露出一小部分供人操刀，因此學生一次只需要處理一個已經「去身體化」的部分。切穿腹部或手臂的皮膚時，「它看起來就開始像解剖課本，不再像人」，這種感覺可以帶來心理上的舒緩。解剖這類地方比較直截了當，也因此，大部分醫學院都會把「頭頸部」的課留到整個課程最後才上。

心理醫師克莉絲汀·蒙特羅斯（Christine Montross）寫到她在解剖室的經驗時指出：「解剖時最令人心情拉警報的不是那些怪異、未知的東西，而是熟悉的東西。」而最讓人感到熟悉的莫過於一個人的臉部。許多人會說他們覺得頭部「太真實」或「太像人」，很難輕易解剖。一名必須在解剖課堂上把人頭剖成兩半的學生寫道：

今天，當我看著同學們從電鋸換成真正用手拿的鋸子，猛力設法鋸穿剩下的頭骨和臉部骨骼，我唯一想到的是，這件事太可怕了……這是哪門子的入門程序？我知道我是在醫學院，沒有人說這會是簡單的事，可是老天啊，我真希望頭部和頸部能採用示教解剖（prosection）的方式〔按：即預先由專人解剖好標本，以供演示說明〕。這些部分太私人了。頭部、臉部、頸部太有人性了。當我必須朝一個女人的頭砍劈下去，我無法把這兩件事完全分開。

這也罷，但頭部卻又是人體結構中最難解剖的部分，因為它最精細，在技術上最具挑戰性。操刀解剖的人同時必須殘暴而溫柔，他得鋸穿頭蓋骨，把它切削下來，可是又得小心翼翼，不要損壞底下的任何柔軟組織。頭骨內側的薄膜緊緊黏在骨頭表面，必須用力扒下來。取出大腦時，解剖者必須把手伸進擁擠黑暗的顱腔中，把它穩穩握住，然後切斷下方的脊柱。這還不打緊，接下來必須用事先無法預期的力量，在一陣組織撕裂的聲音中把它拉出來。解剖師探索頭部時，忙著揮舞電鋸、鐵鎚、鑿刀等工具，但頭部也含有一些特別精細的組成部分，例如眼睛和耳朵，它們非常細微而挑剔，需要用很小的解剖刀和鑷子處理，而且手指必須非常穩固。解剖頭部無論在身體上或精神上都非常累人。

學生們發現用鋸子鋸一名死者的頭部是很困難的事。他們說做這件事感覺很「殘暴」，彷彿他們是在「攻擊它」。他們把鋸穿頭部描述為「恐怖」、「令人極為不安」、「帶來心理創傷」，因為他們覺得自己在「違反正常規則」，而事實也的確如此。由於這時他們距離死者臉部很近，他們更明顯像是在切割一個人。另一方面，就像研究「半頭」的比爾．海斯，心理創傷會跟驚奇、不可思議的感覺交織在一起。一名學生用鋸子從大體上砍下一顆頭顱，然後挖出大腦，捧在手上。他這樣描述那個經驗：

……剛做完你所做的事以後，你會發現言語無法形容那種奇異而感動的經驗，你握著那個東西，跟一個完全不認識的陌生人產生如此親密的連結，他的身體彷彿是個禮物，而他讓你成為受贈者。時間停止了，你會進入你自己內心的歷史，以及還等著你自己譜寫的未來。你有辦法這麼無私嗎？有辦法像他一樣成為大體老師嗎？當我們這部身體機器停止運轉時，我們會去哪裡呢？轉瞬間，你又回到現在，你轉身面向一個滿臉寫著驚愕和敬畏的同學，然後溫柔地、小心翼翼地把大腦放進他手中。

無論如何，大部分來到「頭頸部」課堂的學生都已經算是解剖老手。他們設法學習將他們的情緒反應區隔化。海斯這樣描述他努力解剖大體頸背的情形：「早晨的咖啡才喝完一小時，我卻已經在參與一個很像砍頭的行動，像得簡直嚇人。」頭部終究不過是解剖課上必須學習的人體一部分。

✠

「去人性化」和「再人性化」的活動在解剖室中奇異地融混在一起。去人性化效應大抵都是其他必要程序──例如維持安全無毒的環境──的副產品。穿工作袍、戴口罩，徹底洗滌，在一排排不鏽鋼桌上處理仔細包裝好的大體，四周是成排工具和貼有標籤的箱盒，房門緊緊上鎖，隨處可見警告標示。這些東西都讓你眼前的人體看起來彷彿失去了一些人性，更不用說這些大體本身早已在防腐過程中有所變異。這些人看起來不像活人。他們的皮膚灰槁、堅硬，彷彿動物皮革；他們的鼻子、臉頰和胸部經常已經被壓扁；他們的頭髮已經剃除。如果不露出生殖器官，大體的性別很難分辨。學生從來不會知道解剖對象的名字，他們只知道它的辨識號碼。

解剖人員很快學會用更暴力的方式對待大體，而且在某個程度上，是他們的老師鼓勵他們這麼做。他們面對大體時一開始可能顯得畏縮，但有人會告訴他們要切下去、撕下去、扯下去，必要時還得把肌肉和臟器推過來、拉過去。隨著日子過去，學生變得比較大膽，態度也變得比較輕鬆，同時，大體的寂靜卻傳遞出一個強烈訊息。如同一名學生所言：「大體老師從來不會抱怨哪裡痛。」在已經死亡的「病患」幫忙下，學生們逐漸學會以堅定而具社會特權性質的方式處理人類的屍體。

儘管有這些做法，或說一部分因為這些做法，現在的醫學院會把學生和大體之間的接觸界定為人與人的關係。把大體視為學生的「第一個病人」，這個概念愈來愈受歡迎，而且有些老師會把大體捐贈者的完整病歷發給學生看，讓他們可以開始探討解剖對象的死亡因素、生活方式、習慣等。歐美地區的醫學院學生經常被鼓勵要向他們的捐贈者寫證言，或透過詩文、藝術等創意方式，表達他們對人體解剖的感受。學校每年會舉辦一次紀念儀式，邀請學生和捐贈者家屬參加。同時，學生會發現自己以令他們驚奇的個人方式，跟大體之間產生了關連。雖然他們學習跟自己的情緒反應做切割，以便能夠冷靜執行「砍頭」或把頭剖成兩半的驚人動作，但他們經常會自己給大體安上名字，並與它發展出強烈的互動關係。

克莉絲汀．蒙特羅斯在美國羅德島州的布朗大學（Brown University）醫學院上課時，把她處理的大體喚作「夏娃」。雖然大體的頭部通常會被蓋上，但克莉絲汀和她的同學第一天到實驗室時，就決定要看看夏娃的臉，因為「如果不事先知道她長什麼樣子，要切割她的身體感覺實在不好，」她解釋道。後來他們在解剖桌上把她的身體翻面時，設法保護她的臉部。「把大體的下巴握住對於保護整個身體形狀而言，似乎沒有太大的幫助，但隨著我們的行動使她愈來愈不完整，盡一點心力稍微為她保存身體形狀似乎有某種重要意義。」

與直覺相反的是，切割死人身體的動作可能引發對大體人性的強烈敬意，甚至是關切。身體上的暴力與一些溫柔的片刻交織在一起。學生會用心把大體蓋住，請求他們允許，把他們當做活人那樣握持、移動他們。解剖室中有很多漫長而安靜的時刻，讓人省思刀下那具身體曾經鮮活的生命。

我們很容易假設醫生需要把一個人的人性面擱在一邊，這樣才能執行一些比較侵入性的任務，但情況不盡然如此。相反地，當外科醫師向帕金森氏症患者進行深層腦部刺激手術時，事實上他們一邊切進病人腦部，一邊也會與他們互動。大腦中沒有疼痛感受器，醫生只要在頭皮部分進行局部麻醉，病人在手術過程中就不會有不適感。為了在病人頭頂鑽出一個直徑一．五公分的小洞，醫生必須為他們做全身麻醉，但他們醒過來以後，在接下來兩小時中，手術團隊會跟他們說話，請他們幫些小忙，協助找出電極的正確放置方式，減緩他們的症狀。然後他們讓病人重新進入麻醉狀態，將電極錨定在頭骨上，接著就可以重新縫合頭頂的切口。清醒腦部手術也用於治療腫瘤及癲癇，因為這種方式可以讓外科醫生在手術過程中不會損傷大腦中控制視力、語言或運動的其他部位。

解剖自己的朋友和家人也是可能出現的情況。以色列特拉維夫大學醫學倫理講師絲凱・葛羅斯（Sky Gross）寫過文章，描述她目睹朋友接受腦部手術的經驗。她在做研究期間結交了一位朋友，名叫歐梅爾。歐梅爾罹患腦癌，必須動手術。葛羅斯陪他進手術室，看到醫生把他頭上的皮膚切開，拉到兩側固定，在這個傷口中間開出拳頭寬的洞穴。她寫道：「我站在那個洞口上方，很驚訝自己沒有太多驚愕或噁心的感覺，反倒似乎有一股強烈的好奇感緊緊攫住了我。」醫生將顱骨一塊塊移開時，歐梅爾同時是注意力的焦點，卻又完全不在場。葛羅斯在手術室中發現，雖然她不像身邊那些醫生那樣受過臨床情感分離（detachment）的訓練，但她居然可以跟歐梅爾的大腦單獨建立起某種關係，彷彿歐梅爾的大腦跟他這個人是兩個分開的個體。

> 我知道大腦長什麼樣子，但心裡還是把歐梅爾的大腦想像成會是歐梅爾的樣子。畢竟那並不是解剖課堂上看到那種無名人士的腦——我跟這個腦之間有你——我關係存在，有互為主體的交流。那應該是一個會哭、會笑、會說故事的大腦。可是做為一個沒有人可以為它賦與人性的腦，它就只是一塊肉，一塊令人作嘔的肉。我深深感到幻滅。

葛羅斯原本以為她會有不同的感覺，因為歐梅爾是她的朋友，但手術室的特殊儀式——徹底洗滌、穿戴消毒手套及手術袍等複雜的例行公事；歐梅爾受到全身麻醉，一動也不動，而且身體大部分地方都覆蓋在手術鋪單底下；燈光、儀器、工具；手術室中嚴謹的階層分工和動作安排——這一切都把歐梅爾從一個人轉化成一個「可開刀體」。被麻醉的人體跟屍體一樣，行為方式都不像正常的人，因此要把它當成物體看待並不是太難。

當然，旁觀朋友接受腦部手術跟在自己親愛的人身上做身後解剖非常不同，特別是在身後解剖包含截斷或解剖頭部的程序時。不過，這種情形雖然令人無法想像，但聽到實際發生的故事以後，我們卻會覺得它並不是那麼不可思議。如同蒙特羅斯所言，所有死人的屍體都會跟人還在世時的樣子愈來愈不一樣，我們所愛的人也不例外。在一些罕見的例子中，醫生會解剖他們自己的家人。蘇格蘭顱相學家喬治・康布解剖過他弟弟[1]的腦部，十七世紀解剖學家威廉・哈維（William Harvey）則解剖了他父親和姐姐的大體。二〇一〇年，印度南部卡納塔卡（Karnataka）的一名醫生遵照他父親的遺囑，在一群學生面前解剖父親的大體。他說：「無論我有什麼情緒，我都把它控制住。」其他家人不但完全支持他做的事，甚至因為他們意識到印度缺乏大體捐贈者，他們全家人都打算把身體捐給醫學研究使用。

剛開始上解剖課的學生之間會流傳一個經典的「大體故事」，內容是說一位解剖菜鳥

1　譯註：安德魯・康布（Andrew Combe，一七九七至一八四七年），也是醫師、顱相學家。

在大體頭部的紗布被拉開以後，發現他剛「讓自己的母親碎屍萬段」。這個駭人的笑話是在玩弄學生在情感上的脆弱性，並考驗他們是否有能力在自己跟他們的「第一位病人」的人性之間拉開距離（另外，這個笑話也再次凸顯我們習慣認為一個人的頭在某方面就等於他們的身分，而他的身體卻不是）。醫學院學生實際上並不是怕自己必須解剖某位親人，他們害怕的是他們解剖的大體會使他們想到某個人——如果不是他們認識的人，那麼就是「人類形體」這個籠統的人。

✠

學生對解剖感到的各種焦慮，主要源自於他們恐懼自己在看到或切割死人屍體時會出現的反應。解剖新手害怕自己會昏倒、嘔吐、哭泣，而這有一部分是因為他們知道這些反應可能導致同儕對他們當醫生的能力產生懷疑。對大多數新生而言，實際的經驗並沒有他們想像中的那麼令人卻步，而且經過第一堂解剖課以後，所有學生的焦慮感都會顯著降低。巴黎某大學有一群學生第一堂課就解剖了頭部和頸部，但即使在這種情況下，最令他們難以忘記的卻不是大體臉孔的樣子，而是那股味道。此外，幾乎半數學生不是覺得沒有被這個經驗驚嚇到，就是認為受到的驚嚇低於他們的預期。

絕大多數學生覺得解剖算是個相當享受的經驗，並且認為這是一種非常基本的訓練。

許多學生選擇到某個特定的醫學院求學甚至就是因為那裡有開設解剖課程。解剖可能造成心理創傷，但一般年輕人還是有辦法熬過這個考驗，而且覺得這種工作引人入勝。這種理所當然的態度其實倒也可能是恐怖感的來源之一。

令醫學院學生感到困擾不安的，除了必須切下死人頭顱這個可怕前景以外，還有他們「居然做得出這件事」這個事實。加州大學洛杉磯分校研究員珍妮佛·卡斯登（Jennifer Kasten）記得她接受醫學訓練時的情景：「我們擔心自己身上可能有某種缺失，導致我們居然能夠那麼輕易就用有條不紊的方式，不帶感情地把一個人切成身體的各個組成部分。」跟所有其他醫學院學生一樣，卡斯登知道「我們這種新的正常其實非常不正常」。某些外科程序——例如在手術台上把人的身體剖開或取出他們的腸子——也可說是同樣的情況，外科醫師不但早就對這種事司空見慣，甚至會覺得無聊。社會學家哈利·柯林斯（Harry Collins）指出：「可怕的是，有些東西看在局外人眼中是例行性的殘酷，但對圈內人而言卻只是例行公事。」這又提醒了我們一件事，在特定的文化情境下，人可以執行一些殘暴的程序，就像他們可以觀看血腥的處決，或將人頭煮熟以清除皮肉。令人驚駭的不只是醫生必須在人的身體上做些**什麼**，還有做這些事變得稀鬆平常這個冷酷的事實。

蒙特羅斯上的解剖課程結束時，她必須解剖夏娃的頭。在「頭頸部」的課堂上，一位同學因為過度驚恐而離開解剖室，原因不是他害怕他所做的事，而是因為眼前景象的窮凶惡極使他無力招架：

〔他〕產生恐懼感是因為他所處的房間裡充滿平常算是相對正常的人——不是朋友就是同儕——而所有人都忙著除去死人的臉孔。有人用手術刀切掉嘴唇。有人把面具般的皮膚拉掉，於是手裡拿著一塊橢圓形物體，上面明顯可以看到鼻孔、留有鬍鬚的臉頰、眉毛……。

恐怖感來自於看到平常人可以那麼輕鬆地做這種事，可以在他們已經逐漸認識並尊敬的大體老師身上動刀，透過砍、切、挖空等動作，把他們變得無法辨識。臉部比任何其他部位更能代表一個人的身分，但就連這個部分也可以被解剖掉。

上最後一堂實驗課時，蒙特羅斯和她的同學們必須繞著夏娃的頭部畫線一圈，然後用骨鋸鋸開她的頭骨。他們用鐵鎚和鑿刀打開頭骨冠頂。然後他們得休息片刻，因為他們不但累，而且神經緊繃。接著他們小心翼翼地在先前切出的裂縫中扭動鑿刀，慢慢撬開頭顱頂部，骨頭則發出呻吟聲來回應。骨頭移除以後，老師把他們喚進另一個房間，但他們沒有機會喘氣，因為他們馬上就得面對一個示教解剖標本——已經由專家解剖好並保存起來的樣本：那是一名男子的頭顱，其中的兩個大腦半球都已經被移除。老師把男子頭頂上碩果僅存的長條頭骨當成握柄，用它舉起頭顱，然後向學生指出各個不同結構。接著他們又回到原先的大體那裡，把夏娃的腦部移除。雖然所有動脈和神經都已經被切鬆，他們還是得用力拉扯腦部，才終於把它取出來。蒙特羅斯用「超現實」一詞來形容那個經驗。後來她還得把夏娃的頭部切下，縱向將它鋸成兩半，創造出海斯在他上的解剖課中看過的那種「半頭」。

移除夏娃的腦部以後，蒙特羅斯回家用滾燙的熱水沖澡，設法洗掉骨鋸的味道。她覺得羞恥。但她羞恥的不是她做的事本身，而是她在做那件事時感受到的嫌惡。「我覺得很羞恥，因為我明明知道我獲得難以想像的禮物，它值得我好好珍惜和尊敬。但我卻感覺嫌惡，我為此感到羞恥，真的羞恥。」

絲凱．葛羅斯很失望她朋友歐梅爾的大腦在手術室裡變成不過是一團「噁心的肉」，克莉絲汀．蒙特羅斯則羞愧於她在解剖夏娃的頭部時情緒不穩。有人希望自己更悲憫，有人則寧可自己少幾分同情。無論我們處在人類／物體這個分野的哪一邊，要想在醫學專業的情感地圖上順利航行是極為艱鉅的任務。在解剖室中，大體絕不只是一個單純的物體。學生學習把它當成物體來研究、搬弄，但它也駐居在其他不同的世界中。「客體化」是一個不斷進行的程序，不是一個固定狀態，而學生必須努力設法讓自己能把大體當做無生命的客體來處理。所幸這是一個特定的環境，平常的暴力活動在這裡被規範得像是合理的例行公事，但總有一些時候，學生們的努力會失靈，造成他們難以持續用不帶情感的目光注視刀下的大體。

解剖一個人的頭顱在體力及情緒上造成的負荷超過任何其他人體部位，因此自然會帶來更大的掙扎，不過它也能提供某些樂趣。或許痛苦的掙扎是獲得這些樂趣的必要條件，因為切穿一個人的頭顱之所以感覺像是無以復加的人身褻瀆行為，而探看頭顱內部卻引人入勝，這兩件事的起因其實是一樣的。人類的頭部塞滿為數眾多、種類繁多的細緻特徵，有眼睛、耳朵、舌頭、神經、血管、腺體、肌肉、骨頭、牙齒，而這些都還只是腦部以外的部分。種種元素緊密並存、高度整合。一名學生表示：「光是眼睛四周那些讓我們能眨眼或瞇眼的機制，就已經令人嘆為觀止。」

✠

今天的人體解剖跟一百年前的人體解剖之間有一個很大的差異是關於解剖桌上的屍體身分。二次大戰以前，在英國被解剖的人體幾乎都是窮人的遺體，這些遺體是從精神病院或依據窮人法設置的醫療院徵收而來。不過二十世紀期間，遺贈大體的數目穩定增加，一九六一年英國通過的人體組織法（Human Tissue Act）更裁定，所有供醫學研究使用的人體部位都必須按照同意程序加以管制。被解剖的人體是來自一個自主決定把自己的身體捐給科學界使用的人，還是來自一個沒有選擇餘地的人，這兩者之間有極大的差別。

今天的醫學院學生深深感激大體捐贈者，他們也有義務以尊敬和欽佩的態度對待這些「大體老師」；但在過去，情況並不見得如此。早期解剖台上的人體除了它的身體特性以外，對醫生而言沒有什麼其他意義，因此經常受到毫無敬意的對待。

歷史學家露絲．理查森（Ruth Richardson）指出，關於維多利亞時期解剖室中的作業情形，醫學文獻中幾乎沒有資料記載。就連那些給即將在解剖台前初試啼聲的學生

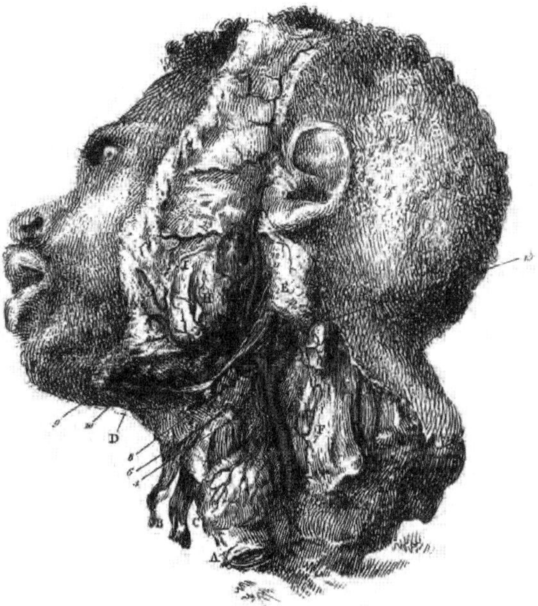

圖22　頭部及頸部的動脈，取材自《動脈版畫》（*Engravings of the Arteries*），查爾斯．貝爾（Charles Bell）、朗門（Longman）及黎斯（Rees）創作，一八一一年。

閱讀的解剖教科書，也沒有提到解剖這個活動的性質及它在道德上所牽涉的議題。可是當年的醫生承認那是個「骯髒汙穢的知識來源」，而且許多醫生不特別喜歡做這件事。工作空間經常擁擠而充滿惡臭；「大量廢棄物，以及它所散發的腐臭氣體」導致鼠輩肆虐；標本保存所用的化學物質充滿危險性。窮人的遺體經常受到惡劣的對待，有時醫學作業方式會遭受媒體抨擊，但醫學界本身在這個議題上幾乎完全保持緘默。就像弗蘭肯斯坦那可怕至極、受人憎惡但卻又引人入勝的「汙穢創造工坊」，解剖人員的世界基本上都掩藏在世人的耳目之外。

由於早年解剖室的作業環境汙穢不堪，裡面進行的活動難以入目，因此當時的醫生無不盡最大可能確保自己死後的大體不會遭到解剖，這點絕非偶然。民眾厭惡解剖，他們將它視為一種殘忍、缺乏尊重而且在任何情況下都極不公平的處罰。死者的身體及靈魂遭受全面破壞，無異於「比死亡更糟的命運」。解剖人員經常被描繪成粗鄙、無情、骯髒，而且滿口汙言穢語。一名醫師在一八四〇年提到：「喝酒、抽菸、打架在解剖室中非常**合理**〔按：這是他自己強調的〕的活動。」這句話意味著一件事：縱使那些「令人反感的研究對象」基本上只是被當做科學標本看待，那種工作卻可能惹人非議。

醫學標本經過洗刷擦亮、裝瓶保存後，從這種髒兮兮的工作場所脫身，在博物館展示架上展開新生命。收藏家為腐屍到晶亮骨骼之間的轉化過程賦與了某種價值。顱骨學家經常以華麗詞藻描述他們的收藏：「絕美」、「精緻」、「無與倫比」。在約瑟夫・西特爾眼中，他的骷髏頭收藏是充滿美感的事物：「完美無瑕的雪白色，完整無缺的牙齒，具有彈性操縱繩線、可以移動的下頷骨。未來再也不可能建立這麼一個收藏。」從剖開去臟的屍體到裝瓶保管、精心典藏的文物，這種轉化工作所需的技術獲得可觀的評論報導。最精美的骷髏頭呈乳白色，但不會碎裂；坊間流傳著各式各樣的方法，供人以最佳方式清理人類頭顱。

十六世紀解剖學家安德雷亞斯・維薩流斯（Andreas Vesalius）建議用石灰及滾水去除人類骨骼上的肉，這樣不會損及骨骼本身。不過也有一些其他做法。最簡單的辦法是把屍體封存在水中數星期，並定期換水，但這個方法經常使骨頭變得油膩、失去顏色，因此收藏家會用明礬水或珍珠灰達到所需的「細緻、潔白、象牙般的容貌」。也有收藏家只是把屍體掩埋起來，等它自然腐化，甚至利用昆蟲清潔骨骼。教導過喬治・摩頓的美國費城解剖學家理查・哈爾蘭（Richard Harlan）宣稱，蝌蚪透過細緻「吸嘴」的運作，可以造就出美麗的骨骼。他也建議把屍體放在螞蟻窩附近，因為「這些勤勞的工作者會迅速將肉質部分從骨骼上移除」。法國自然學家喬治・庫維耶（George Cuvier）在十八世紀末期的撰述中建議旅行家把人頭放在蘇打水或苛性鉀中，以清潔骨骼；如果可能的話，也可以使用腐蝕性昇華物溶液保存肉質部分。他還補充強調，萬一「在這種以促進科學進步為宗旨的遠征探險」中，有船員反對「這種看在他們眼中顯得野蠻的作業方式……上司有責任讓自己以理性為唯一依歸，並激勵全體船員發揮理性精神。」

約瑟夫．巴納爾．戴維斯在一本名為《熱帶氣候區顱骨製備註解，主要適用於印度》（*Notes on the preparation of Crania in hot climates, and chiefly applicable to India*）的練習書中寫下他對這個議題的想法。收藏人員應該「在頭顱還新鮮時」移除「柔軟部分」，然後把這些部分醃在大量冷水中，水則最好裝在有排水口的啤酒桶中。腦部應該事先打破並透過枕骨大孔予以移除，這樣一方面可以「減少難以忍受的臭氣」，另一方面可以增進「製備品的美感與白皙」。法國人類學家保羅．布洛卡在一八六五年所做的說明顯得更若無其事：「〔解剖人員要〕刮骨頭，把它放進去泡，然後取出暴露於新鮮空氣中，不久之後，它就會變得美觀大方而且毫無臭味」──彷彿這種轉化過程類似於變魔術。

相反地，根據巴納爾．戴維斯的說明，將骨頭從人類頭顱中移除似乎鮮少有樂趣可言。收藏家抱怨人體在熱水中煮時會散發「最令人不快的惡臭」。切除頭部所需的體力付出也相當可觀，那是非常辛苦的工作。一名患有結核的蘇格蘭醫生為英屬哥倫比亞哈德遜灣公司工作，他想在科學界留名，於是他挖開一名當地酋長的墳墓，但切除屍體頭部的工作令他難以招架，導致出血。鮮血濺在地面上，當然那不是出自已經死去三年的酋長的屍體，而是從醫生的肺部嘔出。但他不顧一切奮力不懈，終於把戰利品帶回去，並迅速裝箱運給一名在英國的同僚。

在維也納偷了海頓頭顱的那位顱相學家約瑟夫．羅森鮑姆從個人經驗知道，清潔頭骨是非常不舒服的事。一八〇八年十月，他將他的解剖功力發揮在一名死於難產的年輕維也納女演員伊莉莎白．羅瑟（Elizabeth Roose）身上。羅森鮑姆很可能認識羅瑟，至少他對她的表演天賦讚譽有加，但這並沒有軟化他要解剖羅瑟的決心。甚至可說他因此更堅定地做這件事：優秀人才的頭顱是唯一值得冒這種險的理由。於是，在羅瑟去世後十天，晚間八點鐘，羅森鮑姆、他的朋友約翰．彼得（Johann Peter）及當地的掘墓人在墓園碰頭，把羅瑟的遺體挖出來。掘墓人花了兩個小時才挖出棺木，把它撬開，並取下死者頭顱。「那股臭味真的是筆墨無法形容，」羅森鮑姆在日記中寫道：「我們其實非常關切掘墓人的安全。她的屍體已經腐敗得好嚴重。」

隔天，羅森鮑姆把羅瑟的腐臭頭顱藏在大衣底下，拿到彼得的家，放進一缸水中，設法消除臭味。羅瑟的肉已經腫脹，變成綠黑色及黃色，浮腫的嘴巴張開下垂，露出牙齒。彼得花錢請一名醫生把羅瑟的肉和大腦切除，然後丟進桶子裡，埋進花園；兩個朋友則瘋狂地燒薰香，設法掩飾那可怕的惡臭。然後他們把她的頭骨和下顎放進石灰水，置於花園中四個月。四個月之後，它已經「長出斑點，略呈綠色，模樣粗野」，而且還長出水藻。他們犯了一個錯，骨頭浸泡得太久，結果變得又乾又容易碎。後來他們處理海頓的頭顱時，因為事關重大，他們決定每一道程序都請專業人士來進行。

✠

專業人士或許能夠提供比較優質的產品，但他們的處理方式一樣令人悲嘆。多數頭骨收集者，甚至包括從醫院太平間徵集死屍的醫生，他們都習慣在背地裡工作，以非法方式偷盜、走私人體。這個現象對他們的技術也帶來了影響。本身是執業醫師的約瑟夫．巴納爾．戴維斯發展出一種取下頭顱的方法，他能在不損壞屍首外觀的情況下，順利把頭骨取出，這樣就不會被人看出來。他的建議是：在耳朵背後沿著頭顱側面切開，把臉部皮膚拉開來，然後顱骨可以透過這個開口取出，再植入一個假的頭骨，掩飾「真品」被偷的事實。最後把臉部皮膚小心翼翼地擺回定位，傷口仔細縫合，讓一般人完全看不出破綻。巴納爾．戴維斯有一次在澳洲塔斯馬尼亞向一位熟人描述了這個程序。他誇言道：「假如我住在殖民地這裡，從死屍身上取出頭骨對我來說是毫無難度的事，而且完全不會破壞原有的面容。任何醫學界人士我都可以教他們怎麼做。」後來他又強調：「途中一定會出現困難，但困難一定可以克服。」

這些「困難」無疑與一件事有關：這種勾當並不合法，都是在未經死者近親同意下進行，萬一被發現，幾乎一定會成為公眾醜聞。至少有一名醫生在十三年後按照巴納爾．戴維斯的指導辦事，結果遭致災難性的下場。那人名叫威廉·克羅瑟（William Crowther），在塔斯馬尼亞當外科醫生。一八六九年三月五日星期五晚上，他進入霍巴特總醫院（Hobart General Hospital）。克羅瑟是該院的榮譽醫務主任，那晚陪在他身邊的正是在當他學徒的兒子賓漢·克羅瑟（Bingham Crowther）。兩個人走進醫院解剖室，那裡有一個被檢驗過的老人屍體還留在解剖台上。他們在燭光下安靜作業，克羅瑟拿出一把刀，把頭顱從大體上切下來，拿到醫院的停屍間。另一個人的遺體在那裡等著他們，而這才是他們此次夜襲的真正目標：一名塔斯馬尼亞原住民——威廉·藍尼（William Lanney）的遺體在葬禮舉行以前被安放在那裡。克羅瑟立刻開始在藍尼的屍體上展開行動。

就像巴納爾·戴維斯所描述，克羅瑟在右耳後邊沿著臉部側面切割，然後把皮膚翻起，拉出藍尼的頭骨。他把先前在解剖室偷的白種男性老人顱骨放進去，然後把藍尼的臉部拉回原位。接著克羅瑟縫合切口，帶著塔斯馬尼亞人的頭骨消失在暗夜中。

巴納爾·戴維斯或許有理由批評克羅瑟的技術，因為他的行徑很快就曝光，但這也導致威廉·藍尼的遺體遭到進一步褻瀆。院方決心阻止小偷回去偷其他身體部位，於是命令駐院外科醫師切除藍尼的手腳。第二天，藍尼的葬禮公開舉行，但那大約只能算是做做樣子，因為天黑以後，藍尼的墳墓就被人掘開，他的殘壞屍體又被帶回醫院。隔天，駐院外科醫師在一間隱蔽的房間裡解剖藍尼的遺體，移除剩下的骨骼，並加以清洗。

然而，盜墓者做事非常不小心。他們讓藍尼的空棺材露出地面，周邊的泥土上留下血跡，白人的頭骨則被棄置在附近。不多時，當地報紙就爆出關於醫院可怕作業方式的種種指控，質疑科學活動的道德性。在塔斯馬尼亞這個遙遠的罪犯流放地，殖民定居者是否已經淪入野蠻，成為「殺人犯，甚至更糟？」

藍尼的骨骼之所以那麼有價值，首先就是因為他是所謂的「野蠻人」。他被認為是世界上最後一名「血統純正」的塔斯馬尼亞原住民，但他的實際生活跟別人認為他應該體現的野蠻本能沒有什麼關係。他成長在一家孤兒院，住過政府經營的原住民營區，在捕鯨船上討生活。儘管如此，相較於科學界及多數大眾媒體一廂情願加諸於他的身分，藍尼的生活實況變得無足輕重。正如伊西及其他無數人，他無法擺脫被歸類為「原始人」的命運。塔斯馬尼亞人很不幸地享有一個頭銜——全世界既存種族中最古老的一支。所有塔斯馬尼亞人的骨骼都很有價值，但是，做為他所屬種族的最後一名成員，藍尼的死使他的骨骼變成倍受珍視的科學標本，而其中最寶貴的就是他的頭骨。

藍尼的顱骨在學界猛力追求種族理論的過程中成了俘虜。克羅瑟本來答應把它提供給倫敦的皇家外科醫學院，但霍巴特醫院當局卻要把它送給塔斯馬尼亞皇家學會。殖民書記下令調查醫院裡發生的事以後，克羅瑟對充滿敵意的輿論感到錯愕，反而決定私下保存藍尼的頭骨。今天，藍尼大多數的骨頭已經去向不明。克羅瑟的一名同僚拿他一部分的皮膚做成菸草袋，他的耳朵、鼻子及一部分手臂則成為科學界的收藏品。後來他的手和腳在塔斯馬尼亞皇家學會被人發現。

✠

藍尼從一個「人」被轉化成一系列「偽科學產品」（要說菸草袋具有科學價值實在很困難），而公眾對此一事件的回應足以說明科學研究事業中固有的緊張矛盾。在一方面，醫學界專業人士對一名無辜死者的遺體進行非法褻瀆，導致社會各界一片譁然，而這無疑構成國家性格上的一個汙點。在另一方面，這起事件也讓人質疑為何塔斯馬尼亞皇家學會原先未能採取「相關步驟……以滿足科學界利益」，確保當地博物館能「獲得完美無瑕的塔斯馬尼亞男性原住民全副骨骼」。正如那些光亮的頭骨收藏，方法也許可惡，但結果卻可能是值得稱許的。

受到眾人批評的是藍尼被解剖的方式，而不是他被認定的價值。解剖過程——肆無忌憚的醫生在陰暗而令人作嘔的解剖室中工作——令人無法承受，但最終結果卻值得豔羨。有些醫學標本，特別是人類頭骨，幾乎可以說是藝術品，醫學史學家薩謬爾．亞伯提（Samuel J. M. M. Alberti）把醫學博物館比喻成藝廊，那裡展示著來自解剖室的「工藝作品」，是一代又一代在解剖室中工作的解剖人員和醫學技師發揮創意天賦的成果。無論在從前或現在，好的醫學「製備品」可能是花費許多小時的工作投入，加上耐心和技藝所得的結果。專業人士的作業環境或許不是特別健康，但當公眾的目光能被禮貌性地轉移——這是通常的情形——他們會自豪於他們的成就，持續精進相關技術，並對工作內容保持祕密。讓有機物質能夠對抗腐化是一件帶有神奇魔力的事。

在把人變成標本的過程中，解剖人員將自己的個人性銘刻在他們的工作中。他們各自都有最喜歡的工具和自己的風格。一八○○年代初期於倫敦執業的外科醫生湯瑪斯・波爾（Thomas Pole）把乾燥的豌豆泡在水中讓它膨脹，然後用它來「柔和地」分開人類顱部的骨頭；他也會拿銅製茶櫃鉸鏈來接合顱骨頂部。解剖人員經常採用木工和鐵匠的工具。骨頭可以用鐵絲、錫板或馬鞍皮革連接；濕標本可以用鯨魚骨、頭髮或牙醫師的絲線懸吊在玻璃瓶缸中。由於最好的製備品都能成功掩飾製造方法，可想而知那是將

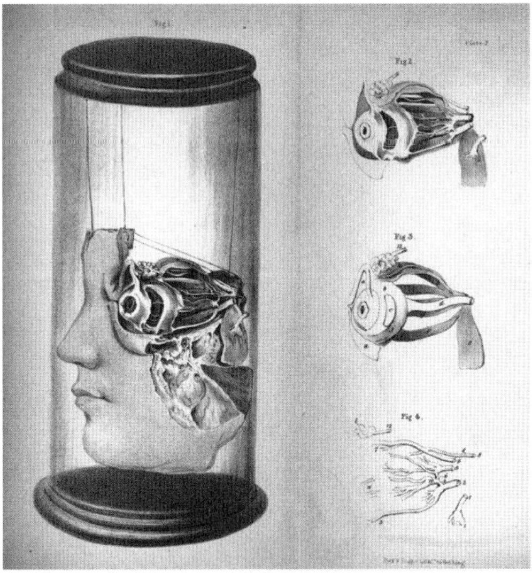

圖23　浸泡保存的眼眶神經，取材自《英國地方醫學會學報》（*The Transcation of the Provincial Medical and Surgical Association*），一八三六年。

技術與價值導入精密組裝工序的結果。跟任何藝術創作一樣，這些成品被人依據當時的美學規則評價。波爾曾指出，骨頭不應該「出現一種令人不舒服的黑色」，因為那會讓人聯想到城市生活的骯髒汙穢；它也不應該失去「骨骼最偉大的裝飾——精美、潔白，宛如象牙的容貌。」他這番話既可以用來描述置放在他的工作台上那些骨頭，也可以用來描繪某個美麗攝影棚模特兒的肌膚。解剖人員在他們的製備品中投入非常可觀的情感勞力，以至於當博物館標本出現損壞時，可能導致相關人員極度悲痛。

解剖人員的技術逐漸為眾人所知，新的技術則帶來愈來愈驚人的效果。英國維多利亞時代於林肯（Lincoln）執業的外科醫師約瑟夫．史萬（Joseph Swan）發展出一種讓人體部位乾燥的方法，可以有效保存手部和臉部最微小的神經網路。他用這種辦法製作能夠顯現「臉部及頸部表層神經及動脈」的「雕塑」。有些特別驚人的結果可見於「腐蝕鑄形」，周邊肉質及器官被腐蝕掉以後，只會留下所剩血管的印記。這種方法被視為「所有方法中最高雅者，必須極為用心。」這種成品非常脆弱，經常被保存在特殊的玻璃容器中；有些人批評這些東西只是為了展示而展示。工匠對自己的技藝感到自豪無可厚非，但企圖把人體提升到藝術品的境界就超過了品味的界線。

根特．馮哈根斯（Gunther von Hagens）的塑化人體創作展「人體世界」（Body Worlds）就受到這種批評。這個展覽在全世界吸引超過三千萬人次參觀。創作者透過特殊程序，用塑料取代人體中的水分和脂肪，將人體做成乾燥、堅硬、乾淨、沒有味道的物品，可以安全地碰觸。馮哈根斯這項特展之所以大舉成功，一部分是因為展出的大體被擺置成栩栩如生的姿態。馮哈根斯指出，「具有美感的姿勢有助於驅除嫌惡感」，而且他相信，雖然他表明展覽宗旨屬於教育性質，但假如展覽以教學性質比較強的方式布置，能吸引到的參觀人數會比較少。展覽宣稱能讓參觀者以貨真價實的方式接觸真正的屍體，但當然，這並不是參觀民眾得到的東西，因為真正的屍體會腐敗、變臭。真正的死人不會打籃球，也不會騎腳踏車；況且，展覽中那些人物生前可能從來不曾打過籃球或騎腳踏車。「人體世界」的美學思維將人類轉化成某種新的東西——「非死人」。

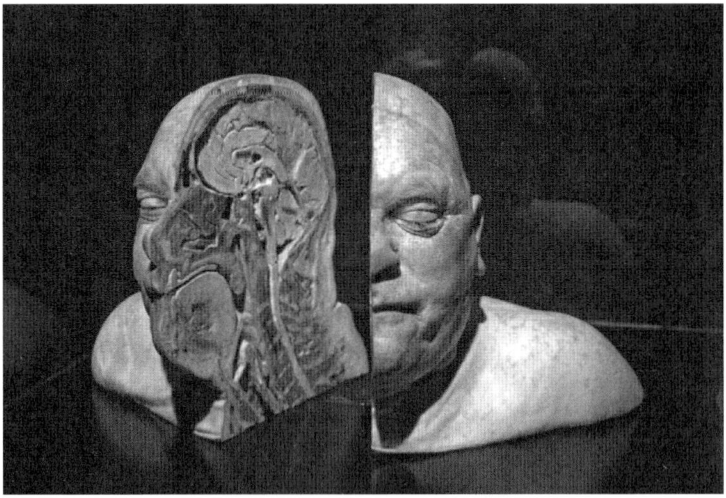

圖24　剖開並經塑化處理的人類頭顱，展示於「人體世界」特展，韓國首爾，二〇一二年。

假如「人體世界」展出的屍體沒有被做成藝術品，它們會令人作嘔。與此同時，許多參觀者認為藝術家所做的美學決定——姿態、化妝——「令人不安」、「缺乏品味」。正如馬克·奎恩之類的藝術家透過將有機物質導入創作，挑戰了我們的既有假設，馮哈根斯之類的解剖家也透過對人體進行的美學轉化，使我們感到心神不寧。

教育體系促使一代又一代的醫學技師在實驗對象身上嘗試使用各種工具及化學物質，而美學衝動是其中不可或缺的一環，不斷激發研究人員往不同方向探索。今天，經過塑化處理的人體部位——可以保持原有形狀，長年存放，而且無需有害化學物質即可保存——被用於世界各地的醫學院校中，而馮哈根斯成立的塑化處理中心（Plastination Center）每年生產數以百計的解剖標本。防腐保存工作的實際操作面向為理論帶來支撐，而在研究心靈與物質之間的神祕關係方面，情況同樣是如此。

✠

二十世紀期間，頭骨逐漸失去它做為人類身分首要實體標誌的地位，改由大腦成為科學界矚目的焦點。在此之前，大腦從來不曾像頭骨那樣成為博物館典藏，因為泡在酒精瓶中的大腦遠不如重量輕的乾燥頭蓋骨那麼便於運送。縱使解剖人員在解剖室中會切下大體的腦部，但多數十九世紀收集者以石膏鑄形和蠟製模型為滿足，用它們取代「真品」。不過大腦一直讓人企盼著能夠為人類的天性提供終極的物質主義解釋，而在二十世紀降臨之際，愈來愈多人的腦被拿來秤重、測量、比較、裝瓶，擺上博物館置物架供未來參考研究之用。

對於有興趣將人們的大腦與他們的個性進行比較的科學家而言，最大的問題是如何拿到最好、最聰明的大腦。醫院太平間中有許多社會低層人士的大腦可以解剖，但優異的大腦數量相對少，因為優異人士有辦法保護自己免於這種有失身分的**身後**命運。解決方法是以身作則，開啟潮流。在一九〇〇年前後十年間，科學家開始互相捐贈大腦。餽贈大腦風氣之盛，儼然成為一種「家庭產業」。在慕尼黑、巴黎、斯德哥爾摩、費城、莫斯科、柏林，正式和非正式「大腦俱樂部」如雨後春筍般冒出，德高望重的會員同意將自己的大腦留給解剖界同儕，後者表示感謝的方式則是在對所獲大腦完成調查研究後，向所屬俱樂部其他成員宣讀結果。有一個極為著名的例子是一八七二年成立的巴黎互惠驗屍解剖學會（Paris Mutual Autopsy Society），該機構會員一輩子狂熱地進行他們那烏托邦式的科學計畫，然後會含笑離開人間，因為他們知道自己死後留下的大腦將成為那個計畫的核心要素。

大腦俱樂部解決了兩個收集其他人頭顱的根本問題：首先，它提供高教育程度的大腦供研究，因此有助於抵銷過去樣本嚴重傾向較低社經群體的情形；第二，它意味著研究人員可以在對大腦提供者的性格有所了解的情況下，對大腦的本質進行檢驗。如果頭顱、頭骨及大腦是透過不合法方式取得，科學家對研究對象的個性通常將一無所知，因而不可能以任何細緻方式將性格與生理連結起來。相形之下，巴黎互惠驗屍解剖學會的成員都必須寫一篇文章，詳細介紹自己在健康、心智、感覺、能力等方面的狀況，以便後續與他的大腦進行比較研究。問題是，實際調查結果總是無法帶來具體結論，因此最終不具任何科學價值。

巴黎互惠驗屍解剖學會產出的第一份驗屍報告，展現許多研究人員可以達到的細膩程度：人類學家、巴黎市議員路易・阿斯林（Louis Asseline）的頭顱解剖結果顯示他的大腦特別重，內含厚實的腦迴，對負責解剖的人而言，這是一件「相當不得了的事」，因為阿斯林的聰明「精巧細緻，幾乎可說細膩幽微。」在學會後來發表的報告中，就連這種過於簡化的推理都幾乎完全消失，只剩下單純的大腦描述。由於每個人的大腦在具體外形和質地方面差異極大，而且這些差異極難定義，要把這些東西連結到本身就很難定義的特定性格特徵上根本不可能，因此大腦俱樂部到後來基本上只不過是另一種悼念死者的方式。他們的研究結果鮮少被納入大腦解剖結構的綜合性研究。反之，他們成為新型紀念文化的一部分：在一個資格限定的團體中，成員對大腦進行檢驗，透過這個工作表達他們在心智上對死者的敬意，然後他們會把這些「聖人」的「遺骨」保存在合適的博物館收藏中，做為崇敬的對象。在巴黎人類學學會博物館，有些巴黎互惠驗屍解剖學會的大腦被置於標示「知識分子」字樣的瓶缸中，跟為數眾多的大腦鑄形和頭骨陳列在一起。

在源自那個時期的現存大腦典藏中，最早獲得製備保存的系列藏品是由伯特·格林·魏爾德（Burt Green Wilder）所建立。魏爾德在上紐約州的康乃爾大學擔任解剖人員，他在一八八九年仿照巴黎互惠驗屍解剖學會的模式，成立規模較小的康乃爾大腦學會，做為他做解剖研究所需的大腦來源。他收集到超過六百個大腦，保存在裝滿福馬林的玻璃瓶缸中，並貼上標籤。跟大多數其他大腦收藏一樣，魏爾德的收藏在二十世紀期間被人遺忘，因為尖端醫學研究早已從博物館轉移到實驗室。一九七〇年代末期，他的大腦收藏被冷落在康乃爾大學生物系館地下室，直到一名認知科學教授芭芭拉·芬雷（Barbara L. Finlay）發現了這個收藏，並產生憐憫之情。芬雷認為這個收藏在神經科學史研究領域深具價值，因此組織了一個學生團隊，將裝在玻璃瓶缸中的兩百個大腦從地下室窗戶傳出來，移到街道對面的新家。目前大約有七十個大腦安然存在，大部分存放在一個地下室的櫃子中，不過芬雷表示：「它們經常有機會看到附近各個小學的活動情形。」她不是把這些大腦當做研究對象，而是把它們當成教具，帶引學生思考大腦做為物品的相關問題，並設法探討：「這其中到底有沒有什麼別的東西？」

所有像魏爾德的收藏那種在一百年前以科學資料的名義收集的大腦，到了今天就只是人類的大腦，不具任何公認的科學價值。至於使魏爾德產生收集動機的深層問題——心靈與物質之間的關係本質何在——至今依然沒有答案。神經科學家仍然在設法找出大腦的物理結構與人格之間的對應關係。多數神經生物學家應該會同意大腦是科學中的一個巨大謎團。倫敦國王學院（King's College）神經科學家理查・溫蓋特（Richard Wingate）寫道：「無論我們對心智的豐富與複雜有多少直覺上的了解，大腦本身幾乎沒有透露出任何訊息。做為一個孤立物體，大腦的內在運作完全深不可測。」

今天，研究人員採用來自大腦庫的樣本，設法進一步認識阿茲海默氏症、帕金森氏症、多重硬化等病狀，藉以探索治療這些病狀的可能方法。典型的大腦庫——例如哥倫比亞大學的紐約大腦庫（New York Brain Bank）——包括辦公室、解剖室、實驗室、樣本貯存室（樣品以福馬林保存），以及冷凍室。捐贈者的大腦在太平間切下以後，跟其他捐贈器官一起送到大腦庫。大腦運抵以後，大腦庫人員會加以檢查、攝影及秤重。他們用注射器採集一個腦脊髓液樣本，並切出小部分的大腦，例如視覺神經或松果體，然後把它們放進有個別條碼標示的瓶缸。接著他們會把大腦分成兩半，其中一半保存在福馬林中，另一半則切成塊狀，置入有條碼標示的容器中，以液態氮冷凍到攝氏零下一百六十度。數以百計這種腦塊就這樣保存在大腦組織冷凍櫃中，直到有人需要拿來做研究。

跟魏爾德的玻璃瓶缸或用來燙煮大腦的啤酒桶相比，這一切已經不可同日而語。約瑟夫・巴納爾・戴維斯曾經建議把腦部切除並丟棄，「以便透過浸漬方式將所有血液（從頭部）排除」，確保獲得更白皙的頭顱。除了頭骨，他對其他東西不屑一顧。解剖講求優先順序：有些部分要切除，讓其他部分更明晰可見。頭骨會被切穿，以便達到腦部，然後腦部被拉出來，以取得頭骨。在這個過程中，人被轉變成一系列物品，其中每一個都有自己的類型歸屬：頭骨、大腦、頭部半球、松果體、視神經。每個類型的物品都有它對社會的特定價值，而這個價值會因為智識潮流演變、各個時代的技術設施，乃至更大的文化環境等因素而起落。從原本應該丟棄的人體部位倒變得格外受眷顧，大腦在解剖學中的「崛起」與化學、防腐劑的發展史，以及相關科學家陸續提出的理論有同樣密切的關係。

在歷史上的不同時期，頭骨和大腦都曾被用來代表整個人，於是原有的整體便被化約為其中一個組成部分。對多數人而言，有朝一日我們可能「變成」我們的頭骨或大腦是一個令人坐立難安的想法。千百年來，無數面帶猙獰微笑的骷顱頭意象觸動著我們的意識，使我們不安地想到自己的骨頭將在人生結束後繼續存在。在二十世紀，做為物質主義時代的符號之一，「缸中之腦」的意象成為科幻小說的刻板元素。去除身體的大腦懸浮在充滿泡沫液體的容器中，它依然活著，在身體缺席的狀態下依然具備意識。這樣的東西既可以用來展現無比樂觀的願景，也可以成為惡夢般的地獄情景。科學具有向死亡挑釁、為我們帶來永生的力量，但它也可以讓我們成為某個邪惡玩笑的犧牲品，使我們的意識被禁錮在自己的無助大腦中。如同科學史學家凱西・吉爾（Cathy Gere）所寫：「『缸中之腦』是人類技術治理的象徵；科學家自許為賦與不朽的神祇或製造幻覺的惡魔，祭出這般奇異景象。」

惡魔也好、神祇也罷，科學的力量來自於操弄部分與全體之間的界線。在解剖室中將完整人體肢解成部分，這是非常真實而髒亂的工作，反之，重新為某些人體部分賦與生命的能力屬於比較奇幻的範疇（至少目前是如此）。但是，這兩者都因為逾越了社會準則，因而能帶來某種權威。肢解人體不是合宜的事，然而對那些可能既勇敢又低粗的極少數人而言，它卻儼然像是一種入行儀式，讓他們能夠進入擁有專業權威與社會名望的全新世界。這些解剖人員透過多年的辛苦訓練，在日常生活中獲得宰制別人身體的主權。

對許多解剖人員而言，把一個人的頭顱切斷——即使那是個生前知情的匿名捐贈者死後的頭顱——無疑是最大的身體及情感挑戰之一，但隨之而來的是無可否認的刺激與震顫感。醫學院學生在探索人與物之間的邊界時，即便覺得恐怖，卻也經常感受到這種魔法般的蠱惑力。假如我們在解剖時不是把人切開成頭顱與軀體，而是嘗試讓那些頭顱和軀體起死回生，那麼是恐怖感會更大，抑或是魔力將更加甜美？儘管「缸中之腦」依然是個屬於未來的幻景，但總是有人企圖使這個幻景成為真實。

第八章

有生命的頭顱

LIVING HEADS

在羅阿德．達爾（Roald Dahl）一九五九年的短篇小說《威廉與瑪麗》（*William and Mary*）中，一名女子發現她已故丈夫的頭顱「在一個大小約如洗臉槽的白色搪瓷大盆裡」被維持住生命。瑪麗的丈夫威廉生前是牛津大學的研究員，他死後一個星期，瑪麗收到他的信，他在信中說明了他的決定，並請她到醫院看他。她一邊讀信，一邊很享受地抽菸，這是威廉生前嚴厲禁止她做的事。當她看到威廉的頭顱在盆子裡，用僅存的一隻眼睛往上凝視她，她感受到擁有權力的震顫。她深深吸了一口菸，把菸氣吹向威廉的眼睛，叫他一聲「達令」，然後要求知道她什麼時候能把他帶回家。達爾在此玩弄的元素是一名男性的瘋狂，他高估了自己的大腦，卻低估了他的妻子。威廉的白色琺瑯盆是一個終極禁閉所。他赤裸裸的大腦既是一切，又什麼也不是。沒有了身體，它縱使非常強大，卻也同樣脆弱。

在達爾的這篇故事中，威廉與瑪麗之間的權力遊戲構成情緒張力上的高潮，但當達爾描繪威廉的大腦從頭骨被取出的過程時，那種就事論事的淡定口吻同樣顯得陰森可怖，也同樣令人感到驚奇。威廉的醫生有條不紊地在背景中工作，他鉅細靡遺地遵守既懾人又駭人的臨床作業規則。二十世紀期間，「缸中之腦」的意象成為創作者在探索科學的驚奇與恐怖時常用的一種虛構機制，但達爾的故事距離真實到底有多遠？兩百年前，科學家似乎能透過電流探針的碰觸，讓斷頭恢復生機。時至今日，人體冷凍學的信徒會付錢讓人把自己死後被切斷的頭顱拿去冷凍，並相信未來某一天他們將能復甦，享有新的生命。長久以來，一直有人相信這種幻夢有朝一日將成為真實。倘若存在於人類腦部的力量能讓我們透過「斷頭」的形態規避死亡，或使移出人體的大腦得以維持生命存續，它是否會讓人類的身體變得多餘？身首分離的狀態能不能成為一個人生命中的另一個階段呢？

聖人遺骨和死人的身體部位一直被認為具有某種「死後的生命」，但它們的力量必然是神祕的。它們所含的生命與其說是透過死亡獲得延續，不如說是在死亡之後被重新塑造。防腐保存的頭顱或許具有某種持續發生的力量，但那不是人還在世時驅動著他的力量。死亡是成為某種新東西的那一刻。但假如俗界的生命能在死後獲得延續，而切斷頭顱這件事不再像從前那麼無法挽回，那會發生些什麼事？或許聖人捧著自己頭顱誦經的故事在自然法則中終究不是毫無根據。

✠

在十八世紀邁入尾聲之際，不少人開始研究如何讓人起死回生。一七八〇年代，在義大利波隆納，路易吉．加爾瓦尼（Luigi Galvani）在偶然的情況下拿起鋼質手術刀及銅鉤，將青蛙的腿解剖下來以後，以電荷進行肌肉收縮實驗，結果頗為驚人。加爾瓦尼發現電荷能讓死亡的動物恢復生機，使牠們的身體在金屬探針觸動下抽搐、抖動，甚至拍打跳動。他把這種能量稱為「動物電能」，並且相信那是源自動物體內的能量。[1]換句話說，

1　譯註：這種現象以加爾瓦尼的名字命名為「galvanism」，即「直流電作用」或「流電收縮」。

加爾瓦尼認為他可以透過一些工具，在幾秒鐘或幾分鐘時間中在死屍上重新點燃生命力。這項實驗引發一股研究熱潮，其他科學家很快就開始對小型哺乳動物的肢體進行實驗，探討他們可以透過靜電裝置（後來也用早期電池）對死屍發揮多少力量。與此同時，醫生們也開始將摩擦式發電機產生的微弱電擊施用於病患身上，治療局部癱瘓、憂鬱症等各式各樣的疾患。

加爾瓦尼的外甥喬凡尼·阿爾蒂尼（Giovanni Aldini）是最熱烈追隨加爾瓦尼的門徒，在整個一八〇〇年代初期，他帶著鋅銅板組成的大型電池巡迴歐洲各地，演示動物電能的現象。阿爾蒂尼的表演令當時的人感到非常驚奇，把兔子、羊、狗和牛的屍塊擺在桌上，只要他稍加碰觸，

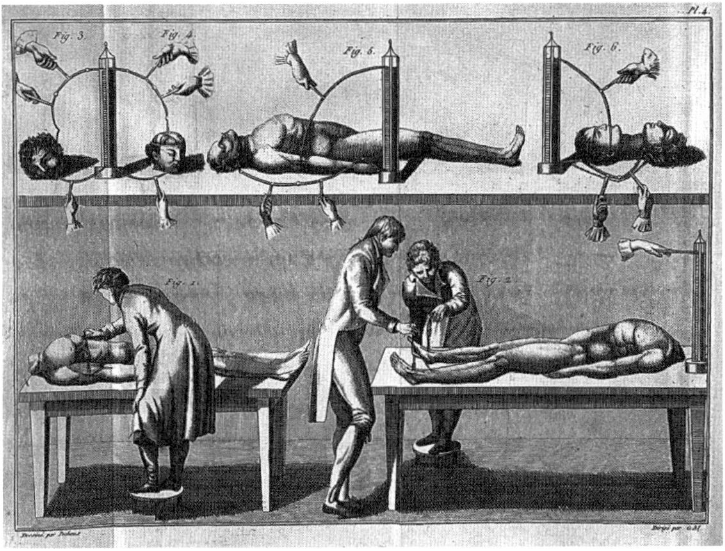

圖25　本插圖描繪義大利醫生喬凡尼·阿爾蒂尼對斬首後的人體進行實驗的情形，取材自其著作《關於流電收縮現象的理論性與實驗性探討》（*Essai théorique et expérimental sur le galvinisme*），法國巴黎，一八〇四年。

就會躍動起來。有時阿爾蒂尼會在觀眾眼前斬下狗的頭顱，然後用流電探針為它恢復生機，於是觀眾會看到牙齒開始打顫，眼睛在眼眶中轉動，觀眾則忍不住好奇那狗是否還活著，而且正在那種折磨中受苦。

一八〇三年，阿爾蒂尼在英國引發一股騷動。殺人犯喬治．佛斯特（George Foster）在倫敦的紐蓋特監獄被處以絞刑後，阿爾蒂尼在皇家外科醫學院的一群觀眾面前對佛斯特的遺體進行實驗。當阿爾蒂尼開始施展魔法，群集的觀眾無不瞠目結舌：

> 電流程序第一次應用於臉部時，死亡犯人的下顎開始顫動，周邊的肌肉嚴重扭曲，有一隻眼睛甚至張了開來。在接下來的程序中，右手抬起握拳，小腿及大腿也動了起來。看在不知科學原理的旁觀者眼中，那個可憐人彷彿即將起死回生。

在這麼撼人心弦的證據下，許多人對「動物電能」的理論深信不疑。某些人甚至因為這種現象太有說服力而在震撼之餘感到不適。一八一八年，一場類似的公開演示活動在蘇格蘭格拉斯哥（Glasgow）舉行時，觀眾看到一名遭處決的殺人犯胸部重新隆起，彷彿他在呼吸，而「他身體結構中的每一塊肌肉都同時出現嚇人的抽動狀態。於是，怒氣、恐怖、絕望、焦慮，以及陰森可怖的笑意，在觀眾臉上交織成醜惡的表情。」數名觀眾受不了這種情景，不得不離開現場，一名男子甚至當場昏厥。

阿爾蒂尼在波隆納對人類頭顱進行實驗，有一次他把兩顆斷頭在脖子位置連接起來，然後讓電流通過這個組合體。在當時的歐洲，罪犯被砍頭之後的遺體被用來進行一系列類似的實驗。十九世紀初期，流電收縮實驗在德國如火如荼地進行，結果當局最後只好立法禁止將被斬首後的罪犯頭顱用於實驗。

這個新法律想必使許多醫生在工作上忽然受到掣肘，而布雷斯勞（Breslau）的溫特（Wendt）醫師是其中之一。一八〇三年，溫特做了一項人頭實驗。他跟兩名助理前往一個處決現場，犯人的頭顱被利劍斬斷以後，助理迅速把它拿起來緊緊握住，溫特則用電流探針碰觸被切斷了的脊柱，結果頭顱的臉部出現栩栩如生的收縮狀態，使溫特相信它可以感覺到疼痛。當溫特把手指伸向一隻眼睛，或助理把頭顱朝太陽方向舉起時，眼瞼會閉起。他們對著頭顱的耳朵喊犯人的名字，結果眼睛居然睜開，視線慢慢往旁邊移動，而且嘴巴打開，彷彿他試著想說話。斬首之後一分半鐘，犯人的頭顱雖然已經變得比較沒有反應，但探針深入碰觸脊柱時，依然會導致臉部劇烈收縮，眼瞼緊緊閉上，臉頰發脹，牙齒緊緊鉗住某個人的手指。圍觀群眾不禁大叫：「他還活著！」

由於人類天生會對其他人的臉部動作產生即時、迅速而無意識的生物性反應，因此當我們看到被切斷的頭顱滾動眼珠、咬牙切齒的模樣時，我們的恐怖感是一種身體上的本能反射。當一個臉孔看起來彷彿在表達不適感，或努力設法與周遭溝通，我們的大腦會自動起反應：沮喪的臉孔使我們感到焦慮，痛苦的臉孔使我們覺得同情。而當那個人是一個沒有身體的頭顱，我們的所有反應——包括情感、身體、理性等層面的反應——想必是一片混亂，因為我們的情感本能與那個人必然已死的邏輯結論產生衝突。因此，當觀眾看到一顆被斬斷的頭顱表現出某種試圖溝通的跡象，他們會驚叫、嘔吐、暈厥，這是無可厚非的事。儘管被肢解下來的手臂和腿部也可能在演示人員的台桌上扭甩、擺動，但一個死人的頭顱帶給觀眾的感受絕對遠超於這一切，因為它的動作似乎不只是源自身體反應，而是來自一個有知覺、有意識、有感情的生物，而這個生物正在遭受的苦難既令人驚恐，又扣人心弦。

✠

科學家為了探索身體對電流的神經性反應所做的實驗和演示雖然駭人，但親眼目睹這種景象的人屬於相對少數。斷頭台做為一種剝奪生命而非恢復生命的機器，它在公眾想像中反倒更能召喚出「活死人」這種幽靈般的形象。斷頭台在十八世紀末的歐洲成為主要的處決方式，使民眾忽然面對一種極其突然而且意象鮮明的生死過渡程序。斷頭台上的死難者不會掙扎至死，也不是像在絞死刑台上那樣墜入無意識狀態。相反地，頭顱是以驚人速度從身體上被斬斷。斷頭台的運作機制快得令觀察者不禁懷疑，死亡是否真能發生得如此快速？或許在致命一刀落下之後，生命依然在可憐的頭顱中持續存在？由於沒有人在被斷頭後能存活足夠長的時間，讓活人的好奇心獲得滿足，因此從來沒有人能知道斷頭台大刀下的死亡會帶來什麼樣的感受——假使被斷頭者真能感受到任何東西。

斷頭台殺人速度之快，使死亡那個神祕瞬間在旁觀者的想像中彷彿獲得放大。在那個無限小的時刻中，到底發生了什麼事？或許斷頭台只是使死亡**顯得**像是立即發生，但事實並非如此。這種機器的效率高得令人難以置信。如果一個人的死亡事實上並不可能那麼快，那麼斷頭台或許能夠讓死者知道它是怎麼一回事。失去了身體的頭顱或許能明白它的命運，成為歷史學家丹尼爾．阿拉斯所描述的那個無以言喻的怪物——它喃喃自語著：「我思，但我不在」，彷彿笛卡兒的名言也被砍得面目全非。

法國大革命期間，許多人謠傳頭顱沒有了身體之後還會繼續存活。其中一個故事是說，國會中的兩名敵對人士被砍了頭以後，劊子手把他們的頭顱放進同一個袋子裡，結果其中一個頭緊緊咬住另一個頭，使人無法把它們分開。另一個廣為流傳的故事與一七九三年七月十七日謀殺激進派政治人物馬拉的刺客夏洛特．柯爾岱．達爾蒙（Charlotte Corday d'Armont）有關。夏洛特．柯爾岱上了斷頭台以後，劊子手向民眾高舉她的頭顱並加以拍打，結果她臉頰發紅、顯出生氣模樣。一名在場醫生指出：「當可惡的劊子手把那顆平靜而美麗的頭顱拿在手中打巴掌時，有誰會沒看到夏洛特．柯爾岱的臉頰禁不住憤慨之情而漲紅？」

無以數計的故事描述斷頭上的眼睛會眨、牙齒會磨、嘴唇會動，頭顱還會在籃子裡抖動。有些故事的確是真的。斷頭確實可能具有移動能力，問題是：這種移動代表的是什麼？假如斷頭移動了，我們是否就可以說它是活的？如果可以，那麼它是否能體會它所受的恐怖命運？那時的人無法知道，那種移動究竟是證明了人類的意志正在努力伸張自我到最後一刻，或者只不過是複雜的生理程序仍然在死屍中運作。法國、義大利及德國的許多醫生決定親自探究這件事。

其中一人是法國解剖學教授賽居雷（Séguret）醫師。他在一顆被斬斷的頭顱上把眼瞼拉開，然後把頭顱舉起朝向太陽，結果他發現「眼瞼會立刻自行閉合，那種迅雷不及掩耳的速度既突然又令人吃驚」，然後「整張臉出現強烈的痛苦表情」。賽居雷的學生拿刀刺另一顆頭顱上軟趴趴的舌頭，結果舌頭忽然往回收縮，臉部彷彿因為痛苦而皺成一團。賽居雷的團隊也曾指出，有個名叫特西耶的殺手在斷頭台上身首分離以後，經過十五分鐘，他的眼睛居然轉向一名正在說話的男子。在義大利，科學家則發現每次他們把手術刀切進斷頭前額的柔軟組織，斷頭的臉部肌肉就會收縮。

雖然這些醫生致力研究斷頭是否還有生命這個主題，但他們無法取得共識。有些科學家記錄下臉部的運動，有些科學家則沒有看到這個現象。一八〇三年十一月，德國曼茨（Mainz）的一個團隊下定決心要一勞永逸地解決這個問題。兩名學生在斷頭台正下方就定位，設法在人頭落地後立刻檢查斷頭上是否會有意識存在的跡象。一名學生緊緊握住斷頭，密切觀察它的臉孔，另一人則湊近斷頭的耳朵邊喊道：「你聽得到我嗎？」他們輪流做對方的工作，前後這樣檢驗了七顆斷頭，結果沒有觀察到任何反應。研究團隊達成結論：身首分離之後，意識可以說是立即消失，而且無法挽回。曾經目睹大約一百二十個斷頭場面的行刑助理喬治．瑪丹（George Martin）接受採訪時表示，他也認為死亡是立即發生。他說，死亡後幾秒以內，眼睛就會僵住，眼瞼固定不動，嘴唇發白。

圖26　德國曼茨醫學會的醫師正在公開處決現場死刑台下方檢查甫被斬斷的頭顱，一八〇三年。

然而事實真相依然無法完全確定。無以數計與身體斷離的頭顱被觀察到出現眨眼或做鬼臉的現象，令人匪夷所思。一八三六年，惡名昭彰的殺人犯皮耶—法蘭索瓦・拉斯奈爾（Pierre-François Lacenaire）[2]答應幫忙為斬首後的意識存留問題提供佐證（拉斯奈爾後來成為俄羅斯大文豪杜思妥也夫斯基（Dostoevsky）作品《罪與罰》〔*Crime and Punishment*〕的主人翁拉斯柯尼科夫〔Raskolnikov〕）。拉斯奈爾在比塞特爾的監獄醫院答應樂呂（Lelut）醫師，他被處決以後會把左眼閉上、右眼保持睜開。拉斯奈爾身首分離以後，樂呂觀察他的頭顱好一段時間；他等了又等，但什麼事也沒發生。問題在於，無論頭顱被斬下以後是會動還是完全不動，這都無法證明它到底是否具有意識。會動的斷頭絕對可能完全沒有任何感覺，因為動作的存在本身並無法證明頭顱還有意識，或對周圍環境有所知覺。同理，不會動的頭顱不無可能還具有意識，只不過已經完全失去移動能力，也無法表達出它所感受的痛苦。

由於所謂證據並不是真正的證據，因此當時沒有人能夠確定這一切，但這個事實無法遏止一群人熱情投入研究被斬首罪犯屍體的工作。直到十九世紀末，科學家們依然不斷在犯人死亡後在他們的斷頭上東捏西戳，用火燒、拿刀割，設法引發某種反應。他們用阿摩尼亞把毛刷泡濕，然後插進斷頭上的鼻孔；他們也會把點燃的蠟燭湊近眼珠，在耳朵裡喊名字，但並沒有任何可供採信的證據顯現出來。

十九世紀末期，少數意志堅決的科學家開始進行更大膽的實驗。拿東西在斷頭上刺或

2 譯註：皮耶・法蘭索瓦・拉斯奈爾（一八〇三至一八三六年），法國里昂人，雖因殺人謀財罪被判處死刑，但其布爾喬亞出身及詩人身分使他備受矚目，並獲媒體偏袒。法國文豪波特萊爾（Baudelaire）稱他為「現代生活的英雄人物之一」，哲學家傅柯（Foucault）則認為他在巴黎社會中的名氣象徵「布爾喬亞浪漫罪犯」這種新型人物的誕生。

戳是一回事，但如果把新鮮血液輸進死人頭顱中，設法為其維持生命，結果又會是什麼情形？兩名法國醫生在一八八〇年代研究了這個問題。尚—巴普提斯特．文桑．拉波爾德（Jean-Baptiste Vincent Laborde）設法用鮮血讓斷頭恢復生機，並在頭骨上鑽孔、把針刺進大腦，企圖觸發神經系統的反應。有一次，他想辦法把一顆人頭頸部一側的動脈連接到一條活狗身上，結果他發現眼瞼、額頭、下顎的肌肉出現收縮現象。在某個時候，他記錄下那人的頷部忽然啪一聲閉上。達希．德里尼耶爾（Dassy de Lignières）醫師也曾從活狗身上汲取血液，灌入被斬斷的人類頭顱。德里尼耶爾的觀察結果是，斷頭臉部發紅，嘴唇膨脹出現血色，五官也變得比較明晰。在大約兩秒鐘時間裡，嘴唇略為出現結巴地想說話的模樣，眼瞼抽搐痙攣，「臉部整個甦醒，呈現某種又驚嚇又驚奇的表情。」這名醫生的結論是：「我非常確定，他的大腦在兩秒鐘時間中可以思考。」不過想當然耳，他根本不可能證實這件事。

這些實驗讓德里尼耶爾相信斷頭台處決的「酷刑」成分。他寫道：「當大刀大功告成，當人頭滾入鋸末塵埃……這顆已經斷離身體的頭顱會聽到群眾的聲音。被斬首的受刑者可以感覺自己在籃子中逐漸死亡，他可以看到斷頭台以及白晝的光芒。」德里尼耶爾提出衷心的建言：劊子手應該立即把頭顱舉起來在空中甩，確保所有血液迅速流出，以減低犯人最後的痛苦。

✠

儘管有了這些調查研究結果，但長年運作的斷頭台仍然不斷製造一顆顆抽動的頭顱，使醫學界持續在斷頭是否會受苦這件事上爭論不休。到最後，科學家在他們所做的實驗中觀察到什麼已經不再真正重要，因為所有人都同意，人在死亡之後，被分離的頭顱和身體確實可能繼續移動和起反應。此外，加爾瓦尼的實驗明確顯示被切下的身體部位可以繼續對物理刺激產生反應，而且當時學界也普遍認為，大腦可以從截斷的肢體獲得感覺，因此，或許大腦也可以繼續感覺到被截斷的身體。

問題在於如何詮釋身首分離後屍體各部位產生的移動。十八世紀末期，三名醫生——薩謬爾．湯瑪斯．索梅凌（Samuel Thomas Soemmerring）、尚—約瑟夫．蘇（Jean Joseph Sue）及查爾斯．厄尼斯特．歐斯納（Charles Ernest Oelsner）——成為反對斷頭台的言論領袖，他們的論點是這種處決方式非常殘酷。他們強調被切斷的頭顱會感受到痛苦，因此他們相信斷頭台的殘暴程度超過絞刑，更不用說窒息、毒藥等處死方式，因為據倖存者表示，這些方式感覺跟入睡相當類似。相較之下，斷頭台的快速和血腥使這些醫生相信它一定比其他處決方法帶來更大的痛苦。關於身體對斬首產生的反應，這些專家各有不同見解，但他們都同意頭顱被切斷以後，即使已經完全不會再動，它還是會有感受力。他們相信，就算不再有血液流進大腦，大腦依然能繼續運作。索梅凌指出，「感覺、個性和自我意識會持續存在一段時間」，因此犯人在接受頸部的致命一擊之後依然會感到疼痛。他非常確定，如果人頭被切斷後空氣還能流過聲帶，斷頭將可以說話。根據索梅凌的說法，人類的頭顱「圓滿而厚實」，它比其他身體部位保留更多熱量，因此感覺可以在大腦中持續存在整整十五分鐘。

這些見解背後的意涵非常可怕。倘若真是那樣，受刑者可能會在一種痛苦萬分，既未完全死亡、也稱不上活著的臨界狀態中，實際經歷到自己的暴力死亡。假如你是一顆被切斷的頭顱，被迫在十五分鐘時間中思索自己必然的最終命運，那可以說是漫無止境的經驗。儘管斷頭台的設計宗旨是提供有效而人道的處決方式，但它卻有可能為受刑者帶來苦不堪言的酷刑折磨，無論在身體上或精神上都是如此。尚──約瑟夫・蘇表示，被斷頭台斬斷的頭顱不只能夠感覺到它的命運，還可以思考這件事，因此我們不得不提出這個問題：「在感知到自己被處決之後，還必須事後思考自己被處決的事實，還有什麼比這個更恐怖？」

大多數關於「斷頭後生命」的討論重點在頭，而不在身體。有趣的是，只有蘇相信生命既會在頭部，也會在身體中繼續存在，他這個論點意味著靈魂或意志不單僅由大腦乘載，而且在本質上也不是單一的。蘇認為「生命力」分為道德性、智識性、動物性三種，這三種生命力雖然統合在頭部，但當斷頭之類的災難性事件發生時，它們可以獨立存在一段短時間。對蘇而言，斷頭台之恐怖一部分即在於它所扮演的角色：在死亡那段短暫時刻將這三種力量殘酷地剝離開來。

其他醫生在沒有確鑿證據的情況下，認定斷頭台是不良手段中最可取的一個。在某些人眼中，死刑是不應該的事，但倘若非得把人處死不可，那麼最好是靠這一台。一位名叫皮耶·尚·喬治·卡巴尼斯（Pierre Jean George Cabanis）的法國醫生和哲學家支持斷頭台死刑犯不會受苦的理論，認為他們沒有足夠時間感受痛苦。卡巴尼斯提出的證據是那些在戰場上受傷，但在傷後瞬間沒有感覺到痛楚的士兵。他的論據是，假如受傷士兵在受傷後的短暫時間中沒有經歷痛楚，那麼斷頭大刀在剎那間讓人身首分離，必然也不會帶來痛苦。切斷速度如此之快，不但不可能放大任何不適感，更應能確保死亡的痛苦達到最低。卡巴尼斯曾指出，頸背是可以使動物及人類瞬間死亡的地方（不過有些人不同意這點，他們認為由於那個區域充滿神經，因此在斷頭台上被處決是特別折磨人的死亡方式）。

卡巴尼斯也注意到被切斷的頭顱和身體會出現令人擔憂的痙攣現象，但他提出癱瘓的例子，藉此證明肌肉運動可能在沒有感覺的狀態下發生。這些例子支持了卡巴尼斯的理論，他認為那些在斷頭上觀察到的眼珠滾動、牙齒打顫等現象只是單純的機械運動，不含任何相關感受。他臆測，意識需要大腦和神經系統其他部分之間的連結才能存在。意識不是位於任何一個特定身體部位，例如大腦，而是仰賴整個人體的合一。一旦脊髓被斬斷，使這種合一性被毀，意識就停止了運作。在這個意義上，所有人格和感覺都在斷頭那個瞬間，在脊髓斷開、人體合一性粉碎那一刻遭到根絕。當然，根據卡巴尼斯的說法，有意識的斷頭絕不可能存在，它不過是人想像出來的東西。雖然他承認大刀落下未必代表生命立刻結束，因為部分生物功能可以繼續存在，但他認為有意識的痛苦確實是立即結束。

這些醫學和哲學辯論具有一種明顯的政治底蘊。那些跟索梅凌一樣認為斷頭台死刑犯遭受殘酷折磨的人，傾向於批判整個法蘭西共和國的野蠻。歐斯納將那些在巴黎聚集觀看同胞在刀下喪命的人稱為「一群嗜血的賤民」，他覺得一個秩序良好的國家不會需要採取這麼極端而卑劣的措施。斷頭加諸於個體的混亂令人聯想到革命後社會秩序崩解所導致的混亂。卡巴尼斯雖然稱不上是共和體制的死忠信徒，但他具有某些共和傾向，因此在探討「頭顱」和身體——或者「元首」和國家——孰輕孰重時，他的判斷自然染上特定色彩。對卡巴尼斯而言，頭顱和身體互為平等，而且缺了另一部分就不再有意義。

✠

斷頭台雖然讓死亡的時刻成為眾所矚目的焦點，但這個時刻依然撲朔迷離，令人百思莫解。死亡到底在什麼時候確實發生？生命的定義又是什麼？動作、意識或感覺是否能夠單獨構成生命？這部大型死亡機器使這些問題更形尖銳，但直到今天，醫學倫理界對斷頭與死亡的關係依然未達成定論，各種議論只是證明死亡這件事跟以往同樣神祕。

研究人員於一九九〇年代在耶路撒冷的希伯來大學進行一項實驗，證明斷了頭的動物可以成功生育後代。他們將一頭懷孕的母羊連接上維生系統，然後將牠斷頭，結果小羊在母羊的頭斷落三十分鐘後出生。母羊分娩時是「活著」的嗎？這要看我們怎麼定義生命。專家對此事至今依然莫衷一是，這點並不令人驚訝。母羊的心臟在跳，牠的血液在循環，牠透過呼吸器呼吸，牠維持恆常的體內環境。縱使牠不再真的完整，但牠確實在運作。這項實驗的設計目的是為了促進關於腦死的當代辯論，以懷孕無頭母羊替代懷有身孕的腦死女性，進行研究。有人認為，被宣布腦死的女性並沒有死，因為她能成功妊娠，生下健康寶寶。

研究人員認為他們透過砍斷羊頭，證明了死羊可以生育，因為，有誰能否認，斷頭不就是死亡的定義？斷頭是終極的，沒了頭的人不可能被認為還活著。但是，類似先前那些人頭實驗，這項對羊所做的實驗依然無法帶來定論，有些人說它確實證明死羊可以生育小羊，另一些人則認為它不過證明，「死」羊在被斷頭後的確可以被維持在生命狀態一段時間。或許這項實驗只是證明，失去頭顱終究不會使身體運行戛然而止，至少在廣泛動用醫學科技並動員一群高度專家的情況下，讓身體維持三十分鐘的運作是可行的。

腦死的概念已經主宰醫學界對死亡的臨床定義，而它本身就是個深具爭議性的議題。如羊和無數醫院病患的案例所示，一整套身體功能可以在腦死後獲得成功維持，因此某些人相信腦死病患絕不應該被視為死亡。但即便如此，我們仍舊不清楚大腦完全死去到底要花多少時間。過去一般認為大腦在缺氧狀態下可以存活四分鐘左右，但一些對豬隻所做的實驗卻顯示，大腦可以在心跳停止十五分鐘後恢復生機，而且沒有受到任何明顯損害。索梅淩醫師假使在世，無疑將樂見這些實驗結果支持了他當年所提的理論，也就是頭部能在沒有身體的情況下存活十五分鐘。死亡時刻究竟何時降臨，這個生理學乃至哲學上的謎題至今依然難以捉摸，我們愈是想仔細探查，它就愈是模糊難辨。

當然，現在人頭不再被用於這類研究，但在超過一個世紀期間，歐洲的學者不斷戳刺被切斷的人頭，以滿足他們的好奇。那些實驗都帶有某種黑暗的反諷性質：為了證明斷頭會帶來痛苦，科學家卻在有可能還在死亡邊緣掙扎的對象身上施加痛楚測試。假如意識能夠存在於斷頭中，那些醫生的行為等於是執意要延長它的存在，而且經常是用最折磨人的手段、實施盡可能長的時間，同時對於假設獲得證實卻不能抱任何真正的希望。

十九世紀末，大約在德里尼耶爾利用狗血及人頭進行實驗時，愈來愈多人對這種研究工作感到憤慨。一名反對人士指出：

那些用火燒人、拿鉗子施虐、轉動死亡輪的殘忍至極的劊子手，跟拿血淋淋的人頭來把玩的科學家相比，簡直成了小白鴿。法律說得很清楚：不可以在任何犯人身上使用酷刑。立法者顯然不可能預想到生理學家竟然會將他們的才幹用於凌虐死人。人的頭已經砍了，他的債已經還了，沒有人有權利要他再還債一次。

針對人頭的研究被愈來愈多人視為侮辱而且不合倫理，他們認為與其如此，不如讓死亡時刻這個神祕問題繼續無解。

在二十世紀，這種研究變得日漸稀少，不過並沒有完全消失。直到一九五七年，法國的醫生還下過這樣的結論：「所有生命要素都在斷頭後存活……〔予人的〕印象是一個恐怖的經歷，一種謀殺式的活體解剖，然後是過早舉行的葬禮。」斷頭的感受如何？這是無法回答的問題，但在法國以斷頭台為處決人犯首選方式的年代，社會上一直有一種想回答這個問題的衝動。

✠

人頭研究於二十世紀期間式微，但有些科學家將注意力轉移到動物的頭上。查爾斯·加斯利（Charles Guthrie）是一名美國生理學家，血管外科鼻祖之一，一九六三年去世。

他在一九〇〇年代初期與阿雷希斯・卡瑞爾（Alexis Carrel）合作研究靜脈移植及縫補，成功開啟一條道路，使器官移植手術在二次大戰後邁向成功。加斯利試圖移植四肢斷塊，把腎臟縫進下腹，他也做了頭顱移植實驗。

一九〇八年五月，在密蘇里州的聖路易，加斯利成功將一條狗的頭顱移植到另一條狗的喉嚨下側。他把血管嫁接起來，讓血液從一條狗身上流通到另一條狗的頭部。被這樣移植的頭展現出基本反射動作：瞳孔收縮，鼻孔抽動，舌頭移動。手術完成七小時以後，併發症出現，加斯利只好讓狗兒安樂死。

在一九五〇年代的蘇聯，弗拉迪米爾・德米柯夫（Vladimir Demikhov）在許多可憐的狗兒身上進行了類似的程序。據說德米柯夫是個「活力充沛、果斷堅決的人，具有坦率而開放的態度」——這或許並不令人訝異。二十世紀中期，除了骨頭、血管和眼角膜，移植身體其他部分依然是沒有成功希望的冒險，而德米柯夫卻企圖證明軟組織，甚至是細緻無比的大腦組織，可以在移植後成功存活。在每次操作中，德米柯夫的團隊將一條狗的頭部、肩部、心臟、肺臟和前肢接到另一條狗的頸部上。雖然這樣造出來的雙頭狗大部分在幾天內就會死去，但有些存活了幾個星期，因此他的實驗在當時被視為成功。這些「器捐狗」不僅維持意識，而且會喝水、咬人手指。

隨著器官移植在二十世紀後期日益普及，移植頭部的動機出現了轉變。被捐出的器官可以在受贈者身上存活已經無需證明，但有一位醫生依然想證明人頭——做為承裝人格（personhood）[3]的有意識、有感覺的容器——能夠獨立於身體之外存活。德米柯夫已經證明經過移植的狗頭可以保留大腦功能。一九七〇年代，一名執業於俄亥俄州克里夫蘭市的美國外科醫生羅伯特・懷特（Robert White）企圖證明頭部移植在猿猴身上為可能，因此理論上在人類身上應該也可能。身為一名神經外科醫生，懷特研究大腦的化學及生理現象，以及深度低溫（deep hypothermia）對大腦的影響。深度低溫是一種保護性技術，用於外科手術期間血液循環中斷時。懷特相信，他的實驗或許可以讓四肢癱瘓人士（他們的癱瘓狀況導致器官功能比較容易喪失）有朝一日能接受捐贈者提供的新身體。

在懷特的早期實驗中，他會取出動物的大腦，但維持動物本身的血液供應；然後他開始設法將獨立出來的大腦連接到不同動物的血液循環系統。隨後在一九七一年，懷特和他的團隊經過不只十二次失敗以後，終於將一隻恆河猴的頭部成功移植到另一隻恆河猴已被切去頭部的身體。手術一共進行了八個小時。當這隻新的合體猴重新恢復意識時，懷特將牠描述為「危險、好鬥、非常不快樂」。經過移植的猴子頭部處於麻醉狀態，因而免於痛楚的感覺，但它有效維持意識和警覺。它會追蹤人和物體在房間中的移動，會咬人的手指，也會咀嚼並設法吞嚥食物。

懷特用猴子和狗重複做了許多次這種實驗，「配製品」（preparation，這是工作團隊為

3 譯註：此處的「人格」是指做為一個人（person）的狀態。

他們的混合創造物取的稱呼）的存活時間從六小時到三天不等，最後會因為失血或免疫反應排斥而死亡。到了一九八〇年代，懷特的團隊已經讓實驗程序更細緻，使「配製品」無需輔助就可以呼吸。懷特也開始在死人大體上做研究，記錄下對人類受術者執行這種移植實驗時理論上必須完成的操作步驟。他研究出一種機械心臟，這種心臟能向流進頸部的血液供氧並加以調節，為成功移植人頭鋪路。

懷特於二〇一〇年過世。他在生前經常帶媒體記者參觀他的實驗室，那裡儼然是一座展示他的研究成果的博物館，而他一直相信人頭移植是可能的，儘管他承認這裡面包含的各種實務和倫理障礙可能都難以克服。其中的一道重要障礙是成本：無論就費用面或消耗珍稀捐贈器官的角度而言，做這種手術的成本都令人望而卻步。但這類反對論點與執行這種移植程序的哲學意涵相比，還是顯得微不足道。

懷特不理會任何比較廣泛的倫理議題。他堅決相信先前所提的「人格」唯獨位於人類的頭部之內。他在受訪時指出：「心智（mind）不僅包含所有使人類具有人性及個體性的元素，它也代表著人類心靈或靈魂的某種物質意義。」他的論點是，捐贈的身體不會有神經功能，因此可與四肢癱瘓者的身體相提並論，而他認為四肢癱瘓者非常適合成為這種手術的接受者，因為他們的預期壽命在四肢癱瘓後經常會縮短，而獲贈與的新身體會以相當類似於原有身體的方式運作。「我向來都會回歸到同樣一個基本概念，也就是說，我們是在保存大腦、心智和靈魂這三者。儘管有一些物質上的侷限存在，但假如你是透過顱部神經在運作，那麼似乎就沒有什麼限制。」

關於捐贈者及受贈者之間膚色和性別的搭配，懷特比較沒辦法回答。「我真的還沒想清楚這個部分，不過這些確實可能是非常嚴重的問題。」懷特認為神經外科的進步有朝一日勢必將使捐贈者和受贈者的神經能夠順利連接起來，逐漸達到移植手術後某種程度上的身體移動及感官知覺。有鑑於這個可能發展，創造上述那種極端形式的混合人類個體將難以避免夾帶更尖銳敏感的意涵。

對懷特而言，身體大抵不過是一部有機維生機器，它的運作只是為了維持人類生命，而這個生命真正存在的地方限於頭部。懷特的理論及學術實踐令人感到震撼，因為它否定了我們在我們的身分認同中感覺到的某個固有部分，也就是說：頭部與身體兩相依屬。斷頭這件事之所以蘊含強大力量，是因為它具有終極性，斷頭就代表死亡。然而，歷代許多科學家、哲學家和普通百姓卻無法接受這種終極性，而懷特是其中最晚近的代表人物。他將斷頭視為人類生命的一個潛在可能階段——一個人類可能可以熬過的事件。而假如一個人能在頭顱被截斷後存活，並且與另一個身體重新結合起來，要是那身體正是自己的（而且還更年輕、更健康、更有活力），而不是一具從前屬於別人、曾經成為死屍的肉身，那該有多好！

✠

人體冷凍機構真的肩負起照管「缸中之腦」的任務，只不過被裝進容器的其實是整顆人頭，而容器則是一種大型金屬真空保溫瓶，稱為「杜瓦瓶」[4]，裡面充滿液態氮。規模最大的人體冷凍機構之一是位於美國亞利桑那州的阿爾科生命延續基金會（Alcor Life Extension Foundation），那裡有超過一百二十名「受療者」被冷凍貯存起來，其中三分之二採用「神經暫停」（neurosuspension）程序，也稱做「截頭」（decapitation）程序，其他則是「全身型受療者」（whole-body patient）。人體冷凍術的理論基礎是，心跳停止之後有一個「赦免期」，在這段大約八分鐘的時間裡，人體細胞維持完好無損。當活細胞被冷凍到攝氏七十九度以下，所有生物化學變化都會減速到近乎休止甚至完全停止，使活細胞能無限期被保存在冰凍狀態中。人體冷凍專家相信，如果人體可以用足夠快的速度冷卻保存起來，未來的科技——例如複製、奈米科技——將可用來修復大腦和身體，於是「受療者」就可以在數百年後甦醒過來，並發現自己又洋溢青春與健康。對人體冷凍專家而言，死亡只是在我們找到辦法讓人類重新恢復生命之前，一個必須好好管理的階段而已。

「神經暫停」或「截頭」依據的前提是，大腦是人體中唯一一個絕對必須保存的部位。阿爾科基金會一名前總裁史提夫．布里吉（Steve Bridge）曾經寫道：「所謂『大腦移

4 譯註：一八九二年，蘇格蘭物理學家詹姆斯．杜瓦（James Dewar）在低溫物理學研究中發明了這種儲存液化氣體的真空夾層容器，被人按其姓氏稱為杜瓦瓶。一九〇四年，德國膳魔師（Thermos）公司製造第一個商用保溫瓶。

植』是不存在的；大腦被移植到一個新的身體應該稱做『身體移植』才對。我們就是我們的大腦。」這些人的論點是，其他臟器都可以被更換，移植完成以後不會對一個人的身分認同造成威脅，但如果受損的是腦部，當事人的身分認同可能無可挽回地喪失。假如不保存大腦，未來的人體冷凍專家將必須創造一個全新的人；但如果不保存身體，他們將只需要創造一具新的身體。複製之類的技術隱約告訴我們，科學家有一天將能在實驗室中培養新的健康組織，甚至新的肢體、新的身體。人體冷凍專家認為，既然我們都曾經在卵子受精之後從一個單一細胞長成一個完整的身體，在正確的條件下，我們當然可以再這麼做一次。

如果你考慮在死後做人體冷凍，「截頭」這個選項有許多優點，首先就是費用部分。保管一個人的頭部比保管整個身體便宜很多，因為需要的氮比較少，貯存容器和所需空間也比較小。人體冷凍技術在一九六〇年代出現時，

圖27　神經受療者手術儀器以及神經受療者的貯存，阿爾科生命延續基金會，美國亞利桑那州鳳凰城。

大家很快就知道，高昂的開辦費和經常費用，以及複雜的物流作業，都會使全身型保存充滿高難度。他們必須「直搗人體冷凍的真正核心意義——個人存續，而個人存續的最根本元素就是大腦」。在那個年代，冷凍保存的發展狀況衍生出一個不可思議的效應，使這種斷頭形式成為一種道德責任。人體冷凍運動創建人之一麥克・達爾文（Mike Darwin）這樣憶起當年：

> 阿爾科和我走上神經暫停這條路，因為那是一個合乎理性和道德的志業。它讓我們有機會挽救我們所愛的人的生命，這是我們無法用其他方法做到的。假使未來的歷史告訴我們，從「政治」或「較大利益」的觀點來看，這是一件不該做的事，我希望我們不會受到太嚴厲的評斷。因為事實是，那真的是在維持人類本質的條件下，我們唯一能做到的事。事情的發展很奇妙。誰能料想到，砍下自己母親的頭顱會成為終極的關愛行為、挽救她的生命的最好機會？

「神經暫停」目前依然相當受歡迎，因為花費相對低廉：全身保存服務的最低費用是十二萬美元，僅保存頭部則可低達五萬美元。神經暫停這種保存方式也代表「冷凍暫停服務隊」在你的心臟停止跳動之後的關鍵時刻，可以把注意力聚集在你的腦部，而不必忙著設法保存你的所有器官。這樣一來，防腐化學物就可以更快地灌注到你的腦部，腦部冷卻得也就更快，使你——或者至少是你的大腦——更有本錢面對未來的挑戰，而且由於你是被保存在比較小的容器裡，運送工作也會比較簡單。

致力於這個專業的人體冷凍專家們同意，神經暫停面臨的最大挑戰屬於社會或「美學」層面。被截斷的頭顱看起來實在太恐怖，一般人很難相信，把自己的爸爸或愛妻的頭切下來會是一個為他們提供更好的新生活的辦法。有些人體冷凍機構拒絕提供神經暫停服務，因為這對公共關係會造成不良影響。阿爾科的一名前任總裁對考慮接受冷凍的潛在受療者提出這個建議：「現在立刻就開始跟家人和朋友談人體冷凍和細胞修復，讓他們慢慢熟悉這個概念。然後等到你跟他們提到冷凍人頭的事，他們可能就不會把它看成是那麼奇怪的想法。」在人體冷凍專家眼中，做神經暫停的道理很簡單：在唯一替代方案是死亡的前提下，這可能是你手中握有的最佳選項；而且無論如何，當你從你長期蝸居的瞎魔師真空瓶出來重見天日時，所有辛苦工作早已有人為你打點完成，長出新的身體將是輕而易舉的標準程序。

毫無疑問，人體冷凍專家之所以偏愛使用「神經暫停」和「頭部隔離」這些聽起來科學而且令人心安的新式詞彙，是因為「斷頭」、「砍頭」這類字眼的老派含意讓人不舒服，不過人體冷凍的實務面依然是心靈脆弱者難以承受的。阿爾科允諾會在接到受療者臨終的消息時，立即派出冷凍運輸團隊，在現地二十四小時待命。受療者一經宣告法定死亡，他們會把他的身體放進冰水浴中，並連接到一部心肺復甦機，不過目的不在設法讓死者恢復生命，而是要維持他的血液循環。同時，團隊會以靜脈注射施打多種藥物，維持受療者的血壓，並減少腦部的氧氣消耗。心肺復甦機由可攜式心肺機取代，透過股動脈與身體連結，可以快速降低身體的核心溫度，然後身體在冰凍包裝的狀態下，被運到阿爾科機構進行外科手術。

在阿爾科，受療者的血液逐漸被一種「冷凍保護點滴」取代，使保存效果達到最優化。全身型受療者必須讓人切開胸部，以處理心臟部分的血管，但在神經暫停受療者身上，阿爾科用的是脊柱內部的動脈。工作人員把受療者的頭髮剃光後，在他的頭上鑽兩個小洞，以便能在點滴施用過程中，以視覺方式對大腦進行監測。點滴施用完成後，手術團隊開始用經過徹底消毒的板鋸執行「顱部隔離」（cephalic isolation），也就是「截頭」，再把受療者的頭顱放進它專屬的杜瓦貯存瓶，然後頭顱在兩星期期間中，逐漸冷卻到攝氏一九六度以下的低溫。

在神經暫停這項業務中，人體冷凍專家只是單純地把受療者的整個頭部切下來，因為如果要取出他的腦部，不但耗時費工，而且會造成太多損害。把腦部貯存在它原有的天然保護容器中還是比較簡單而安全的做法。不過，受療者的腦部在這整個程序中受到的損害依然相當可觀，而低溫冷凍保存的腦部在未來數十年——甚至數百年或更久——將繼續處在無法克服的損壞狀態中，因為科學家還沒有研究出修復的方法。人體冷凍專家相信，未來他們的最大挑戰不是如何為人培養出新的身體，而是如何找到辦法為他們修復受損腦部，因為把人腦放進冷凍庫確實會造成傷害。

人體細胞被冷凍時，細胞中的水分會滲出來，形成微小的冰晶，刺破周圍的細胞。有些奈米技術人員認為，未來可望出現大小如細菌的機器，在人體內部穿梭移動，修復其中所含的大約十兆個破損細胞，但就目前而言，這種機器完全屬於幻想的範疇。現階段的科學不可能妄想對這麼深層的細胞損壞進行修補。除了重建破裂細胞難如登天，另一個艱鉅的挑戰是如何逆轉老化過程，以及如何治療老年癡呆、癌症，或任何其他可能導致一個人死亡的退化性疾病。就算以上所有醫學條件終於都獲得滿足，一般人想到自己將以百分之百人造工程產物的形式重生，將是在獨立於自然法則之外的實驗室中「組裝起來的一堆移植體、植入物和微小發動機」，還是會對「人體冷凍轉世重生」這種東西望而卻步，不敢貿然下這種賭注。你的大腦要是沒了身體——在此我指的當然是你呱呱墜地時那副軀體——它在任何可識別的意義上還能算是你的大腦嗎？你的心智——你的人格和身分認同——應該不只包括你大腦中那些會發射訊號的突觸所組成的網路，或者說，它應該不只是你的腦袋裡裝的那堆東西吧？

人類個性與身體之間的互動方式複雜得無以復加，遠遠超出我們的理解，但我們有各種理由相信，我們應該避免將所有功勞歸諸於大腦，也不應該低估人體在形塑想法上所扮演的角色。首先，大腦的形成與我們所做的事有關。研究顯示，持之以恆的運動習慣可以改善一個人後半輩子的記憶力、注意力持續時間和學習能力，因此，當我們讓身體運動時，我們也讓大腦得到鍛鍊的機會。

除了我們的身體安適狀態會形塑我們的心智生活，腦部的具體大小也可能因應心智訓練而增長。倫敦大學學院（University College London）一群認知科學家所做的一項長期研究顯示，倫敦計程車司機的海馬體會擴大，而這要歸功於他們的「知識」，也就是他們那種穿梭在倫敦大街小巷的傳奇導航能力。海馬體主控記憶及空間意識，在特別密集的訓練中，它會擴大。在鋼琴調音師身上也可以看到類似效應，因為他們不斷學習如何在複雜的聲響地景中穿梭自如。海馬體的大小與它的使用程度密切相關：一個人退休以後，他的海馬體會縮小。這些發現讓研究人員能夠把大腦描述成一種會對運動起反應的肌肉。

「導航」（navigation）同時是一種身體和心智上的能力。一般人經常難以將某個路線概念化，或用言語描述它，但他們卻無須做出任何有意識的努力，就可以沿著那條路線走。心智上知道怎麼做一件事不同於身體上知道怎麼做這件事，這兩者間的界線很難描繪。運動員和音樂家也是同樣的道理。演奏鋼琴家能夠記得數以萬計的樂句及複雜指法，而且完全不會有意識地注意到這件事。足球員的身體在不斷移動的同時，能夠判斷複雜的角度、球的速度和重量、天氣狀況、對方球員的行動，而這種情況絕對是理性思維不可能掌握的。這些身體上的技術超越語言或心智思考的範疇：職業運動選手可能很難精確地說明，他們在比賽時是如何執行他們想做出的行動，只知道他們的身體自然而然就把它完成了。

以上只是幾個特別顯而易見的例子，用來說明人體如何形塑心智和大腦。天曉得將這兩者分離開來會牽涉到哪些更幽微的意涵！經歷過中風的人有時會排斥癱瘓掉的肢體，這種病症稱為病感失識症（anosognosia），意指病人無法承認他們的肢體障礙，或否認與受損的那個身體部分有任何關連。比如他們可能說，他們的左半部不屬於他們。一名病感失識症患者「不滿一條別人的腿占據他的病床空間，氣得把那東西抬起來丟出去，結果很訝異地發現自己躺在地上。」一名女子失去使用左手臂的能力，所以否認擁有左手上的戒指，但當戒指被換到她的右手上時，她卻高高興興地說起那些關於戒指的各種故事。我們不清楚這種病狀源自腦部損害或身體損害，也不知道那是不是一種心理應付策略，或者會不會是以上三種情況的結合。病感失識症通常會在兩三星期後消退，但它足以顯示人類這個具有身軀的心智有多複雜。假如我無法以相同方式感知我的身體，那麼或許我已經成為另外一個人。

心臟移植病人的經驗也許是這其中最驚人的。這些人經歷人格上的改變是相對普遍的情況。一項針對三十五名以色列心臟受捐者所做的研究發現，幾乎半數病人感覺到自己有了捐贈者的人格。一項在維也納所做的調查顯示，有兩成病人出現人格改變的情形，其中有些人把原因歸於幾乎瀕臨死亡所造成的創傷，有人則認為是因為他們接受的新心臟。有人在做了移植手術以後表示，他們的性情、吃的東西、音樂品味、日常作息、睡眠模式，甚至他們的性偏好，變得跟以前不同。偶爾某個病人的故事會成為新聞頭條，他們聲稱還不知道捐贈者是誰，就有了對方的人格。一名男子說他忽然變得熱愛古典音樂，後來才發現他的心臟捐贈者生前是一位優秀的小提琴家。一名女子宣稱她在移植手術後不知何故對啤酒和雞塊產生渴望，後來她得知她的年輕男性捐贈者生前最愛這些食物。

這些病人有可能是在住院期間在下意識狀況下吸收了某些資訊，而這構成形塑新身分認同的因素。此外，人格上的改變很可能不只涉及接近死亡的經驗所造成的試煉，也可能與病人在整個後半輩子都必須服用的強力免疫抑制劑有關。無論如何，人格改變的現象早已獲得普遍認定，而且研究人員開始提出其他各種理論。例如有人認為，心臟會製造激素，而且擁有自己的神經系統，可以透過類似大腦的廣大神經元和突觸網路，把訊號傳遞到身體各部。這個系統被稱為心臟的「迷你大腦」。腸胃擁有更神通廣大的「迷你大腦」，以超過一億個神經元控制一部分情緒反應機制。因此，當我們覺得「肚子裡有蝴蝶」（to have butterflies in one's stomach，「忐忑不安」之意），其實代表腸胃中的大腦正在跟頭部的大腦溝通。胃腸的神經元或許不會影響意識思考，但會影響我們的心情，而這個事實多多少少模糊了我們以為存在於心智與身體之間的界線。

接受器官移植的病人在生理層面上可能產生的反應無疑引人入勝，但心理層面的反應更令人震撼。高達三分之二的心臟移植接受者在手術後感覺痛苦無助，三分之一的人在有生之年一直無法擺脫這種痛苦。一小部分病人企圖把自己切開，設法逆轉已經做完的手術，因為身體遭到侵入的事實使他們備受折磨，寢食難安。對這些人而言，他們的新心臟不只是個「替換零件」，而且是一個入侵者，或說「第二個人」，彷彿一個他們不得不收留在體內的客人。接受者會把他們的新心臟描述為一種類似胎兒的生命，感覺像是一個不同的人在他們內部成長，而這種感覺可能很特別，也可能很險惡。他們會說「那個心」，而不說「我的心」；他們會害怕「那個心排斥我」。他們可能感覺自己彷彿同時在過兩個人的生活，所以當某人問：「今天怎麼樣？」他們會回答：「我們還行。」只有一小部分接受者提到這種非常特別的感受，不過在心臟移植手術後覺得必須將自己的人格拉扯、撕裂、複製的人比比皆是。在某些情況下，這可能導致精神病及嚴重心理問題。醫生眼中的

「成功手術」可能不見得像他們看到的那麼單純。

人類對器官移植產生的反應都已經如此複雜，頭部移植的可能性當然少不了讓人想拉警報。二〇一〇年以來出現為數不多的全臉移植案例（第一個局部臉部移植手術於二〇〇五年完成），但目前還沒有研究資料可供了解這種手術造成的心理效應。大部分的倫理爭議著重在討論臉部移植使原本健康的病人必須終生服用免疫抑制劑的事實，以及這種手術衍生的感染、排斥、疾病等問題。至於在一個人的臉部裝上另一個人的臉，這涉及什麼樣的心理意涵？評論家一致認為，我們對人臉真的所知不多，因此無法預測後續影響。

做為一種「具有表達力器官」，臉部在所有器官中顯得非常獨特。跟心臟、肺臟、腎臟等沒有人看得到的臟器不同，我們的臉能將我們與形塑我們身分認同的其他人（及物體）連結起來，透過這個作用，臉部有助於不斷重新定義我們。我們的臉為我們在這個世界上的創造性相互依存關係提供中介。「我們將自己視為全然的人類，也就是說一個具有尊嚴與道德價值的人，這種自我感知方式並非一個既與項（given），」哲學家黛安・沛皮契（Diane Perpich）在論述臉部移植的倫理面向時寫道：「那是一個脆弱得不可思議的、互為主體性（intersubjective）的成就。」臉部移植不只是用捐贈者的臉替換接受者的臉，它還把兩個人融合在一起，創造出一個新的臉。外科醫生也許可以在病人頭部標出一個身體結束、另一個身體開始的地方，但在兩張臉孔共同打造出來的新人體內，界線在哪裡、該怎麼畫，這是極難釐清的事。

移植人頭和它所含的所有內容物會是更極端的事。羅伯特・懷特的團隊將他們做過移植手術的猴子稱為「配製品」——這跟《科學怪人》[5]中弗蘭肯斯坦（Frankenstein）醫師將他起死回生的可憐怪物稱為「可憐鬼」（the wretch）是類似的道理——彷彿他們承認，他們的創造物完全不再是猴子，而是在變成一種新的東西。懷特和人體冷凍界的領導專家們偏好將整個程序稱為「身體移植」。為什麼移植身體比移植頭部容易讓人接受？長久以來，頭部一直被認為從高高在上的位置上主宰身體。頭部能夠觀看、聆聽、嗅聞、品嚐它周圍的世界；它所含的肌肉比所有其他肌肉結合起來更富於表達力；它為神經系統中樞提供安全的庇護所。在長久的歷史中，人類對自己的頭部有著近乎偏執的興趣，這裡面從實際面到美學面、從生物到哲學，可說有數不清的原因。頭部具有屬於它的存在，它擁有表面上的自主性。或許有一天，我們將有能力進一步使這種自主性成為具體的真實，然後我們將必須決定，我們是否真的想知道，我們的頭到底能不能被一勞永逸地賦與宰制身體的能力。

5　譯註：《科學怪人》（Frankenstein）是英國作家瑪莉・雪萊（Mary Shelley）出版於一八一八年的小說，被譽為現代科幻小說之母。瑪莉・雪萊是英國文豪珀西・比希・雪萊（Percy Bysshe Shelley）的妻子。

結語

別人的頭

OTHER PEOPLE'S HEADS

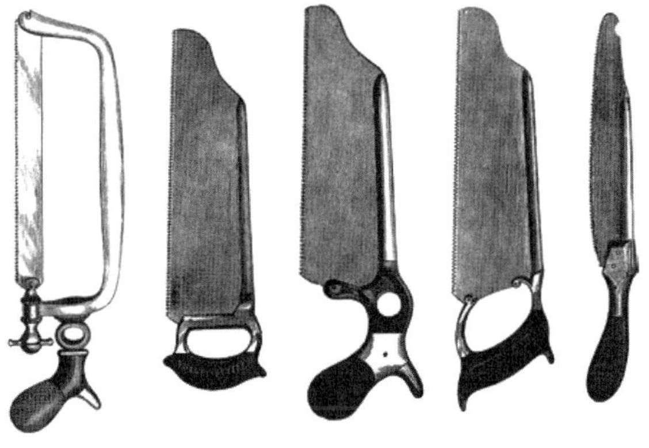

撰寫一本關於斷頭的書，儼然是一種針對它所描述的各種策略所做的練習。個人從未觀看過任何人被砍頭，也不曾見到剛被斬斷的頭顱。書本將斷頭的恐怖收納在扉頁間，就像解剖室中的裹屍布或博物館中的玻璃櫃。這些東西提供了一個外在框架，讓我們隔著它檢視其中內容，並應許保護我們的人格不受侵害。它為我們製造出安全距離。本書各部分的敘事之間雖然存在無盡的差異，但某種「斷離」的意識，以及這種意識所能釋放的力量，卻將不同敘事連成一氣。

在人頭實質斷離之前，犯行者和受害者之間經常早已出現假定的**社會**斷離。這種社會斷離經常具有種族主義形態，例如二次大戰太平洋戰事期間的人頭收集，或早期人類學家致力於量度人類頭骨差異，都屬於這種情形。在某些情況下，種族主義色彩可能強到受害者幾乎被視為低等人類。階級偏見也是類似的道理，這種偏見讓最初幾代的解剖家能跟貧窮的「病患」保持距離。在這種情況中，窮人被異化的現象使他們的無名屍體比較容易轉化成「臨床材料」，讓醫生在醫院解剖室中加以肢解。

關於天堂與地獄的宗教信仰形塑出另一種社會距離。這種信仰將某些人——聖人或罪人——置於正常社會的範疇之外，使他們的身體比較適合被肢解。從前罪犯的身體在他們死後被剝奪了保持完整的權利，解剖成為他們所受的永恆懲罰的一環。另一方面，神聖的身體超越所有自然法則，具有強大無比的力量，它經常會被切成小塊，以聖髑的形態散布於凡間。罪犯的身體與聖人的身體被獨立出來，以不同於一般人的方式處理。

今天，世人透過一個精心規範的專業匿名體系，打造出一種斷離的意識，例如醫學院建立的制度把人的身體轉化成帶有號碼的標本，以使檢驗工作更容易進行。現在的人刻意製造社會距離，做為醫學界與選擇獻出自己的身體供科學研究的人之間，所簽立的合約的一部分。

無論是哪種特定狀況，通常拿取頭顱的人會認為自己跟頭顱被他們拿走的人之間存在著本質上的不同。他們在某種程度上將他們拿取的目標**客體化**。我們很容易看出切斷人頭的行為如何讓那個人成為一個特別強有力的客體——某種可以被切開、傳遞、公開展示的物品——但這種客體化程序經常早在第一刀落下以前就已經展開。換句話說，鮮少有人會切斷自己熟識的人的頭顱（雖然已知有些解剖家曾經解剖他們的家人或朋友的遺體）。最可能挨刀的對象還是「敵人」、「捐贈者」、「標本」，或神聖人物的「不朽肉身」。這種社會斷離的意識很可能在人死以前，就先將他轉化為物品。

社會距離經常與物質上的距離並存。切斷頭顱的行為及其衍生物不屬於日常生活的範疇。人在街頭、家中或處理日常事務時被斬首是極為罕見的事，因為斷頭行為發生的場所通常與日常活動的空間迥然不同。這種地理上的遙遠性可以讓犯行者披上替代性的身分、進駐替代性的真實，正常的道德規範因而得以被顛倒。

戰場是說明這點的最好實例。二次大戰期間，在太平洋島嶼的叢林中犯下殘酷暴行的士兵回顧當年經歷時，經常彷彿像在看別人的事。他們會說：「那不是我，我出了意外狀況」；不然就是「我忽然就開始胡亂殺人。它就那樣發生了，我不知道自己身體裡會有那種東西。」異域的風景，以及他們與原有平民生活完全脫節的事實，都有助於維持這種道德秩序的錯亂。當一個人處身在不同的世界中，他比較容易成為另外一個人。在這種遠離家人和朋友的替代性真實中，當事人被鼓勵做出暴力行為，殺人成為受讚賞的事。

在一個由倒置的規範所治理的遙遠象限中，新的人格會出現，造成「雙重人格」的效應。這種效應也明顯反映在處決儀式中。劊子手和受刑犯都從一般社會被區隔出來。死刑台為他們標示出獨立的空間，那個特別空間由不同的規則所主宰，而他們在那裡為大眾祭出一場「表演」。有時受刑者會逾越那道界線，向群眾呼喊，或請求他們赦免，但即便在眾目睽睽之下，他們也已經永遠成為化外之物，命運無法再改變。今天，民眾會在網路上觀看罪犯斬斷被害者的頭。觀看者的角色受到攝影機的中介，同時攝影機確證影片中發生的事件已經結束，而且是發生在另一個時間和地點。這種切割一方面把觀看者保持在一定距離之外，另一方面卻也可能促使他們擺脫遲疑、決定觀看，或為他們透過觀看所實現的參與行為提供藉口。

人類有可能駐居於不同世界但卻進行互動，這樣的概念或許是支撐殖民主義的背景因素之一，而殖民這件事本身當然是在離家鄉很遠的地方進行的。像詹姆士．詹姆森這樣的人物不僅認為自己在時空上與原住民距離遙遠，他們也因為身處遙遠異域而覺得獲得賦權，可以在那個遙遠時空中實驗新的人格，而不會受到懲罰。

就醫學領域而言，一些在外面的街頭會被視為驚世駭俗、踰越倫常的事，關起門來卻變成解剖室或手術室中的慣行程序。醫療人員駐居的世界跟一般人也不一樣。醫學系學生學習的是一種執業所需的「必要性不人道」，在他們完成學業之際，他們經常會反思他們拋在身後的那個遙遠而不求理解的行外文化，以及他們如何遠遠地脫離了原先的身分認同和參考框架。支撐這個新認同的因素之一是專業生活的例行公事。清洗消毒、穿戴手術袍和面具、在關閉的房間中作業，這些都讓醫生得以用完全不同於日常的方式行動。

同理，斬首的產物——頭顱——經常擁有異於尋常的生存空間。今天，人頭不是被保管在博物館或教堂的玻璃容器中，就是被鎖在眾人目光所不及之處。我們與它們的互動受到嚴格行為規範的制約，只有很少數受過專業訓練的人士能夠實際碰觸到它們。當根特．馮哈根斯之流的「展示者」決定「拿掉展示框架」，他們的行為會導致爭議。另一個情況也類似，當戰利品頭顱或乾製首級忽然又出現在居家環境中——例如在許多年後偶然在閣樓或地下室被發現——通常它們的存在會令民眾感到不舒服。由於這些物品在我們的社會中不扮演任何約定俗成的角色，基本上它們會一直顯得「人間失格」。

防腐保存的頭顱在今天的日常生活中顯得格格不入，許多這種頭顱當年是在死屍無數的地方被創造出來的。環境因素不僅可能塑造出截然不同的生存象限，那裡經常也是活人的生活與死人緊密交織的地方。現在的我們生活在與死人幾乎沒有交集的世界，但在戰場、醫學院、醫院，乃至博物館等特殊環境中，死屍卻可能比比皆是。當一個人每天目睹死亡——直白說就是看到很多屍體——他會對死亡習以為常。

軍人和醫學院學生能夠以相當驚人的速度，讓自己適應面對死亡、甚至必須解剖屍體的處境。人會發現他們有能力差不多像面對任何動物屍體般，切割、撕裂人類遺體，去除上面的皮肉。從醫學院學生很少提到任何深刻的個人創傷這個現象看來，解剖屍體的恐怖並不在於一個人有辦法對別人的身體做出什麼事，而在於他必須做那件事的情境。短兵相接時那種融合恐懼與憤怒的情景，跟醫學院學生解剖自願捐贈者的大體時那種仔細探究的態度或許地別天差，但在這兩種情況中，最初令人驚駭的東西卻都可能變得平凡無奇。

儘管如此，犯行者在他的行動過程中經常服膺某個更高的權威。那個權威不只為他們處理死屍的行為提供架構，也為他們消除個人責任。教授、士官、法官甚至上帝都可能鼓勵、引導或命令別人犯下殘暴的行為，而其背後的默契是：這是為了成就某個更高尚的目的而必須付出的代價，換句話說就是「為了社會利益」。一旦那種行為成為某個社會制度的一環，它就不再需要被譴責為個人精神失常的證據。反之，那種行為會被賦與文化價值。這種價值可能具有爭議性或令人不安，但它仍舊為我們對一些恐怖事件的態度提供了某種框架。在許多生活領域中，駭人的斬首情景已經成為人類文化脈絡，乃至人類集體遺產的一部分。

如此暴力的行為可能引發種類多的驚人的情緒反應。傷心、反感、羞恥是可以預期的感受，但與這些負面反應相呼應的，卻經常是親密和驚奇的感覺。把一個被截斷的頭顱握在手中，甚至直接斬斷別人的頭顱，這可能帶來極大的震顫感。擁有別人的頭顱可能是一種引人入勝而且深刻動人的經驗。那可能是一種尊敬的表現或凌辱的行為，也可能兩者皆是。人類總是把斷頭視為寶貴的資產，因為這些東西幾乎從來不會是平凡無奇的物品。無論是做為宗教聖物、偽科學標誌物、藝術家的靈感繆思，或士兵的死亡紀念物，無數人類頭顱已經被轉化成崇敬的載體。儘管斬首會造成創傷——也可能正因為如此——斷頭保留了某一部分的活人精神，因此可能觸發憐惜、照護的本能。從奧利佛・普蘭基特的頭顱會發出「甜美的香氣」，到二次大戰的士兵用帽子和菸斗裝飾敵人的骷髏頭，別人的頭可以成為出人意表的親暱物品。有些人死後以骷髏頭形式享有的社會存在，比他們生前的社交生活更多采多姿。

無論是在什麼樣的環境脈絡中，當一個人親眼面對一顆被切斷的頭顱，他經常會覺得五味雜陳，各種正面和負面情緒在內心交織衝撞。許多人之所以選擇透過幽默感，在自己和那種怪異感覺之間拉開距離，這或許是其中一個理由。這也可能是頭顱如此動人心弦的原因之一：頭顱會在我們內心激起一種不尋常的糾結情緒。它讓我們覺得怪異而不同，而這是它的一部分力量所在。

雖然被切斷的頭顱經常看起來恐怖而令人難過，而且象徵著極大的人身不公，但它卻以複雜而矛盾的方式迫使我們注意它。斷頭既熟悉又彷彿來自另一個世界，它不斷提醒我們人類自身的脆弱性。它引領我們探看自己的內在，邀請我們檢視自己的人性疆界何在。我們或許不喜歡我們眼前所見，但這件事本身不是轉身不看的理由。

誌謝

在此我要感謝山姆・艾爾伯蒂（Sam Alberti）、肯恩・阿諾（Ken Arnold）、克里斯・哥斯登（Chris Gosden）、蘿拉・皮爾斯（Laura Peers）、艾莉森・佩區（Alison Petch）、艾芙琳・泰蘭尼（Evelyn Tehrani）以及珍米・泰蘭尼（Jamie Tehrani）閱讀本書早期草稿，並賜與寶貴意見。湯瑪斯・庫奇（Thomas Cucchi）及烏娜・斯特蘭德・維達斯多提爾（Una Strand Viðarsdóttir）為我閱讀了個別章節。歐菲莉・勒布哈瑟（Ophélie Lebrasseur）及多明尼克・福吉歐尼（Domenico Fulgione）分別為我提供法文及義大利文翻譯方面的協助。蘿絲・巴奈特（Ross Barnett）是飽含資訊的礦脈。

蘿拉・佛格森及喬伊絲・卡特勒—蕭（Joyce Cutler-Shaw）與我交流她們身為藝術家的工作經驗，艾里斯泰爾・杭特（Alistair Hunter）慷慨提供寶貴時間，協助我了解解剖室的世界。

溫蒂・摩爾為這本書開了個頭，促成本書誕生，我將永遠感謝她。派崔克・瓦爾許（Patrick Walsh）是本書的強力支持者、筆者的良師益友。我也要感謝菲利浦・貴恩・瓊斯（Philip Gwyn Jones）、馬克思・波特（Max Porter）、安・梅多斯（Anne Meadows）和Granta出版社團隊，以及鮑伯・懷爾（Bob Weil）和W. W. Norton出版社團隊，謝謝他們在本書創作的所有階段提供協助、支援及諮詢。

蕾秋・圖法諾（Rachael Tufano）超乎職責範圍，熱心提供空間讓我安心研究、寫作，而且永遠笑容滿面。我的父母為這整個創作計畫付出的精力，實在難以估量。最後，我用滿腔的愛和感謝，將本書獻給我的丈夫葛雷格。

插圖提供來源

圖1　劍橋大學席尼．薩塞克斯學院院長及院士。

圖2　牛津大學皮特．里佛斯博物館。

圖3　倫敦威爾康圖書館。

圖4　澳大利亞戰爭紀念館，物件編號072837。

圖5　勞夫．摩爾斯（Ralph Morse）攝影。時代生活攝影（Time Life Pictures）／蓋提影像（Getty Images）。

圖6　勞夫．克雷恩（Ralph Crane）攝影。時代生活攝影／蓋提影像。

圖7　侯傑—維歐雷（Roger-Viollet）影像公司／影像工廠（The Images Works）。

圖8　巴黎卡納瓦雷博物館（Musée Carnavalet），吉洛東（Giraudon）藝術影像／布里吉曼藝術圖書館（The Bridgeman Art Library）。

圖9 法國國家圖書館。

圖10 斯德哥爾摩瑞典國立博物館。

圖11 達米恩・赫斯特與科學股份有限公司。版權所有DACS 2014。

圖12 喬伊絲・卡特勒—蕭。

圖13 德羅赫達聖彼得教堂。

圖14 蘭西尼影像公司（Foto LENSINI）／錫耶納聖多明我大教堂。

圖15 蘇黎世瑞士國家博物館。典藏編號NEG 33904。

圖16《伊普斯威治星報》（*The Ipswich Star*）／雅昌特薩福克（Archant Suffolk）新聞影像。

圖17 倫敦威爾康圖書館。

圖18 喬治・懷爾德曼（George Wildman）攝影，二〇〇九年。費城穆特博物館醫師學院（College of Physicians）。

圖19 英國皇家外科醫學院，杭特博物館（Hunterian Museum）。

圖20 史蒂芬・米尼柯拉（Steven Minicola），賓州大學。

圖21 攝影典藏：密里安及瓦拉克（Miriam and Ira D. Wallach）藝術處；印製圖像及攝影作品部：紐約公共圖書館，阿斯特（Astor）、雷諾克斯（Lenox）及提爾登（Tilden）基金會。

圖22 倫敦威爾康圖書館。

圖23 倫敦威爾康圖書館。
圖24 喬安妮·蜜勒（Johanne Miller）。
圖25 倫敦威爾康圖書館。
圖26 雪拉·泰利（Sheila Terry）／科學影像圖書館（Science Photo Library）。
圖27 穆瑞·巴勒德（Murray Ballard）。

資料來源

這本書是一部綜合性著作，仰仗許多其他學者的研究。我要謝謝他們每一個人。由於這本書旨在提供通俗的撰述，我在本文中盡量不援引人名。詳細註釋請參考www.franceslarson.com/Severed。在此我要特別提下列學者的貢獻：賽門·哈里遜、保羅·弗利德蘭、妮娜·阿塔納梭格魯—卡爾麥爾（Nina Athanassoglou-Kallmyer）、丹尼爾·阿拉斯、柯林·迪奇（Colin Dickey）、海倫·麥克唐納（Helen MacDonald）、瑪麗·羅契（Mary Roach）以及芭比·澤利瑟。以下按章節及主題列出完整書目，首先是依據作者姓名字母順序排列的作品，然後是作者不詳的作品，按標題排列，最後是未出版手稿及／或網站名稱。

序幕：克倫威爾的頭

C. Donovan, ‘On the Reputed Head of Oliver Cromwell’, *Phrenological Journal*, vol. 17, 1844, pp. 365-378.

Jonathan Fitzgibbons, *Cromwell’s Head*, Kew: National Archives, 2008.

Henry Howarth, ‘The Embalmed Head of Oliver Cromwell’, *Archaeological Journal*, 1911, pp. 237-253.

Karl Pearson and G.M. Morant, ‘The Wilkinson Head of Oliver Cromwell and its Relationship to Busts, Masks and Painted Portraits’, *Biometrika*, vol. 26, no. 3, 1934, pp. 1-116.

Sarah Tarlow, 'The Extraordinary History of Oliver Cromwell's Head', in D. Boric and J. Robb (eds.), *Past Bodies: Body-Centred Research in Archaeology*, Oxford: Oxbow, 2008.

引言：令人難以抗拒的頭顱

Lesley Aiello and Christopher Dean, *An Introduction to Human Evolutionary Anatomy*, London: Academic Press, 1990.

Daniel Arasse (trans. Christopher Miller), *The Guillotine and the Terror*, London: Penguin Books, 1989.

Sean Coughlan, 'Museum offered head for shrinking', BBC News website, 22 May 2007. http://news.bbc.co.uk/1/hi/6679697.stm

Basiro Davey, Tim Halliday and Mark Hirst (eds.), *Human Biology and Health: An Evolutionary Approach*, Buckingham: Open University Press, 2001.

Graeme Fife, *The Terror: The Shadow of the Guillotine, France 1792-1794*, London: Portrait, 2004.

Antonia Fraser, *Mary Queen of Scots*, London: Mandarin Paperbacks, 1989 (1969).

Anna Gosline, 'How does it feel to die?' *New Scientist*, no. 2625, 13 October 2007.

Elizabeth Hallam, 'Articulating Bones: An Epilogue', *Journal of Material Culture*, vol. 15, no. 4, 2010, pp. 465-492.

Daniel E. Liberman, *The Evolution of the Human Head*, Cambridge, MA: Belknap Press of Harvard University Press, 2011.

Michael Marshall, 'Death Rattle of a Decapitated Brain', *New Scientist*, no. 2799, 9 February 2011.

Laura Peers, 'On the Treatment of Dead Enemies: Indigenous Human Remains in Britain in the Early Twenty-First Century', in Helen

Lambert and Maryon McDonald (eds.), *Social Bodies*, Oxford: Berghahn Books, 2009.

The description of the Oxford University cranial collections is taken from a report of the Committee on Sites to the University Hebdomadal Council, 3 March 1939, p. 103, held by Oxford University archives, reference UR 6/PRM/1, file 1. A significant proportion of the cranial collection was transferred to the British Museum after the Second World War.

第一章：乾製首級

皮特・里佛斯博物館的乾製首級

Coughlan, 'Museum offered head', 2007, op. cit.

Andrew Ffrench, 'Should shrunken heads stay in museum?', *Oxford Times*, 14 February 2007.

Melanie Giles, 'Iron Age Bog Bodies of North-Western Europe. Representing the Dead', *Archaeological Dialogues*, vol. 16, no. 1, 2009, pp. 75-101.

Laura Peers, *Shrunken Heads*, Pitt Rivers Museum information leaflet, 2011.

Laura Peers, 'Considerations for the display of shrunken heads', unpublished report for the Pitt Rivers Museum, 2009.

Kate White, 'Museums and Ethical Trade', *Journal of Museum Ethnography*, vol. 13, pp. 37-47.

See also the Pitt Rivers Museum website at www.prm.ox.ac.uk and the online catalogue at www.prm.ox.ac.uk/databases.html

The accession numbers of the Shuar shrunken human heads at the Pitt Rivers Museum are: 1884.115.2, 1911.77.1, 1932.32.92, 1923.88.363, 1936.53.42 and 1936.53.43. The accession numbers of the shrunken animal heads at the Pitt Rivers Museum are: 1884.115.1, 1923.88.364, 1936.53.44 and 1936.53.45.

舒阿爾人的獵頭文化

Jane Bennett Ross, 'Effects of Contact on Revenge Hostilities Among the Achuarä Jívaro', in Brian R. Ferguson (ed.), *Warfare, Culture and Environment*, New York: Academic, 1984, pp. 83-124.

Michael J. Harner, *The Jívaro: People of the Sacred Waterfalls*, London: Robert Hale and Company, 1972.

Michael J. Harner, 'Shrunken Heads: Tsantsa Trophies and Human Exotica by James L. Castner (book review)', *American Anthropologist*, n.s., vol. 107, no. 1, 2005, pp. 144-145.

Rafael Karsten, *The Head-Hunters of Western Amazonas: The Life and Culture of the Jibaro Indians of Eastern Ecuador and Peru*, Helsingfors: Societas Scientiarum Fennica, 1935.

Steven Lee Rubenstein, 'Circulation, Accumulation, and the Power of the Shuar Shrunken Heads', *Cultural Anthropology*, vol. 22, no. 3, 2007, pp. 357-399.

Steven Lee Rubenstein, 'Migrants and Shrunken Heads Face to Face in a New York Museum', *Anthropology Today*, vol. 20, no. 3, 2004, pp. 15-18.

Daniel Steel, 'Trade Goods and Jívaro Warfare: The Shuar 1850-1957, and the Achuar, 1940-1978', *Ethnohistory*, vol. 46, no. 4, 1999, pp. 745-776.

F.W. Up de Graff, *Head Hunters of the Amazon: Seven Years of Exploration and Adventure*, New York: Duffield and Company, 1923.

毛利人的獵頭文化

J.B. Donne, 'Maori Heads and European Taste', *RAIN*, no. 11, 1975, pp. 5-6.

Joseph D. Hooker (ed.), *Journal of the Right Hon. Sir Joseph Banks Bart., K.B., P.R.S.: During Captain Cook's First Voyage in HMS Endeavour in 1768-71 to Terra Del Fuego, Otahite, New Zealand, Australia, the Dutch East Indies, Etc.*, Cambridge: Cambridge University Press, 1896 (2011).

Wayne D. Orchiston, 'Preserved Human Heads of the New Zealand Maoris',

Journal of the Polynesian Society, vol. 76, no. 3, 1967, pp. 297-329.

Wayne D. Orchiston, 'Preserved Maori Heads and Captain Cook's Three Voyages to the South Seas: A Study in Ethnohistory', *Anthropos*, 1978, pp. 798-816.

H.G. Robley, *Moko; or Maori Tattooing*, London: Chapman Hall, 1896.

科學界的頭顱收集及其遺留影響

Joseph Barnard Davis, 'Preserving Specimens', *in Notes and Queries on Anthropology*, London: Routledge & Kegan Paul, 1874, p. 142.

John Beddoe, 'Constitution of Man: Form and Size', *in Notes and Queries on Anthropology*, London: Routledge & Kegan Paul, 1874, p. 4.

Vicki Cassman, Nancy Odegaard and Joseph Powell (eds), *Human Remains: Guide for Museums and Academic Institutions*, Altamira Press, 2008.

John George Garson and Charles Hercules Read (eds.), *Notes and Queries on Anthropology*, 2nd ed., London: Harrison and Sons, 1892, p. 5.

Liz White, *Giving up the Dead? The Impact and Effectiveness of the Human Tissue Act and the Guidance for the Care of Human Remains in Museums*, doctoral thesis, International Centre for Cultural and Heritage Studies, Newcastle University, 2011.

The Report of the Working Group on Human Remains, London: Department for Culture, Media and Sport, 2003.

Early additions to the Pitt Rivers Museum are listed in the following issues of the *Oxford University Gazette*: vol. XX, no. 677, 13 May 1890, p. 397; vol. XXIV (supplement), no. 806, 12 June 1894, p. 575; vol. XVI, no. 558, 22 June 1886, p. 635.

Cambridge University Museum of Archaeology and Anthropology online catalogue, http://maa.cam.ac.uk/maa/category/collections-2/catalogue. Artefact accession numbers: Z6854, E 1893.149, Z 11206, Z 11207, Z 11208 1916.20, Z 7086, 1886.66.

詹姆士．詹姆森醜聞案

Raymond Corbey, 'Ethnographic Showcases, 1870-1930', *Cultural Anthropology*, vol. 8, no. 3, 1993, pp. 338-369.

Felix Driver, 'Henry Morton Stanley and His Critics: Geography, Exploration and Empire', *Past & Present*, no. 133, 1991, pp. 134-166.

Laura Franey, 'Ethnographic Collecting and Travel: Blurring Boundaries, Forming a Discipline', *Victorian Literature and Culture*, vol. 29, no. 1, 2001, pp. 219-239.

Roslyn Poignant, *Professional Savages: Captive Lives and Western Spectacle*, New Haven, CT: Yale University Press, 2004.

J.A. Richardson, 'James S. Jameson and *Heart of Darkness*', *Notes and Queries*, vol. 40, no. 1, 1993, pp. 64-66.

Sadiah Qureshi, *Peoples on Parade: Exhibitions, Empire and Anthropology in Nineteenth-Century Britain*, Chicago: University of Chicago Press, 2011.

'The late Mr. Jameson's trophies of travel', *The Times*, 29 November 1888, p. 8.

《泰晤士報》讀者投書

Assad Farran, 'Our life at Yambuya Camp, in Africa, from June 22, 1887, to June 8, 1888', *The Times*, 14 November 1890, p. 9.

C.G., 'Letter to the Editor of The Times', *The Times*, 19 November 1890, p. 4.

Percy White, 'Letter to the Editor of The Times', *The Times*, 19 November 1890, p. 4.

'Mr. Bonny and the cannibal story', *The Times*, 14 November 1890, p. 10.

'Mr. Jameson's own story', *The Times*, 15 November 1890, p. 11.

艾弗瑞德．寇特．哈頓、查爾斯．荷茲和太平洋的收藏品

A.C. Haddon, 'Stuffed Human Heads from New Guinea', *Man*, vol. 23, 1923, pp. 36-39.

A.C. Haddon, *Head-Hunters Black, White and Brown*, London: Methuen & Co., 1901.

Charles Hose, *Fifty Years of Romance and Research in Borneo*, Oxford: Oxford University Press, 1994 (1927).

Mercedes Okumura and Yun Ysi Siew, 'An Osteological Study of Trophy Heads: Unveiling the Headhunting Practice in Borneo', *International Journal of Osteoarchaeology*, vol. 23, 2011, pp. 685-697.

Robert Pringle, *Rajahs and Rebels: The Ibans of Sarawak Under Brooke Rule*, London: Macmillan, 1970.

J. H. Walker, *Power and Prowess: The Origins of the Brooke Kingship in Sarawak*, Honolulu: University of Hawaii Press, 2002.

東南亞地區民眾對外國獵頭者的觀感

R. H. Barnes, 'Construction Sacrifice, Kidnapping and Head-Hunting Rumors on Flores and Elsewhere in Indonesia', *Oceania*, vol. 64, no. 2, 1993, pp. 146-158.

Richard Allen Drake, 'Construction Sacrifice and Kidnapping Rumor Panics in Borneo', *Oceania*, vol. 59, no. 4, 1989, pp. 269-279.

Maribeth Erb, 'Construction Sacrifice, Rumors and Kidnapping Scares in Manggarai: Further Notes from Flores', *Oceania*, vol. 62, no. 2, 1991, pp. 114-126.

Gregory Forth, 'Construction Sacrifice and Head-Hunting Rumors in Central Flores (Eastern Indonesia): A Comparative Note', *Oceania*, vol. 61, no. 3, 1991, pp. 257-266.

Gregory Forth, 'Heads under Bridges or in Mud: Reflections on a Southeast Asian "Diving Rumor"', *Anthropology Today*, vol. 25, no. 6, 2009, pp. 3-6.

Janet Hoskins, 'On Losing and Getting a Head: Warfare, Exchange and Alliance in a Changing Sumba, 1888-1988', *American Ethnologist*, vol. 16, no. 3, 1989, pp. 419-440.

Janet Hoskins, 'Predatory Voyeurs: Tourists and "Tribal Violence" in Remote Indonesia', *American Ethnologist*, vol. 29, no. 4, 2002, pp. 797-828.

第二章：戰利品首級

二次大戰期間婆羅洲的獵頭行為

Judith M. Hiemann, *The Most Offending Soul Alive: Tom Harrisson and His Remarkable Life*, Honolulu: University of Hawaii Press, 1998.

Gavin Long, *Australia in the War of 1939-1945, Series One: Army, Volume 7: the Final Campaigns*, Canberra: Australian War Memorial, 1963, p. 490.

Malcolm MacDonald, *Borneo People*, London: Jonathan Cape, 1956.

James Ritchie, *The Life Story of Temenggong Koh, 1870-1956*, Sarawak: Kaca Holdings, 1999.

Jim Truscott, *Voices from Borneo: The Japanese War*, published online at http://clarsys.com.au/jt

太平洋戰爭期間盟軍及戰利品奪取：日記及回憶錄

Richard Aldrich, *The Faraway War: Personal Diaries of the Second World War in Asia and the Pacific*, London: Doubleday, 2005.

James J. Fahey, *Pacific War Diary, 1942-45: The Secret Diary of an American Soldier*, New York: First Mariner Books, 2003 (1963).

Arthur Goodfriend, *The Jap Solder*, Washington, DC: Infantry Journal, 1943.

John Hersey, *Into the Valley*, New York: Alfred A. Knopf, 1943.

Sy M. Kahn, *Between the Tedium and the Terror: A Soldier's World War II Diary, 1943-45*, Urbana: University of Illinois Press, 2000.

Dean Ladd and Steven Weingartner, *Faithful Warriors: A Combat Marine Remembers the Pacific War*, Annapolis, MD: Naval Institute Press, 2009.

Thomas J. Larson, *Hell's Kitchen Tulagi 1942-1943*, Lincoln, NE: iUniverse, 2003.

Charles A. Lindbergh, *The Wartime Journals of Charles A. Lindbergh*, New

York: Harcourt Brace Jovanovich, 1970.
Mack Morriss, *South Pacific Diary 1942-1943*, Lexington: University Press of Kentucky, 1996.
Bruce M. Petty, *Saipan: Oral Histories of the Pacific War*, Jefferson, NC: MacFarland, 2009.
E. B. Sledge, *With the Old Breed*, London: Ebury Press, 2010 (1981).
'Hunting License Issued by U.S. Marines', *New York Times*, 1 April 1942, p. 8.

太平洋戰爭期間盟軍及戰利品奪取：歷史分析

Joanna Bourke, *An Intimate History of Killing: Face to Face Killing in Twentieth-Century Warfare*, London: Granta Books, 1999.
Ben Cosgrove, 'Life Behind the Picture: "Skull on a Tank", Guadalcanal, 1942', *Life* magazine online.
John W. Dower, *War Without Mercy: Race and Power in the Pacific War*, New York: Pantheon Books, 1986.
Paul Fussell, *Wartime: Understanding and Behaviour in the Second World War*, Oxford: Oxford University Press, 1989.
Jonathan Glover, *Humanity: A Moral History of the Twentieth Century*, New Haven, CT: Yale University Press, 1999.
Simon Harrison, 'Skull Trophies of the Pacific War: Transgressive Objects of Remembrance', *Journal of the Royal Anthropological Institute*, n.s., vol. 12, 2006, pp. 817-836.
Simon Harrison, 'War Mementos and the Souls of Missing Soldiers: Returning Effects of the Battlefield Dead', *Journal of the Royal Anthropological Institute*, n.s., vol. 14, 2008, pp. 774-790.
Simon Harrison, 'Skulls and Scientific Collecting in the Victorian military: Keeping the Enemy Dead in British Frontier Warfare', *Comparative Studies in Society and History*, vol. 50, no. 1, pp. 285-303.
Simon Harrison, 'Bones in the Rebel Lady's Boudoir: Ethnology, Race and Trophy-Hunting in the American Civil War', *Journal of Material*

Culture, vol. 15, no. 4, 2010, pp. 385-401.

Simon Harrison, *Dark Trophies: Hunting and the Enemy Body in Modern War*, Oxford: Berghahn Books, 2012.

M. Johnston, *Fighting the Enemy: Australian Soldiers and Their Adversaries in World War II*, Cambridge: Cambridge University Press, 2000.

Yuki Tanaka, *Hidden Horrors: Japanese War Crimes in World War II*, Boulder, CO, Westview Press, 1997.

James J. Weingartner, 'Trophies of War: US Troops and the Mutilation of Japanese War Dead, 1941-1945', *Pacific Historical Review*, vol. 61, no. 1, 1992, pp. 53-67.

James J. Weingartner, 'War Against Subhumans: Comparisons Between the German War Against the Soviet Union and the American War Against Japan, 1941-1945', *Historian*, vol. 58, no. 3, 2007, pp. 557-573.

The Pacific War Online Encyclopedia at http://pwencycl.kgbudge.com

《生活》雜誌每週照片醜聞

Weingartner, 'Trophies of War', 1992, op. cit.

'Letters to the Editors', *Life*, 12 June 1944, p. 6.

'Picture of the Week', *Life*, 22 May 1944, pp. 34-35.

越南

James Adams, interviewed in Mark Lane, *Conversations with Americans*, New York: Simon and Schuster, 1970.

Arthur E. 'Gene' Woodley, Jr., interviewed in Wallace Terry, *Bloods: An Oral History of the Vietnam War by Black Veterans*. New York: Random House, 1984.

二次大戰戰利品首級的鑑識研究

W.M. Bass, 'The Occurrence of Japanese Trophy Skulls in the United States', *Journal of Forensic Sciences*, vol. 28, no. 3, July 1983, pp. 800-803.

Simon Harrison, 'Skull Trophies', 2006, op. cit. Paul S. Sledzik and Stephen

Ousley, 'Analysis of Six Vietnamese Trophy Skulls', *Journal of Forensic Sciences*, vol. 36, no. 2, 1991, pp. 520-530.

第三章：人頭落地

伊拉克戰爭及阿富汗戰爭期間的斬首影片

Lisa J. Campbell, 'The Use of Beheadings by Fundamentalist Islam', *Global Crime*, vol. 7, nos. 3-4, 2006, pp. 583-614.

Deborah Fallows and Lee Rainie, 'The Internet as a Unique News Source', *Pew Internet and American Life Project*, 8 July 2004, available at http://www.pewinternet.org/Reports/2004/Internet-as-Unique-News-Source.aspx

Martin Harrow, 'Video-Recorded Decapitations - A Seemingly Perfect Terrorist Tactic that Did Not Spread', Danish Institute for International Studies working paper, Copenhagen, 2011.

Ronald H. Jones, 'Terrorist Beheadings: Cultural and Strategic Implications', Strategic Studies Institute report, US Army War College, Carlisle, PA, June 2005.

Evan Maloney, *The Brain-Terminal.com* blog, at www.spectacle.org/0604/evan.html

Jay Rosen, *Pressthink* blog, at archive.pressthink.org/2004/05/16/berg_video_p.html

Lynn Smith, 'Web Amplifies Message of Primitive Executions', *Los Angeles Times*, 30 June 2004.

Duncan Walker, 'Who watches murder videos?', BBC News Online Magazine, 12 October 2004. http://news.bbc.co.uk/1/hi/magazine/3733996.stm

Gabriel Weimann, *Terror on the Internet: The New Arena, the New Challenges*, Washington, DC: United States Institute of Peace, 2006.

Barbie Zelizer, *About to Die: How News Images Move the Public*, Oxford: Oxford University Press, 2010.

'Beheading videos fascinate public', *Washington Times*, 18 October 2004.

'Italian hostage "defied killers",' BBC News website, 15 April 2004. http://news.bbc.co.uk/1/hi/world/middle_east/3628977.stm

Nick Berg top ten search terms are listed at http://pjmedia.com/instapundit/45844/

關於國家處決現場觀眾的歷史研究

Paul Friedland, *Seeing Justice Done: The Age of Spectacular Capital Punishment in France*, Oxford: Oxford University Press, 2012.

V. A. C. Gatrell, *The Hanging Tree: Execution and the English People 1770-1868*, Oxford: Oxford University Press, 1994.

David Johnston, 'Ashcroft calls seeing McVeigh die a way to help victim's kin', *New York Times*, 13 April 2001.

Sara Rimer, 'A City Consumed in Plans for McVeigh's Execution', *New York Times*, 19 April 2001.

Robert Shoemaker, 'Streets of Shame? The Crowd and Public Punishments in London 1700-1820', in S. Devereaux and P. Griffiths (eds.), *Penal Practice and Culture, 1500-1900: Punishing the English*, Palgrave, 2004, pp. 232-257.

Christopher Wren, 'McVeigh is executed for Oklahoma City bombing', *New York Times*, 11 June 2001.

Jim Yardley, 'The McVeigh execution: Oklahoma City; execution on TV brings little solace', *New York Times*, 12 June 2001.

中世紀的處決及叛國者的頭顱

Andrew Fisher, 'Wallace, Sir William (d. 1305)', *Oxford Dictionary of National Biography*, Oxford University Press, 2004. http://www.oxforddnb.com/view/article/28544

Clark Hulse, 'Dead Man's Treasure: The cult of Thomas More', in David Lee Miller, Sharon O'Dair and Harold Weber (eds.), *The Production of*

English Renaissance Culture, Ithaca, NY: Cornell University Press, 1994, pp. 190-225.

Patricia Pierce, *Old London Bridge: The Story of the Longest Inhabited Bridge in Europe*, London: Headline Book Publishing, 2001.

Katherine Royer, 'The Body in Parts: Reading the Execution Ritual in Late Medieval England', *Historical Reflections*, vol. 29, no. 2, 2003, pp. 319-339.

Richard Thomson, *Chronicles of London Bridge by An Antiquary*, London: Smith, Elder and Co., 1827.

Alexandra Walsham, 'Skeletons in the Cupboard: Relics after the English Reformation', *Past and Present*, supplement 5, 2010, pp. 121-143.

Danielle Westerhof, 'Deconstructing Identities on the Scaffold: The Execution of Hugh Despenser the Younger, 1326', *Journal of Medieval History*, vol. 33, 2007, pp. 87-106.

Barbara Wilson and Frances Mee, *The City Walls and Castles of York: The Pictorial Evidence*, York: York Archaeological Trust, 2005.

法蘭西斯・唐恩利的頭顱

Leo Gooch, 'Towneley, Francis (1709-1746)', *Oxford Dictionary of National Biography*, Oxford University Press, online edition, May 2006. http://www.oxforddnb.com/view/article/27603

Katharine Grant, 'Uncle Frank's Severed Head', *Guardian*, 25 January 2014.

The story of Towneley's head at Drummond's bank is also reported online at http://www.1745association.org.uk/a_day_out_in_london.htm

劊子手

Richard van Dülmen, *Theatre of Horror*, London: Polity Press, 1990.

Friedland, *Seeing Justice Done*, 2012, op. cit.

Gatrell, *The Hanging Tree*, 1994, op. cit.

Peter Spierenburg, *The Spectacle of Suffering: Executions and the Evolution of Repression: From a Preindustrial Metropolis to the European Experience*, Cambridge: Cambridge University Press, 1984.

斷頭台

Arasse, *The Guillotine*, 1989, op. cit.

Fife, *The Terror*, 2004, op. cit.

Friedland, *Seeing Justice Done*, 2012, op. cit.

Daniel Gerould, *The Guillotine: Its Legend and Lore*, New York: Blast Books, 1992.

Regina Janes, *Losing Our Heads: Beheadings in Literature and Culture*, New York: New York University Press, 2005.

Allister Kershaw, *A History of the Guillotine*, New York: Barnes and Noble, 1993.

Camille Naish, *Death Comes to the Maiden: Sex and Execution 1431-1933*, London: Routledge, 1991.

臉書及斬首影片

Adam Withnall, 'David Cameron calls Facebook "irresponsible" for allowing users to upload decapitation videos', *Independent*, 22 October 2013.

Adam Withnall, 'Facebook removes beheading video after David Cameron comments', *Independent*, 23 October 2013.

'Cruelty and the crowd: beheading videos on Facebook', *Guardian,* editorial, 22 October 2013.

第四章：畫框裡的頭顱

馬克・奎恩

Mark Brown, 'Artist's frozen sculpture goes on show', *Guardian*, 10 September 2009.

Priscilla Frank, 'Marc Quinn discusses self-portraits made of his own blood',

Huffington Post, 6 August 2012.

Alfred Hickling, 'Marc Quinn's bloody beauty', *Guardian*, 1 February 2002.

'National Portrait Gallery Shows Marc Quinn's Frozen "Blood Head"', National Portrait Gallery news release, 10 September 2009, at http://www.npg.org.uk/about/press/marc-quinn-press.php

Wellcome Trust, 'Big Picture: Question and Answer with Marc Quinn', interviewed by Chrissie Giles, at www.bigpictureeducation.com/marcquinn-interview

死亡面具

Iris I. J. M. Gibson, 'Death Masks Unlimited', *British Medical Journal (Clinical Research Edition)*, vol. 291, no. 6511, 1985, pp. 1785-1787.

M. H. Kaufman and Robert McNeil, 'Death Masks and Life Masks at Edinburgh University', *British Medical Journal*, vol. 298, no. 6672, 1989, pp. 506-507.

攝影及社會「類型」的創造

Arasse, *The Guillotine*, 1989, op. cit.

Elizabeth Edwards, 'Introduction', in Elizabeth Edwards (ed.), *Anthropology and Photography 1860-1920*, New Haven, CT: Yale University Press, 1992, pp. 3-17.

Christopher Pinney, 'The Parallel Histories of Anthropology and Photography', in Elizabeth Edwards (ed.), *Anthropology and Photography 1860-1920*, New Haven, CT: Yale University Press, 1992, pp. 74-95.

Roslyn Poignant, 'Surveying the Field of View: The Making of the RAI Photographic Collection', in Elizabeth Edwards (ed.), *Anthropology and Photography 1860-1920*, New Haven, CT: Yale University Press, 1992, pp. 42-73.

Joanna C. Scherer, 'The Photographic Document: Photographs as Primary

Data in Anthropological Enquiry', in Elizabeth Edwards (ed.), *Anthropology and Photography 1860-1920*, New Haven, CT: Yale University Press, 1992, pp. 32-41.

莎樂美、友弟德，以及藝術作品中的斬首想像

Andrew Graham-Dixon, Caravaggio: A Life Sacred and Profane, London: Penguin Books, 2010.

Udo Kultermann, 'The "Dance of the Seven Veils": Salome and Erotic Culture Around 1900', Artibus et Historiae, vol. 27, no. 53, 2006, pp. 187-215.

Karen Kurczynski, 'Edvard Munch: The Modern Life of the Soul', Nineteenth Century Art Worldwide, vol. 5, no. 2, 2006.

Linda Nochlin, The Body in Pieces: The Fragment as a Metaphor of Modernity, New York: Thames and Hudson, 1994.

Patricia Phillippy, Painting Women: Cosmetics, Canvases and Early Modern Culture, Baltimore, MD: Johns Hopkins University Press, 2006.

Nanette B. Rodney, 'Salome', Metropolitan Museum of Art Bulletin, n.s., vol. 11, no. 7, 1953, pp. 190-200.

Nadine Sine, 'Cases of Mistaken Identity: Salome and Judith at the Turn of the Century', German Studies Review, vol. 11, no. 1, 1988, pp. 9-29.

西奧多・傑利柯

Nina Athanassoglou-Kallmyer, 'Géricault's Severed Heads and Limbs: The Politics and Aesthetics of the Scaffold', *Art Bulletin*, vol. 74, no. 4, 1992, pp. 599-618.

Nina Athanassoglou-Kallmyer, *Théodore Géricault*, London: Phaidon Press, 2010.

Klaus Berger, *Géricault and His Work*, New York: Hacker Art Books, 1978.

Charles Clément, *Géricault étude biographique et critique avec le catalogue raisonné de l'oeuvre du maitre*, Paris: Didier, 1868.

Lorenz Eitner, *Géricault's Raft of the Medusa*, London: Phaidon Press, 1972.

Lorenz Eitner, *Géricault: His Life and Work*, London: Orbis Publishing, 1982.

Stefan Germer, 'Pleasurable Fear: Géricault and Uncanny Trends at the Opening of the Nineteenth Century', *Art History*, vol. 22, no. 2, 1999, pp. 159-183.

Marie-Hélène Huet, 'The Face of Disaster', *Yale French Studies*, no. 111, 2007, pp. 7-31.

Christopher Kool-Want, 'Changing of the Guard', *Art History*, vol. 22, no. 2, 1999, pp. 295-300.

Jonathan Miles, *Medusa: The Shipwreck, the Scandal, the Masterpiece*, London: Pimlico, 2007.

Vanessa R. Shwartz, *Spectacular Realities: Early Mass Culture in Fin-de-Siècle Paris*, Berkeley: University of California Press, 1999.

Auguste Raffet is quoted in an unsigned article (possibly by P. Burty) in *Gazette des Beaux-Arts*, vol. 6, 1860, p. 314.

達米恩．赫斯特

Nick Clark, 'Dead serious? Photo of Damien Hirst with severed head riles Richard III academics', *Independent*, 12 July 2013.

Damien Hirst and Gorden Burn, *On the Way to Work*, London: Faber and Faber, 2001.

'Transcript of interviews: Damien Hirst 360 private view', Channel 4, 2012, at www.channel4.com/microsites/H/hirst/transcripts.pdf

藝術、人體結構及解剖室

Patricia M.A. Archer, 'A History of the Medical Artists' Association of Great Britain, 1949-1997', PhD thesis, University College London, 1998.

Lucy Bruell, 'The Artist in the Anatomy Lab', interview with Laura Ferguson on the Literature, Arts and Medicine Blog at New York

University, 2012, http://medhum.med.nyu.edu/blog

Joyce Cutler-Shaw, 'The Anatomy Lesson: The Body, Technology and Empathy', *Leonardo*, vol. 27, no. 1, 1994, pp. 29-38.

Michael Malone, 'Abandon', *Agora: Medical Student Literary Arts Magazine*, Spring 2010, p. 24.

Johanna Shapiro et al., 'The Use of Creative Projects in a Gross Anatomy Class', *Journal for Learning through the Arts*, vol. 2, no. 1, 2006, pp. 1-29.

Leonardo da Vinci (trans. Charles D. O'Malley and J.B. de C.M. Saunders), *Leonardo on the Human Body*, New York: Dover Publications, 1983.

Louise Younie, 'Art in Medical Education: Practice and Dialogue Case Study', in Victoria Bates, Alan Bleakley and Sam Goodman (eds.), *Medicine, Health and the Arts: Approaches to the Medical Humanities*, London: Routledge, 2013, pp. 85-103.

Personal correspondence with Laura Ferguson and Joyce Cutler-Shaw.

杜莎夫人

Étienne-Jean Delécluze, *Louis David, son école et son temps*, Paris: Didier, 1855.

Pamela Pilbeam, *Madame Tussaud and the History of Waxworks*, London: Hambledon and London, 2003.

Madame Tussaud (edited by Francis Hervé), *Memoirs and Reminiscences of the French Revolution*, Philadelphia: Lea and Blanchard, 1839.

第五章：力量強大的頭顱

聖奧利佛・普蘭基特的頭顱

Francis Donnelly, 'New Shrine in Honour of St. Oliver Plunkett', *Seanchas Ardmhacha: Journal of the Armagh Diocesan Historical Society*, vol. 17, no. 1 (1996-97), pp. 244-247.

Tomás Ó Fiaich, *Oliver Plunkett: Ireland's New Saint*, Dublin: Veritas Publications, 1975.

Desmond Forristal, *Oliver Plunkett in His Own Words*, Dublin: Veritas Publications, 1975.

Siobhán Kilfeather, 'Oliver Plunkett's Head', *Textual Practice*, vol. 16, no. 2, pp. 229-248.

Deidre Matthews, *Oliver of Armagh. Life of Blessed Oliver Plunkett, Archbishop of Armagh*, Dublin: M.H. Gill and Son, 1961.

John Francis Stokes, *Life of Blessed Oliver Plunkett, Archbishop of Armagh, 1625-1681*, Dublin: Catholic Truth Society of Ireland, 1954.

Sarah Tarlow, 'Cromwell and Plunkett: Two Early Modern Heads called Oliver', in Mary Ann Lyons and James Kelly (eds.), *Death and Dying in Ireland, Britain and Europe: Historical Perspectives*, Dublin: Irish Academic Press, 2013, pp. 59-76.

Visitor reactions to the relic can be found on www.tripadvisor.co.uk

聖艾德蒙及布萊恩·勃魯的不腐化屍體及頭顱

Caroline Walker Bynum, *The Resurrection of the Body in Western Christianity, 200-1336*, New York: Columbia University Press, 1995.

Mark Faulkner, 2012, '"Like a Virgin": The Reheading of St. Edmund and Monastic Reform in Late-Tenth-Century England', in Larissa Tracy and Jeff Massey (eds.), *Heads Will Roll: Decapitation in the Medieval and Early Modern Imagination*, Leiden and Boston: Brill, 2012, pp. 39-52.

錫耶納聖加大利納的頭顱

Gerald A. Parsons, 'From Nationalism to Internationalism: Civil Religion and the Festival of Saint Catherine of Siena, 1940-2003', *Journal of Church and State*, vol. 46, no. 4, 2004, pp. 861-885.

Gerald A. Parsons, *The Cult of Saint Catherine of Siena: A Study in Civil Religion*, Burlington, VT: Ashgate, 2008.

捧頭聖人、聖物匣，以及波維的聖儒斯特

Barbara Drake Boehm, 'Body-Part Reliquaries: The State of Research', *Gesta*, vol. 36, no. 1, 1997, pp. 8-19.

Bynum, *Resurrection of the Body*, 1995, op. cit.

Caroline Walker Bynum and Paula Gerson, 'Body-Part Reliquaries and Body Parts in the Middle Ages', *Gesta*, vol. 36, no. 1, 1997, pp. 3-7.

Hulse, 'Dead Man's Treasure', 1994, op. cit.

Scott B. Montgomery, 'Mittite capud meum . . . ad matrem meam ut osculetur eum: The Form and Meaning of the Reliquary Bust of Saint Just', *Gesta*, vol. 36, no. 1, 1997, pp. 48-64.

被斬首的罪犯以及人類頭骨和頭顱的治療力量

Ken Arnold, *Cabinets for the Curious: Looking Back at Early English Museums*, Aldershot: Ashgate, 2006.

Karl H. Dannenfeldt, 'Egyptian Mumia: The Sixteenth-Century Experience and Debate', *Sixteenth Century Journal*, vol. 16, no. 2, 1985, pp. 163-180.

Karen Gordon-Grube, 'Anthropophagy in post-Renaissance Europe: The Tradition of Medicinal Cannibalism', *American Anthropologist*, n.s., vol. 90, no. 2, 1988, pp. 405-409.

Karen Gordon-Grube, 'Evidence of Medicinal Cannibalism in Puritan New England: "Mummy" and Related Remedies in Edward Taylor's "Dispensatory"', *Early American Literature*, vol. 28, no. 3, 1993, pp. 185-221.

P. Modenesi, 'Skull Lichens: A Curious Chapter in the History of Phytotherapy', *Fitoterapia*, vol. 80, 2009, pp. 145-148.

Louise Noble, '"And Make Two Pasties of Your Shameful Heads": Medicinal Cannibalism and Healing the Body Politic in "Titus Andronicus"', *English Literary History*, vol. 70, no. 3, 2003, pp. 677-708.

Mabel Peacock, 'Executed Criminals and Folk-Medicine', *Folklore*, vol. 7, no. 3, 1896, pp. 268-283.

墓園、納骨室及死人屍體的力量

Philippe Aries (trans. Helen Weaver), *The Hour of Our Death*, New York: Vintage Books, 2008 (1981).

Bynum, *Resurrection of the Body*, 1995, op. cit.

Paul Koudounaris, *Empire of Death: A Cultural History of Ossuaries and Charnel Houses*, London: Thames and Hudson, 2011.

Ruth Richardson, *Death, Dissection and the Destitute*, 2nd ed., Chicago: University of Chicago Press, 2000 (1988).

聖約翰・費雪的頭顱

Richard Hall, *The Life and Death of the Renowned John Fisher, Bishop of Rochester, Who was Beheaded on Tower-Hill on 22d of June, 1535*, London: P. Meighan, 1655.

John Timbs, *Romance of London: Strange Stories, Scenes and Remarkable Persons of the Great Town*, London: Richard Bentley, 1865.

賽門・薩德伯里的頭顱

Adrienne Barker, *Simon of Sudbury: Slaughter of a Saint?* MSc thesis, University of Dundee, 2011.

Simon Walker, 'Sudbury, Simon (c.1316-1381)', in *Oxford Dictionary of National Biography*, Oxford: Oxford University Press, 2004; online edition, January 2013. http://www.oxforddnb.com/view/article/26759

W. L. Warren, 'A Reappraisal of Simon Sudbury, Bishop of London (1361-75) and Archbishop of Canterbury (1375-81)', *Journal of Ecclesiastical History*, vol. 10, no. 2, 1959, pp. 139-152.

列寧的防腐遺體

Katherine Verdery, *The Political Lives of Dead Bodies*, New York: Columbia University Press, 1999.

莫札特、貝多芬及舒伯特的頭骨

Peter J. Davies, *Mozart in Person: His Character and Health*, Westport, CT: Greenwood Press, 1989.

Colin Dickey, *Cranioklepty: Grave Robbing and the Search for Genius*, Columbia, MO: Unbridled Books, 2009.

湯瑪斯・布朗的頭顱

M. L. Tildesley, 'Sir Thomas Browne: His Skull, Portraits, and Ancestry', *Biometrika*, vol. 15, no. 1/2, 1923, pp. 1-76.

Charles Williams, 'The Skull of Sir Thomas Browne', *Notes and Queries*, 6 October 1894, pp. 269-270.

第六章：骷顱頭

海頓的頭顱

Dickey, *Cranioklepty*, 2009, op. cit.

Karl Geiringer, *Haydn: A Creative Life in Music*, Berkeley: University of California Press, 1982 (1946).

法蘭茲・約瑟夫・嘉爾及顱相學

Fay Bound Alberti, *Matters of the Heart: History, Medicine, and Emotion*, Oxford: Oxford University Press, 2010.

Roger Cooter, *The Cultural Meaning of Popular Science: Phrenology and the Organization of Consent in Nineteenth-Century Britain*, Cambridge: Cambridge University Press, 1984.

James De Ville, *Outlines of Phrenology, as an Accompaniment to the Phrenological Bust*, London, 1824.

Charles Gibbon, *The Life of George Combe, Author of "The Constitution of Man"*, vol. 1, London: Macmillan and Co., 1878.

David Stack, *Queen Victoria's Skull: George Combe and the Mid-Victorian Mind*, London: Hambledon Continuum, 2008.

Madeleine B. Stern, *Heads and Headliners: The Phrenological Fowlers*, Norman: University of Oklahoma Press, 1971.

John van Wyhe, 'The Authority of Human Nature: The Schädellehre of Franz Joseph Gall', *British Journal for the History of Science*, vol. 35, 2002, pp. 17-42.

John van Wyhe, *Phrenology and the Origins of Victorian Scientific Naturalism* Aldershot: Ashgate, 2004.

顱骨測量

Joseph Barnard Davis and John Thurnam, *Crania Britannica: Delineations and Descriptions of the Skulls of the Aboriginal and Early Inhabitants of the British Islands: With Notices of Their Other Remains*, vol. 1, printed for the subscribers, London, 1865.

Thomas Hodgkin, 'The Progress of Ethnology', *Journal of the Ethnological Society of London*, vol. 1, 1848, pp. 27-45.

Lucile E. Hoyme, 'Physical Anthropology and Its Instruments: An Historical Study', *Southwestern Journal of Anthropology*, vol. 9, no. 4, 1953, pp. 408-430.

James Hunt, 'Introductory Address on the Study of Anthropology', *Anthropological Review 1*, 1863, pp. 1-20.

Paul Jorion, 'The Downfall of the Skull', *RAIN*, no. 48, 1982, pp. 8-11.

James Aitken Meigs, 'Hints to Craniographers', *Proceedings of the Academy of Natural Sciences of Philadelphia*, vol. 10, 1858, pp. 1-6.

George W. Stocking Jr., *Victorian Anthropology*, New York: Free Press, 1987.

'A Manual of Ethnological Inquiry', *Journal of the Ethnological Society of London*, vol. 3, 1854, pp. 193-208.

早期顱骨收藏

E. H. Ackerknecht and H. V. Vallois, *Franz Joseph Gall, Inventor of Phrenology and His Collection*, Madison: University of Wisconsin

Medical School, 1956.

Samuel J. M. M. Alberti, *Morbid Curiosities: Medical Museums in Nineteenth-Century Britain*, Oxford: Oxford University Press, 2011.

Johann Friedrich Blumenbach (trans. Thomas Bendyshe), *The Anthropological Treatises of Johann Friedrich Blumenbach, 1865*, Boston: Longwood Press, 1978.

Nélia Dias, 'Nineteenth-Century French Collections of Skulls and the Cult of Bones', *Nuncius*, vol. 27, 2012, pp. 330-347.

Sara K. Keckeisen, *The Grinning Wall: History, Exhibition, and Application of the Hyrtl Skull Collection at the Mütter Museum*, MA thesis, Seton Hall University, 2012.

Meigs, 'Hints to Craniographers', 1858, op. cit.

Wendy Moore, *The Knife Man: Blood, Body-Snatching and the Birth of Modern Surgery*, London: Bantam Press, 2005.

薩謬爾・喬治・摩頓

Barnard Davis and Thurnam, *Crania Britannica*, 1865, op. cit.

Ann Fabian, *The Skull Collectors: Race, Science and America's Unburied Dead*, Chicago: University of Chicago Press, 2010.

Stephen Jay Gould, *The Mismeasure of Man*, 2nd ed., New York: W.W. Norton and Co., 1981.

S. G. Morton, *Crania Americana: Or a Comparative View of the Skulls of Various Aboriginal Nations of North and South America*, London: Simpkin Marshall, 1839.

S. G. Morton, *Crania Aegyptiaca: or, Observations on Egyptian Ethnography, Derived from Anatomy, History and Monuments*, Philadelphia: J. Penington, 1844.

S.G. Morton, *Catalogue of Skulls of Man and the Inferior Animals, in the Collection of Samuel George Morton*, Philadelphia: Merrihew and Thompson, 1849.

The Open Research Scan Archive website at http://plum.museum.upenn.edu/~orsa/Specimens.html

約瑟夫・巴納爾・戴維斯

Barnard Davis and Thurnam, *Crania Britannica*, 1865, op. cit.

Joseph Barnard Davis, *Thesaurus Craniorum. Catalogue of the Skulls of the Various Races of Man, in the Collection of Joseph Barnard Davis*, printed for the subscribers, London, 1867.

John Beddoe, *Memories of Eighty Years*, Bristol: Arrowsmith, 1910.

'Joseph Barnard Davis, M.D., F.R.S., Hanley', *British Medical Journal*, vol. 1, no. 1066, 1881, p. 901.

'The Barnard Davis Collection of Skulls', *British Medical Journal*, vol. 2, no. 990, 1879, p. 996.

'Catalogue of Human Crania &c in the Collection of Joseph Barnard Davis', manuscript catalogue, Royal College of Surgeons archives, MS0283/1, The Joseph Barnard David Papers.

Letters between Barnard Davis and Sir William Flowers, the curator at the Royal College of Surgeons, Royal College of Surgeons archives, RCS_MUS//2/4/92, Museum Letter Book, Series 2, Volume 4, 1878-1883.

戰場上的頭顱收集

Andrew Apter, 'Africa, Empire and Anthropology: A Philological Exploration of Anthropology's Heart of Darkness', *Annual Review of Anthropology*, vol. 28, 1999, pp. 577-598.

Harrison, *Dark Trophies*, 2012, op. cit.

Elise Juzda, 'Skulls, Science, and the Spoils of War: Craniological Studies at the United States Army Medical Museum, 1868-1900', *Studies in History and Philosophy of Biological and Biomedical Sciences*, vol. 40, 2009, pp. 156-167.

A.H. Quiggin, *Haddon the Headhunter. A Short Sketch of the Life of A.C.*

Haddon, Cambridge: Cambridge University Press, 1942.

James Urry, 'Headhunters and Body-Snatchers', *Anthropology Today*, vol. 5, no. 5, 1989, pp. 11-13.

The Seligmans' experiences are recorded by Brenda Seligman in her field diary for 18 and 19 March 1912, kept in the archives at the London School of Economics, Seligman collection, file 1/4/5.

解剖與窮人

Zoe Crossland, 'Acts of Estrangement. The Post-Mortem Making of Self and Other', *Archaeological Dialogues*, vol. 16, no. 1, 2009, pp. 102-125.

Fabian, *The Skull Collectors*, 2010, op. cit.

Megan J. Highet, 'Body Snatching and Grave Robbing: Bodies for Science', *History and Anthropology*, vol. 16, no. 4, 2006, pp. 415-440.

Keckeisen, *The Grinning Wall*, 2012, op. cit.

Richardson, *Death, Dissection and the Destitute*, 1988, op. cit.

伊西

Crossland, 'Acts of estrangement', 2009, op. cit.

Robert F. Heizer and Theodora Kroeber, *Ishi, the Last Yahi: A Documentary History*, Berkeley: University of California Press, 1979.

Stuart Speaker, 'Repatriating the Remains of Ishi. Smithsonian Institution Report and Recommendation', in Karl Kroeber and Clifton B. Kroeber (eds.), *Ishi in Three Centuries*, Lincoln: Board of Regents of the University of Nebraska, 2003.

'The Repatriation of Ishi, the last Yahi Indian', National Museum of Natural History, Smithsonian Institution, website at anthropology.si.edu/repatriation/projects/ishi.htm

人類遺骸、身分，以及博物館典藏

Dias, 'French Collections of Skulls', 2012, op. cit.

Kirsten Grieshaber, 'German Museum Returning Namibian Skulls',

Associated Press, 30 September 2011.
Laura Peers, 'On the Treatment of Dead Enemies', 2009, op. cit.
Peter Popham, 'Bring Us the Head of King Badu Bonsu, said Ghana - and the Dutch said yes', *Independent*, 25 July 2009.
'Homes for Bones', *Nature*, editorial, Vol. 501, No. 462, 25 September 2013.
www.nolombroso.org
www.tepapa.govt.nz/About us/ Repatriation/toimoko

赫德利卡、豪爾斯，以及二十世紀顱骨測量

Marina Elliott and Mark Collard, 'Going Head to Head: FORDISC vs. CRANID in the Determination of Ancestry from Craniometric Data', *American Journal of Physical Anthropology*, vol. 147 (S54), p. 139.
Jonathan Friedlaender, *William White Howells 1908-2005: A Biographical Memoir*, Washington, DC: National Academy of Sciences, 2007.
Lauren Kallenberger and Varsha Pilbrow, 'Using CRANID to Test the Population Affinity of Known Crania', *Journal of Anatomy*, vol. 221, 2012, pp. 459-464.
John H. Relethford, 'Race and Global Patterns in Phenotypic Variation', *American Journal of Physical Anthropology*, vol. 139, 2009, pp. 16-22.
Christopher M. Stojanowski and Julie K. Euber, 'Technical Note: Comparability of Hrdlička's *Catalog of Crania* data based on measurement landmark definitions', *American Journal of Physical Anthropology*, vol. 146, 2011, pp. 143-149.
The William W. Howells Craniometric Data Set is available at http://web.utk.edu/~auerbach/HOWL.htm

第七章：解剖頭顱

有關解剖人類屍體的個人記述

Lindsey Fitzharris, 'Mangling the Dead: Dissection, Past and Present',

Lancet, vol. 381, no. 9861, pp. 108-109.

Bill Hayes, *The Anatomist: A True Story of Gray's Anatomy*, New York: Bellevuc Litcrary Press, 2009.

Christine Montross, *Body of Work: Meditations on Mortality from the Human Anatomy Lab*, London: Penguin Books, 2007.

Medical student's blog at http://ahyesplans.wordpress.com/2012/09/17/inwhich-i-became-scarred-for-life-tales-from-the-anatomy-lab/

Medical student's blog at http://sudden-death-academic.blogspot.co.uk/2010/03/once-again-anatomy-lab-is-coolest.html

關於醫學院學生經驗的研究

Anja Boeckers et al., 'How Can We Deal with Mental Distress in the Dissection Room? An Evaluation of the Need for Psychological Support', *Annals of Anatomy*, vol. 192, 2010, pp. 366-372.

N. Leboulanger, 'First Cadaver Dissection: Stress, Preparation, and Emotional Experience', *European Annals of Otorhinolaryngology, Head and Neck Diseases*, vol. 128, 2011, pp. 175-183.

Heidi Lempp, 'Undergraduate Medical Education: A Transition from Medical Student to Pre-Registration Dcotor', doctoral thesis, Goldsmiths College, University of London, 2004.

Heidi K. Lempp, 'Perceptions of Dissection by Students in One Medical School: Beyond Learning About Anatomy. A Qualitative Study', *Medical Education*, vol. 39, 2005, pp. 318-325.

Helen Martyn et al., 'Medical Students' Responses to the Dissection of the Heart and Brain: A Dialogue on the Seat of the Soul', *Clinical Anatomy*, vol. 25, 2012, pp. 407-413.

R. E. O'Carroll et al., 'Assessing the Emotional Impact of Cadaver Dissection on Medical Students', *Medical Education*, vol. 36, 2002, pp. 550-554.

Thelma A. Quince et al., 'Student Attitudes Toward Cadaveric Dissection at a UK Medical School', *Anatomical Sciences Education*, vol. 4, 2011, pp. 200-207.

Daniel A. Segal, 'A Patient so Dead: American Medical Students and Their Cadavers', *Anthropological Quarterly*, vol. 61, no. 1, 1988, pp. 17-25.

手術室文化

H. M. Collins, 'Dissecting Surgery: Forms of Life Depersonalized', *Social Studies of Science*, vol. 24, no. 2, 1994, pp. 311-333.

Sky Gross, 'Biomedicine Inside Out: An Ethnography of Brain Surgery', *Sociology of Health and Illness*, vol. 34, no. 8, 2012, pp. 1170-1183.

Stefan Hirschauer, 'The Manufacture of Bodies in Surgery', *Social Studies of Science*, vol. 21, no. 2, 1991, pp. 279-319.

解剖家族成員

Habib Beary, 'India doctor to dissect father's body', BBC News website, 8 November 2010. http://www.bbc.co.uk/news/world-south-asia-11710741

Frederic W. Hafferty, 'Cadaver Stories and the Emotional Socialization of Medical Students', *Journal of Health and Social Behaviour*, vol. 29, no. 4, 1988, pp. 344-356.

Lynda Payne, '"With Much Nausea, Loathing, and Foetor": William Harvey, Dissection, and Dispassion in Early Modern Medicine', *Vesalius*, vol. 8, no. 2, 2002, pp. 45-52.

Stack, *Queen Victoria's Skull*, 2008, op. cit.

人體解剖的歷史

Alberti, *Morbid Curiosities*, 2011, op. cit.

Helen MacDonald, *Human Remains: Dissection and Its Histories*, New Haven, CT: Yale University Press, 2005.

Richardson, *Death, Dissection and the Destitute*, 1988, op. cit.

Ruth Richardson and B. Hurwitz, 'Donors' Attitudes Towards Body Donation for Dissection', *Lancet*, vol. 346, no. 8970, 1995, pp. 277-279.

Mary Shelley, *Frankenstein*, London: Penguin Books, 1992 (1818).

準備人類頭骨及醫學標本

Alberti, *Morbid Curiosities*, 2011, op. cit.

Samuel J. M. M. Alberti, 'Anatomical Craft: A History of Medical Museum Practice', in Rina Knoeff and Robert Zwijenberg (eds.), *The Fate of Anatomical Collections*, London: Ashgate, forthcoming.

Robert E. Bieder, 'The Collecting of Bones for Anthropological Narratives', *American Indian Culture and Research Journal*, vol. 16, no. 2, 1992, pp. 21-35.

Dias, 'French collections of skulls', 2012, op. cit.

Dickey, *Cranioklepty*, 2009, op. cit.

Fabian, *The Bone Collectors*, 2010, op. cit.

Hallam, 'Articulating Bones', 2010, op. cit.

A.G. Harvey, 'Chief Concomly's Skull', *Oregon Historical Quarterly*, vol. 40, no. 2, 1939, pp. 161-167.

Jorion, 'Downfall of the Skull', 1982, op. cit.

約瑟夫・巴納爾・戴維斯、威廉・克羅瑟及威廉・藍尼

Helen MacDonald, 'The Bone Collectors', *New Literatures Review*, vol. 42, 2004, pp. 45-56.

MacDonald, *Human Remains*, 2005, op. cit.

Helen MacDonald, 'Reading the "Foreign Skull": An Episode in Nineteenth-Century Colonial Human Dissection', *Australian Historical Studies*, vol. 36, no. 125, 2005, pp. 81-96.

Lyndall Ryan, *The Aboriginal Tasmanians*, St. Lucia: University of Queensland Press, 1981.

根特・馮哈根斯及「人體世界」

Uli Linke, 'Touching the Corpse: The Unmaking of Memory in the Body Museum', *Anthropology Today*, vol. 21, no. 5, 2005, pp. 13-19.

Tony Walter, 'Plastination for Display: A New Way to Dispose of the Dead', *Journal of the Royal Anthropological Institute*, vol. 10, no. 3, 2004, pp. 603-627.

大腦做為科學研究對象

Peter Edidin, 'In search of answers from the great brains of Cornell', *New York Times*, 24 May 2005.

Cathy Gere, 'The Brain in a Vat', *Studies in History and Philosophy of Biological and Biomedical Sciences*, vol. 35, 2004, pp. 219-225.

Gould, *Mismeasure of Man*, 1981, op. cit.

Jennifer Michael Hecht, *The End of the Soul: Scientific Modernity, Atheism and Anthropology in France*, New York: Columbia University Press, 2003.

Marius Kwint, 'Exhibiting the Brain', in Marius Kwint and Richard Wingate (eds.), *Brains: The Mind as Matter*, London: Profile Books, 2012, pp. 8-21.

Jean Paul G. Vonsattel et al., 'Twenty-First-Century Brain Banking. Processing Brains for Research: The Columbia University Methods', *Acta Neuropathol*, vol. 115, 2008, pp. 509-532.

Richard Wingate, 'Examining the Brain', in Marius Kwint and Richard Wingate (eds.), *Brains: The Mind as Matter*, London: Profile Books, 2012, pp. 22-31.

第八章：有生命的頭顱

直流電療法

Roald Dahl, 'William and Mary' in *Kiss, Kiss*, London: Penguin Books, 1962.

Stanley Finger and Mark B. Law, 'Karl August Weinhold and His "Science" in the Era of Mary Shelley's Frankenstein: Experiments on Electricity and the Restoration of Life', *Journal of the History of Medicine*, vol. 53, 1998, pp. 161-180.

Iwan Rhys Morus, 'Galvanic Cultures: Electricity and Life in the Early Nineteenth Century', *Endeavour*, vol. 22, no. 1, 1998, pp. 7-11.

André Parent, 'Giovanni Aldini: From Animal Electricity to Human Brain Stimulation', *Canadian Journal of Neurological Sciences*, vol. 31, 2004, pp. 576-584.

Charlotte Sleigh, 'Life, Death and Galvanism', *Studies in History and Philosophy of Biological and Biomedical Sciences*, vol. 29, no. 2, pp. 219-248.

對被處決罪犯的斷頭所做的實驗

Gerould, *Guillotine*, 1992, op. cit.

Kershaw, *History of the Guillotine*, 1993, op. cit.

Jack Kervorkian, 'A Brief History of Experimentation on Condemned and Executed Humans', *Journal of the National Medical Association*, vol. 77. no. 3, 1985, pp. 215-226.

Mary Roach, *Stiff: The Curious Lives of Human Cadavers*, London: Penguin Books, 2003.

Philip Smith, 'Narrating the Guillotine: Punishment Technology as Myth and Symbol', *Theory, Culture and Society*, vol. 20, no. 5, 2003, pp. 27-51.

關於斷頭台及生命持續的辯論

Arasse, *The Guillotine*, 1989, op. cit.

Albert Camus (trans. Justin O'Brien), *Resistance, Rebellion and Death*, New York: Modern Library, 1963.

Gerould, *Guillotine*, 1992, op. cit.

Kershaw, *History of the Guillotine*, 1993, op. cit.

Ludmilla Jordanova, 'Medical Mediations: Mind, Body and the Guillotine', *History Workshop Journal*, vol. 28, no. 1, 1989, pp. 39-52.

關於斬首及腦死的辯論

John P. Lizza, 'Where's Waldo? The "Decapitation Gambit" and the Definition of Death', *Journal of Medical Ethics*, vol. 37, no. 12, pp. 743-746.

Franklin G. Miller and Robert D. Truog, 'Decapitation and the Definition of Death', *Journal of Medical Ethics*, vol. 36, 2010, pp. 632-634.

查爾斯・加斯利及弗拉迪米爾・德米柯夫

Igor E. Konstantinov, 'At the Cutting Edge of the Impossible: A Tribute to Vladimir P. Demikhov, *Texas Heart Institute Journal*, vol. 36, no. 5, 2009, pp. 453-458.

Roach, *Stiff*, 2003, op. cit.

Hugh E. Stephenson and Robert S. Kimpton, *America's First Nobel Prize in Medicine or Physiology: The Story of Guthrie and Carrel*, Boston, MA: Midwestern Vascular Surgery Society, 2001.

Edmund Stevens, 'Russia's two-headed dog', *Life* magazine, 20 July 1959, pp. 79-82.

羅伯・懷特

David Bennun, 'Dr. Robert White', *Sunday Telegraph Magazine*, 2000, online at http://homepage.ntlworld.com/david.bennun/interviews/drwhite.html

Roach, *Stiff*, 2003, op. cit.

人體冷凍

Steve Bridge, 'The Neuropreservation Option: Head First into the Future', *Cryonics Magazine*, 3rd quarter, 1995.

Mike Darwin, 'But What will the Neighbors think? A Discourse on the History and Rationale of Neurosuspension', *Cryonics Magazine*, October 1988.

Bronwyn Parry, 'Technologies of Immortality: The Brain on Ice', *Studies in*

History and Philosophy of Biological and Biomedical Sciences, vol. 35, 2004, pp. 391-413.

Heather Pringle, *The Mummy Congress: Science, Obsession and the Everlasting Dead*, London: Fourth Estate, 2001.

Alcor Procedures, Alcor Life Extension Foundation, online at http://www.alcor.org/procedures.html

心靈—身體關係

A. Dregan and M.C. Guilliford, 'Leisure-Time Physical Activity over the Life Course and Cognitive Functioning in Late Mid-Adult Years: A Cohort-Based Investigation', *Psychological Medicine*, vol. 43, no. 11, 2013, pp. 2447-2458.

A.J. Marcel et al., 'Anosognosia for Plegia: Specificity, Extension, Partiality and Disunity of Bodily Unawareness', *Cortex*, vol. 40, no. 1, 2004, pp. 19-40.

Michael Mosley, 'The second brain in our stomachs', BBC news website, 11 July 2012. http://www.bbc.co.uk/news/health-18779997

James Shreeve, 'The Brain that Misplaced Its Body', *Discover Magazine*, May 1995.

Sundeep Teki et al., 'Navigating the Auditory Scene: An Expert Role for the Hippocampus', *Journal of Neuroscience*, vol. 32, no. 35, pp. 12251-12257.

Katherine Woollett and Eleanor A. Maguire, 'Acquiring "the Knowledge" of London's Layout Drives Structural Brain Changes', *Current Biology*, vol. 21, no. 24, pp. 2109-2114.

Ed Young, 'How acquiring The Knowledge changes the brains of London cab drivers', *Discover Magazine* online blog, 8 December 2011, http://blogs.discovermagazine.com/notrocketscience/2011/12/08/acquiring-the-knowledge-changes-the-brains-of-london-cabdrivers/#.Ussfa_Z3TIq

器官移植及受贈者身分

George J. Agich, 'Ethical Aspects of Face Transplantation', in M.Z. Siemionow (ed.), *The Know-How of Face Transplantation*, London: Springer-Verlag, 2011, pp. 131-138.

B. Bunzel et al., 'Does Changing the Heart Mean Changing Personality? A Retrospective Inquiry on 47 Heart Transplant Patients', *Quality of Life Research*, vol. 1, no. 4, 1992, pp. 251-256.

Christina Godfrey et al., 'Transforming Self - the Experience of Living With Another's Heart: A Systematic Review of Qualitative Evidence on Adult Heart Transplantation', *JBI Library of Systematic Reviews*, vol. 10, no. 56 (supplement), 2012.

Diane Perpich, 'Vulnerability and the Ethics of Facial Tissue Transplantation', *Bioethical Inquiry*, vol. 7, 2010, pp. 173-185.

Jennifer M. Poole et al., '"You Might Not Feel Like Yourself": On Heart Transplants, Identity and Ethics', in Stuart J. Murray and Dave Holmes (eds.), *Critical Interventions in the Ethics of Healthcare: Challenging the Principle of Autonomy in Bioethics*, Farnham: Ashgate, 2009.

Nichola Rumsey, 'Psychological Aspects of Face Transplantation: Read the Small Print Carefully', *American Journal of Bioethics*, vol. 4, no. 3, 2004, pp. 22-25.

Catherine Waldby, 'Biomedicine, Tissue Transfer and Intercorporeality', *Feminist Theory*, vol. 3, no. 3, 2002, pp. 239-254.

結語：別人的頭

Glover, *Humanity*, 1999, op. cit.

Hafferty, 'Cadaver Stories', 1988, op. cit.

Harrison, *Dark Trophies*, 2012, op. cit.

【Historia歷史學堂】MU0048

一顆頭顱的歷史

從戰場到博物館，從劊子手到外科醫師，探索人類對頭顱的恐懼與迷戀（修訂二版）

Severed: A History of Heads Lost and Heads Found

作　　者❖法蘭西絲・拉爾森（Frances Larson）
譯　　者❖徐麗松
封面設計❖兒　日
排　　版❖張彩梅
校　　對❖魏秋綢
總 編 輯❖郭寶秀
責任編輯❖邱建智
行銷業務❖許芷瑀

發 行 人❖凃玉雲
出　　版❖馬可孛羅文化
104台北市中山區民生東路二段141號5樓
電話：02-25007696
發　　行❖英屬蓋曼群島商家庭傳媒股份有限公司城邦分公司
104台北市中山區民生東路二段141號11樓
客服服務專線：(886) 2-25007718；25007719
24小時傳真專線：(886) 2-25001990；25001991
服務時間：週一至週五9:00～12:00；13:00～17:00
劃撥帳號：19863813　戶名：書虫股份有限公司
讀者服務信箱：service@readingclub.com.tw
香港發行所❖城邦（香港）出版集團有限公司
香港灣仔駱克道193號東超商業中心1樓
電話：(852) 25086231　傳真：(852) 25789337
E-mail：hkcite@biznetvigator.com
馬新發行所❖城邦（馬新）出版集團 Cite (M) Sdn. Bhd.(458372U)
41, Jalan Radin Anum, Bandar Baru Seri Petaling,
57000 Kuala Lumpur, Malaysia
電話：(603) 90578822　傳真：(603) 90576622
E-mail：services@cite.com.my
輸出印刷❖中原造像股份有限公司
初版一刷❖2016年8月
二版一刷❖2021年10月
定　　價❖460元

ISBN：978-986-0767-30-8

國家圖書館出版品預行編目資料

一顆頭顱的歷史：從戰場到博物館,從劊子手到外科醫師,探索人類對頭顱的恐懼與迷戀 / 法蘭西絲.拉爾森(Frances Larson)著；徐麗松譯. -- 修訂二版. -- 臺北市：馬可孛羅文化出版：英屬蓋曼群島商家庭傳媒股份有限公司城邦分公司發行, 2021.10
面；　公分. -- (Historia歷史學堂；MU0048)
譯自：Severed : a history of heads lost and heads found.
ISBN 978-986-0767-30-8（平裝）

1.頭部　2.社會史

538.16　　110015414